A Impugnação da Sentença Arbitral

A Impugnação da Sentença Arbitral

2023 · 4ª edição revista e aumentada

António Sampaio Caramelo
Advogado

ALMEDINA

A IMPUGNAÇÃO DA SENTENÇA ARBITRAL
AUTOR
António Sampaio Caramelo
EDITOR
EDIÇÕES ALMEDINA, S.A.
Avenida Emídio Navarro, 81, 3D
3000-151 Coimbra
Tel.: 239 851 904 · Fax: 239 851 901
www.almedina.net · editora@almedina.net
DESIGN DE CAPA
FBA.
PRÉ-IMPRESSÃO
EDIÇÕES ALMEDINA, S.A.
IMPRESSÃO E ACABAMENTO
PAPELMUNDE

Abril, 2023

ISBN
978-989-40-1138-5

DEPÓSITO LEGAL
513771/23

ALMEDINA | GRUPOALMEDINA

NOTA PRÉVIA DA 4ª EDIÇÃO

As razões que determinaram a preparação de nova edição desta monografia são análogas às que explicam a publicação de versões atualizadas de obras de natureza semelhante, a saber, o aprofundamento e amadurecimento da reflexão dos seus autores sobre os temas versados, os novas perspetivas apresentadas em estudos mais recentes, convidando ao debate sobre os contributos aportados e, em último mas não menos importante lugar, o enriquecimento do acervo de decisões judiciais proferidas, no nosso país e no estrangeiro, sobre as matérias tratadas, algumas dela merecer realce ou comentário.

A essas razões de índole comum, que levaram a reescrever partes de secções desta monografia e a aditar-lhe outras, juntou-se a circunstância de, no ano passado, o autor ter publicado dois estudos em que refletiu, desenvolvidamente, sobre temas que abordara em edições anteriores da presente obra, justificando-se, por isso, a integração das reflexões ali expostas na versão atualizada desta. A conjugação de todos esses fatores resultou, naturalmente, em considerável ampliação do texto agora publicado.

Ao apresentar esta nova edição, espera o autor que a comunidade arbitral portuguesa e os demais leitores interessados nesta temática dediquem a esta nova edição da obra o acolhimento favorável que as anteriores edições tiveram.

Lisboa, fevereiro de 2023

Capítulo I
Introdução

§ 1º A ação de anulação como meio normal de impugnação da sentença arbitral

1. Embora a resolução de litígios através de arbitragem voluntária[1] não seja, pela sua natureza, incompatível com a possibilidade de os tribunais estaduais reapreciarem a decisão dos árbitros sobre o fundo da causa[2], a grande maioria das leis nacionais reguladoras da arbitra-

[1] A questão equaciona-se de modo diferente no domínio da arbitragem necessária, em que a escolha do meio de resolução do litígio não se baseia na vontade das partes. Ultrapassando as dúvidas que parte da doutrina manifestara antes a tal respeito, o Tribunal Constitucional veio a declarar a admissibilidade dos tribunais arbitrais face à Constituição da República (nos acórdãos nºs 230/86 e 52/92). Esta conclusão não assegurava, porém, no entender de alguns autores, a constitucionalidade dos tribunais arbitrais necessários, em todos os casos ou em quaisquer condições. Segundo este entendimento, para que a arbitragem necessária fosse constitucionalmente admissível, as decisões nela proferidas não poderiam ser definitivas, significando isso que era imprescindível que dessas decisões pudesse legalmente interpor-se recurso para os tribunais estaduais, exigência esta que foi acolhida pelo Tribunal Constitucional no seu acórdão nº 230/2013. A justificação dessa exigência residia no facto de a arbitragem necessária não se basear na autonomia da vontade das partes, mas num ato legislativo que impõe essa forma de composição do litígio, ficando os interessados impedidos de aceder quer à jurisdição estadual quer à arbitragem voluntária, o que postula outro tipo de garantias, em particular, a garantia de acesso aos tribunais estaduais consagrada no art. 20º, nº 1, da CRP.

[2] A verdade é que algumas legislações nacionais sobre arbitragem voluntária admitem que das sentenças arbitrais proferidas sobre determinadas matérias possa recorrer-se

gem e quase todos os regulamentos de instituições que administram esta forma de resolução de litígios, impedem que da sentença arbitral possa interpor-se recurso ordinário para um tribunal estadual.

Esta solução é usualmente justificada pela presunção de que as partes, ao optarem pela arbitragem, pretendem, em regra, que a decisão a proferir pelos árbitros sobre o litígio seja definitiva (*final*) e que os tribunais estaduais sejam afastados da resolução daquele. Em apoio da irrecorribilidade e consequente definitividade (*finality*)[3] da sentença arbitral, salienta-se também que ela reforça as principais

para os tribunais estaduais competentes. Assim, face à LAV portuguesa de 1986, as sentenças arbitrais eram, em princípio, recorríveis para o tribunal da relação competente, se as partes não tivessem renunciado aos recursos. Solução idêntica era consagrada no *Code de Procédure Civile* francês de 1981, para as sentenças proferidas em arbitragens internas; após a reforma do *CPC*, em 2011, a solução do direito francês, quanto às arbitragens internas (art. 1489), passou, porém, a ser idêntica à da atual LAV portuguesa: a sentença final proferida na arbitragem só é recorrível se as partes o tiverem convencionado; quanto às arbitragens internacionais, manteve-se a anterior regra da irrecorribilidade das sentenças arbitrais. No direito italiano em vigor (art. 829-IV do *CPC* italiano), "é sempre admitida a impugnação da sentença arbitral, por violação das regras de direito relativas ao mérito da controvérsia", quando se trate de litígios atinentes a *(i)* relações de trabalho subordinado estabelecidas com entidades privadas ou entes públicos que exercem atividades económicas, ou *(ii)* relações contratuais de agência, representação comercial e outras relações de colaboração que se traduzem na prestação de serviços de carácter duradouro, ou *(iii)* algumas figuras específicas do direito agrário, ou *(iv)* determinação da invalidade de deliberações societárias. No *Arbitration Act* inglês (*section* 69), a menos que tenha havido acordo das partes em contrário, admite-se, com importantes restrições, que uma parte possa interpor recurso da sentença arbitral para o tribunal estadual *(court)* sobre uma questão de direito emergente da sentença arbitral que haja aplicado direito inglês.

[3] Dizer-se que a sentença arbitral que decide sobre o mérito da causa se carateriza pela sua 'definitividade' significa apenas que a decisão nela contida não pode ser revogada ou alterada através de recurso ordinário para os tribunais estaduais ou para outra instância arbitral. Dessa 'definitividade' nada se pode retirar, logicamente, no tocante à intensidade do controlo que sobre tal sentença aos tribunais estaduais incumbe exercer, no âmbito de uma ação ou de recurso (se a impugnação da sentença arbitral puder fazer-se por esta via) tendente à sua anulação. No entanto, não é raro deparar-se com a advertência de que a 'finality of the award' será posta em crise, se a sentença arbitral for sujeita a controlo de anulação com conteúdo e alcance idênticos aos de um recurso ordinário. Voltarei a esta questão nos parágrafos 59. e 68. *infra*.

vantagens que se reconhecem à arbitragem, nomeadamente, a maior *celeridade* que proporciona na resolução do litígio e o facto de este ser dirimido por *decisores de reconhecida competência.*

Note-se que aquelas vantagens, apesar de repetidamente enunciadas, não têm sido inteiramente reconhecidas nos inquéritos periodicamente realizados, em diversos países ou a nível internacional, junto dos utentes da arbitragem, acerca da avaliação que estes fazem sobre este método de resolução de litígios[4]. A reserva manifestada nalguns desses inquéritos relativamente ao facto de a arbitragem não proporcionar uma segunda apreciação do litígio, sobretudo quando a decisão deste, pelos montantes envolvidos, pode determinar a falência ou a perda da titularidade da sociedade pelos seus detentores ("*the bet the company disputes*"), levou algumas instituições especializadas na administração de arbitragens, com grande relevância e aceitação no mercado, a incluírem nos respetivos regulamentos a possibilidade de as partes estipularem a faculdade de recurso da sentença arbitral

[4] Num artigo publicado no 'Kluwer Arbitration Blog', em 15.03.2013, Thomas Stipanowitch divulgou os resultados de um inquérito realizado, em 2011, pela Pepperdine University School of Law, pela Cornell University e pelo CPR–International Institute for Conflict Prevention & Resolution, sobre as '*dispute resolution practices in Fortune 1,000 corporations*', que forneceram, entre outras, a seguinte indicação: "*Where settlement cannot be achieved, some large companies – perhaps as many as half the Fortune 1,000 – then want to try their commercial cases in court despite the well-known costs and risks, if only because of the traditional "second chance" – the opportunity to overturn a faulty verdict or judgment on appeal. For many corporate counsel, concerns about the inability to overturn arbitration awards that do not comport with applicable law or proven fact, coupled with suspicions about the abilities or motivations of arbitrators, are paramount*". A esta suposta desvantagem das arbitragens conducentes a decisões definitivas, atribuiu-se, durante alguns anos, peso bastante relevante nos inquéritos (*surveys*) que a *Queen Mary University School of International Arbitration* vem periodicamente levando a cabo, em parceria com firmas internacionais de auditoria ou de advocacia, mas ela perdeu importância relativa nos *surveys* efetuados nos últimos anos, em que as partes interessadas têm revelado privilegiar a menor duração dos litígios proporcionada pela inadmissibilidade de recurso ordinário das sentenças arbitrais. É ainda de referir que a ausência de mecanismos de apelação das sentenças tem sido apontada por algumas instituições financeiras como uma desvantagem da arbitragem, em comparação com a submissão dos respetivos litígios aos tribunais estaduais, sobretudo, os de Londres e Nova Iorque, cujo eficiente desempenho é muito apreciado por essas instituições.

(permitindo, em maior ou menor medida, o reexame da matéria de facto e de direito decidida pelos árbitros) para uma segunda instância arbitral organizada no seio da mesma instituição[5].

É de referir, igualmente, que a possibilidade de interposição de recursos dessa natureza se encontra prevista, desde há muito, sem necessidade de específica estipulação das partes, nos regulamentos de arbitragem de associações de profissionais do comércio internacional de mercadorias (*commodities*)[6].

Tendo, provavelmente, em vista essas conhecidas figuras no âmbito da arbitragem internacional, os parlamentares que aprovaram a LAV de 1986 introduziram nela a disposição que veio a ser o respetivo art. 34º[7], que permitia que, em arbitragens internacionais, as partes estipulassem a possibilidade de recurso, regulando os seus termos. Esta solução veio a ser reproduzida e precisada no art. 53º

[5] Cf., entre outros, o *Règlement de la Cour Européenne d'Arbitage,* o *Reglamento de la Corte Civil y Mercantil de Arbitraje (CIMA), o Reglamento del Centro Internacional de Arbitraje de Madrid* (*CIAM*) e as 'Optional Apellate Arbitration Rules' da *American Arbitration Association/International Center for Dispute Resolution.*

[6] Cf., por exemplo, o regulamento de arbitragem da *Federation of Oils, Seeds and Fats Associations Ltd (FOSFA International*), de 2001, ou regulamento de arbitragem da *Grain and Feed Trade Association (GAFTA*), de 2007. Sobre as particularidades deste tipo de arbitragens ('commodity arbitrations", 'trade arbitrations', 'arbitrages professionels, 'arbitrages corporatifs'), *vide*, entre outros, Rainer Karstaedt/Christian Graf – *Trade Arbitration in Germany*, incluído em 'Arbitration in Germany. The Model Law in Practice', Karl-Heinz Böckstiegel, Stefan Kröll and Patricia Nacimiento (eds.), 2nd edition, Wolters Kluwer, Alphen an den Rijn, 2015, pp. 795-815, e Redfern and Hunter with Nigel Blackaby and Constantine Partasides – *Redfern and Hunter on International Arbitration*, 6th ed., Oxford University Press, Oxford, 2015, pp. 238, 573 e 607-608.

[7] Nem no Projeto elaborado pela Professora Isabel Magalhães Collaço nem na Proposta de Lei, nele baseada, apresentada pelo Governo à Assembleia da República existia uma disposição correspondente à do art. 34º da Lei que foi aprovada por este órgão legislativo, em 24.07.1986. Na verdade, quer naquele Projeto quer nessa Proposta, todas as sentenças proferidas sobre o mérito da causa em arbitragens sediadas em Portugal, mesmo as aí qualificadas como internacionais ("por porem em jogo interesses do comércio internacional"), eram passíveis de recurso ordinário para os tribunais da relação (tal como as sentenças dos tribunais de comarca), salvo se as partes tivessem renunciado aos recursos. Por conseguinte, o art. 34º da LAV de 1986 foi introduzido pelos deputados, em sede de apreciação dessa proposta de lei, na especialidade.

da LAV de 2011, que, relativamente a uma arbitragem internacional, permite que as partes estipulem a possibilidade desse recurso, regulando os seus termos, desde que seja para outro tribunal arbitral[8]. Como facilmente se antevê, essa regulação dos termos do recurso será feita, na maioria das vezes, através de remissão para regulamento de arbitragem que o contemple.

No tocante às arbitragens internas e tendo em conta o acima exposto, os redatores da LAV de 2011 optaram por inverter a regra consignada no art. 29º da LAV de 1986, passando aquela a preceituar, nos seus arts. 39º, nº 4, e 46º, nº 1, que, se as partes não tiverem estipulado de modo diferente na convenção de arbitragem, das sentenças nelas proferidas não pode interpor-se recurso para o tribunal estadual competente[9]. Esta exclusão não abrange, porém, o recurso extraordinário de revisão nem o recurso para o Tribunal Constitucional[10], que são sempre admissíveis, desde que se preencham os seus específicos requisitos.

[8] No domínio do comércio internacional, seria incongruente que as partes optassem pela arbitragem, retirando os seus litígios dos tribunais estaduais e, depois, em sede de recurso da sentença arbitral, viessem a submeter-se a esses tribunais.

[9] O art 39º da LAV não permite às partes estipular a possibilidade de recurso quando a causa deva ser decidida segundo a equidade ou mediante composição amigável. Ao invés, no direito francês, as partes podem convencionar a possibilidade de recurso, mesmo que a causa deva sido decidida "en amiable composition" (critério decisório que, nesse ordenamento, é entendido como sinónimo de' décision en equité'); contemplando esta hipótese, o art. 1490, al. 2, do *Cpc* francês preceitua que "[en cas d'appel] la cour statue en droit ou en amiable composition dans les limites de la mission du tribunal arbitral".

[10] O mesmo acontece nas ordens jurídicas estrangeiras que preveem recursos extraordinários semelhantes a estes. Na vigência da LAV de 1986, a doutrina da especialidade entendia que a irrecorribilidade das sentenças arbitrais não abrangia o recurso extraordinário de revisão (*vide* sobre este tema, entre outros, Paula Costa e Silva – *Anulação e Recursos da Decisão Arbitral*, Revista da Ordem dos Advogados, Ano 52, III, Dezembro 1992, Lisboa, pp. 1007-1008; e Luís de Lima Pinheiro – *Arbitragem Transnacional. A determinação do estatuto da arbitragem*, Almedina, Coimbra, 2005, p. 174, e *Recurso e Anulação da Decisão Arbitral: Admissibilidade, Fundamentos e Consequências*, I Congresso do Centro de Arbitragem da Câmara de Comércio e Indústria Portuguesa – Intervenções, ACL/Almedina, Lisboa, 2008, pp. 181-195, em especial p. 191. Essa irrecorribilidade também não abrangia o recurso para o Tribunal Constitucional (sobre esta tema, *vide*

Mas a LAV atual manteve, como não podia deixar de ser, a possibilidade de impugnação da sentença arbitral tendente à sua anulação, com os fundamentos nela taxativamente previstos, na senda do que fizeram, praticamente, todas as leis nacionais sobre arbitragem voluntária e do que preconiza a mais autorizada doutrina do direito da arbitragem, que enfatiza bastante a indispensabilidade de os Estados poderem exercer algum controlo sobre as decisões dos tribunais arbitrais[11], em ordem a assegurar que no exercício da arbitragem são respeitados valores jurídicos fundamentais cuja salvaguarda é condi-

Miguel Galvão Teles – *Recurso para o Tribunal Constitucional das decisões dos tribunais arbitrais*, em 'Estudos em Homenagem ao Prof. Doutor Sérvulo Correia', Coimbra Editora, Coimbra, 2010, pp. 637-655, em especial, pp. 651-652, e António Pedro Pinto Monteiro – *Do recurso de decisões arbitrais para o Tribunal Constitucional*, Themis-Revista da Faculdade de Direito da UNL, ano IX, nº 16 (2009), Almedina Coimbra, 2009. Na vigência da LAV de 1986, estes recursos eram considerados, pacificamente, como irrenunciáveis, continuando a valer perante a LAV de 2011 as razões que levavam a doutrina, na vigência da lei anterior, a considerar irrenunciável a faculdade de se interpor um recurso extraordinário de revisão ou um recurso de constitucionalidade de uma sentença arbitral. Sobre a admissão e tramitação do recurso extraordinário de revisão no âmbito da LAV de 2011 e doutras legislações, *vide* Armindo Ribeiro Mendes – *A Nova Lei de Arbitragem Voluntária e as Formas de Impugnação de Decisões Arbitrais*, Estudos em Homenagem ao Professor Doutor José Lebre de Feitas, Volume II, Coimbra Editora, Coimbra, 2013, pp. 750-752, António Abrantes Geraldes – *Recursos no Novo Código do Processo Civil*, 3ª ed., Almedina, Coimbra, 2016, pp. 450-451, e José Lebre de Freitas, Armindo Ribeiro Mendes, Isabel Alexandre – *Código do Processo Civil Anotado*, Volume 3º, 3ª edição, Almedina, Coimbra, 2022, pp. 301-317, e demais doutrina citada nessas obras. Acerca do regime do recurso de inconstitucionalidade na vigência da LAV atual, *vide* a análise de Armindo Ribeiro Mendes no citado estudo (pp. 753-756), bem como o que sobre o tema se refere na obra coletiva *Lei da Arbitragem Voluntária Comentada*, coordenada por Mário Esteves de Oliveira, Coleção Vieira de Almeida-Almedina, Coimbra, 2014, pp. 470-473.

Sobre o recurso de revisão (ou a figuras equivalentes) noutras ordens jurídicas, *vide*, no direito francês, Christophe Seraglini & Jerôme Ortscheidt – *Droit de l'arbitrage interne et international*, 2e édition, LGDJ, Paris, 2019, pp. 959-962. Uma análise de direito comparado abrangendo outros ordenamentos jurídicos, encontra-se em Jean-François Poudret & Sébastien Besson – *Comparative Law of International Arbitration*, second edition, Thomson/Sweet & Maxwell, London, 2007, pp. 786-791.

[11] *Vide*, entre muito outros, Pierre Lalive – *Absolute Finality of Arbitral Awards*, Revista Internacional de Arbitragem e Conciliação, Ano I (2008), Almedina, Coimbra, p. 117,

ção da aceitabilidade social e da legitimidade jurídico-constitucional desta modalidade de jurisdição[12].

e Poudret & Besson – *ob. cit.*, p. 610, bem como o artigo de Michael Reisman e Brian Richardson a que me refiro na nota seguinte.

[12] A explicação, de forma singularmente brilhante, da ideia referida no texto, foi exposta por Michael Reisman e Brian Richardson – *Tribunals and Courts: An Interpretation of the Architecture of International Commercial Arbitration*, (*in* Albert van den Berg (ed.) 'Arbitration: The Next Fifty Years', ICCA Congress Series, No. 16, Kluwer Law International, The Hague, 2012, pp. 17-65), de que julgo particularmente útil reproduzir o seguinte excerto: "Advocates of arbitration often assume, in a type of anarcho-capitalist fantasy, that arbitration is a free-standing procedure, conceptually and politically quite independent of the apparatus of the state. But international commercial arbitration, no less than arbitration within nation-states, while conducted in the sphere of private law, is a public legal creation whose operation and effectiveness is inextricably linked to prescribed actions by national courts. Anarchic or libertarian impulses may lead some to look nostalgically back to phenomena like private dispute settlement arrangements in medieval merchant associations and "Pie Powder" courts at the medieval fairs. Those who wish to think of arbitration without any role for government can say that these medieval arbitrations were truly independent of the state; they may also point to the felicitous fact that most contemporary international arbitration awards seem to win voluntary compliance. But how much voluntary compliance with adverse awards would occur if there were no courts in the background poised to enforce them? As for those courts, how willing would they and the governments (whose instruments they are) be to co-sign a "blank check" for enforcement if their own public interests were not assured? Arbitration tribunals and national courts are certainly very different but they are inseparable. How they are joined is the essential, the existential question of all forms of arbitration.

The anarcho-capitalist fallacy also tends to ignore the essentially democratic basis of all legal arrangements in modern societies. Legal arrangements which fail to win significant constituencies will be doomed to failure or compelled to change. In commercial arbitration, the outcomes of this political process are usually registered in adjustments in judicial practices with respect to the arbitral process, but its sources are almost always to be found in pressure from larger social formations. We believe that this is key to understanding the current initiatives to secure "fairness in arbitration", but it is evident in many other areas of public disagreement about some aspect of the structure and scope of private decision and its proper relation to the institutions of public power.

Any legal system that has elected to permit, much less encourage, arbitration has to decide how to structure the relationship between private arbitral tribunals and public courts. The analogy of freedom to contract here can be misleading, for the issue is

Norteados por esta preocupação, os regimes de anulabilidade das sentenças arbitrais adotados pelas diferentes leis nacionais têm procurado compatibilizar, embora de forma não coincidente[13], a defesa

not the freedom to fashion private arrangements in what Hart conceived as the moral sphere, and Lasswell and McDougal "the civic order". It is, rather, the availability of public power to compel compliance with these private arrangements, whatever their content, when one party to them defects from its agreement.
Each government's posture with respect to private decision procedures reflects two concerns: first, how much to control its substance without "killing" it, i.e., denying its citizens a freedom many wish and denying itself the economies attendant on the privatization of any governmental function. Second, how much to control its procedures to ensure that private decision-makers execute their delegation without falling prey to moral hazard.
Clearly, the decision to externalize some competences to make decisions which will be enforced by the operation of state power must be accompanied by putting some controls in place to address the ever present problem of moral hazard. This is a constant challenge in every delegation of power. Without such controls, limited power would become unlimited and rational actors would have little incentive to turn to arbitration. Alternatively, excessive control by courts would obviate the advantages of private dispute resolution. After all, why arbitrate if the winner must then "sue on the award", i.e., after the award has been rendered the dispute must be litigated all over again in court?
Thus the relationship between private commercial arbitration and national courts tasked with the responsibility of enforcement must seek, in the most general terms, to accommodate two sometimes-competing interests: fairness and finality. In the normative space bounded by these interests, a range of possible relationships varying in scope of delegation, control mechanisms and enforcement arrangements can be imagined; any comparative examination of the treatment of domestic arbitration within nation-states boasting of developed legal systems illustrates this diversity."

[13] Relativamente à impugnabilidade das sentenças arbitrais perante os tribunais do Estado em que a arbitragem teve sede, não existe uniformidade de regimes semelhante à conseguida em matéria de reconhecimento das sentenças estrangeiras, através da adesão da generalidade dos Estados à Convenção de Nova Iorque de 1958. Nem mesmo o sucesso obtido pela Lei Modelo da UNCITRAL, por via da sua adoção integral por muitos Estados ou da influência que exerceu em leis não decalcadas sobre essa matriz, impediu que os regimes de anulabilidade das sentenças arbitrais continuassem a ser muito permeáveis às especificidades da história e da cultura de cada sistema jurídico. Apesar disso, encontram-se semelhanças significativas entre as soluções adotadas sobre esta matéria pela maioria das legislações nacionais, em resultado da aproximação entre elas verificada, nas últimas quatro décadas.

dos valores que neste domínio concorrem e que são, por um lado, a definitividade (*finality*) das sentenças arbitrais e, por outro lado, a salvaguarda da integridade e justiça (*fairness*) das mesmas.

Como mostrarei adiante, o modo de compatibilização de tais valores que o legislador português veio a consagrar através das soluções normativas que adotou nos arts. 46º e 54º da LAV, não coincide com o de qualquer outra ordem jurídica e é, além disso, passível de várias críticas.

2. Nesta obra não tratarei, em detalhe, do regime aplicável aos casos – que, após a entrada em vigor da atual LAV, tendem a ser pouco numerosos – em que na convenção de arbitragem as partes hajam estipulado a faculdade de interporem recurso ordinário da sentença a proferir sobre o fundo da causa. Convém, no entanto, deixar aqui algumas notas sobre uma vertente particular dessa matéria.

A LAV de 2011 não contém um preceito equivalente ao do nº 3 do art. 27º da LAV de 1986, sobre o modo como se articula a ação de anulação da sentença arbitral com o recurso ordinário que dela também caiba, no caso de a parte interessada poder e querer usar ambos esses meios de impugnação. Detetando-se aqui uma lacuna, há que preenchê-la de acordo com a regra enunciada no nº 3 do art. 10º do Código Civil, o que implica, em meu entender, que no âmbito da nova LAV deva aplicar-se solução idêntica à acolhida pela LAV anterior, por ser a mais coerente com o sistema e a mais eficiente, sob o ponto de vista processual[14]. Passo a fundamentar este entendimento, começando pela crítica dos argumentos que contra ele têm sido avançados.

Entendem vários comentadores da Lei assim como um bom número de juízes que proferiram decisões sobre esta questão, que não é legalmente possível entender que solução igual à da anterior

[14] Não creio que a esta solução se possa chegar, com base apenas na letra do nº 1 do art. 46º da Lei, como defende José Robin de Andrade, *in* Dário Moura Vicente – *Lei da Arbitragem Voluntária Anotada*, 5ª edição, Almedina, Coimbra, pp. 178-179, porque dessa letra nada de conclusivo se pode extrair e porque é reversível o argumento que sobre ela o autor procura construir.

Lei valha também no âmbito da LAV atual. Para sustentar tal entendimento têm sido aduzidos, fundamentalmente, dois argumentos.

O primeiro desses argumentos[15] parte da circunstância de serem diferentes os prazos legais inerentes à utilização de uma e outra daquelas formas de impugnação da sentença arbitral (60 dias para a ação de anulação, 30 dias para o recurso, acrescidos de 10 dias, se se pretender a reapreciação da matéria de facto), para daí se concluir que não poderia exercer-se ambas, num único processo.

Este argumento não procede, porque, na vigência da LAV de 1986 e até 2008, eram também diferentes o prazo para se interpor recurso (10 dias[16], segundo o art. 685º do CPC então vigente) e o prazo para se propor a ação de anulação (30 dias, segundo o art. 28º, nº 2, da LAV), donde resultava que, se a parte interessada pudesse e quisesse recorrer, em ordem a obter uma reapreciação do julgamento efetuado pelo tribunal arbitral e, simultaneamente, pedir a anulação da sentença arbitral, deveria fazê-lo no mais curto dos prazos que por lei tinha para usar desses meios (que era então, como continua a ser hoje, o prazo para interposição do recurso). Se deixasse expirar este prazo, essa parte só poderia utilizar, daí em diante, o meio de impugnação que tinha prazo de interposição mais longo. Ora, tendo esse regime funcionado sem particulares dificuldades, não se percebe por que é que essa diversidade de prazos pode hoje constituir obstáculo à necessária cumulação das duas formas de impugnação num único processo[17].

O segundo argumento acha-se explanado, desenvolvidamente, nalguns acórdãos dos tribunais superiores[18], que começam por extrair

[15] Usado por Mário Esteves de Oliveira – *Lei da Arbitragem Voluntária* cit., p. 550, e António Menezes Cordeiro –*Tratado de Arbitragem*, Almedina, Coimbra, 2015, p. 437.

[16] Tendo, seguidamente, o recorrente o prazo de 30 dias para apresentar as alegações do recurso interposto.

[17] Neste sentido, *vide* Armindo Ribeiro Mendes – *A Nova Lei de Arbitragem Voluntária e as Formas de Impugnação de Decisões Arbitrais* cit., p. 720-721.

[18] Nomeadamente, no acórdão proferido pelo Tribunal da Relação do Porto em 6.02.2020 no proc. 20/20.09YRPRT, que analisei criticamente, no artigo intitulado *Contributo para uma revisão da LAV (devidamente preparada)*, publicado na Revista Internacional de Arbitragem e Conciliação, Nº 17-2022, pp. 43-121, especialmente a pp.

da ausência, na atual LAV, de uma norma legal com o conteúdo do art. 27º, nº 3, da anterior Lei, com o efeito cominatório e preclusivo que tinha, a conclusão de que essa solução se deve ter por vedada no regime legal vigente. A tal raciocínio permito-me contrapor que nem sempre as preclusões intraprocessuais e extraprocessuais que a doutrina considera existirem no nosso sistema de processo civil são expressamente afirmadas pela lei[19]. Por isso, da circunstância de não estar explicitado na lei determinado efeito preclusivo, não tem, forçosamente, de se concluir que ela o recuse. E sendo a lei omissa a este respeito, o intérprete pode (e deve, pelas razões adiante aduzidas) concluir, com total legitimidade, que se está perante uma lacuna do legislador, a preencher de acordo com a regra enunciada no nº 3 do art. 10º do Código Civil, o que, no caso vertente, conduz à adoção, no quadro da atual LAV, da solução que constava da art. 27º, nº 3, da lei anterior.

Prosseguindo o mencionado raciocínio, quem subscreve o entendimento a que me oponho argumenta que, dado não existir norma a condicionar o exercício do meio processual em questão a uma determinada circunstância, positiva ou negativa, deve considerar-se, por decorrência do princípio do acesso ao direito e aos tribunais, que a parte interessada pode exercer livremente os meios processuais previstos na lei, sem estar dependente de tal circunstância.

Como tenho salientado em escritos anteriores, esse entendimento conduz a resultados bastante indesejáveis que passo a evidenciar. A aceitação da inevitabilidade da convivência entre os dois meios de impugnação da sentença arbitral, implicando um concurso de competências quanto ao mérito, comporta o risco de colocar os tribunais na posição de se contradizerem (pelo menos, em termos práticos). Para que se compreenda isso, figure-se a hipótese em que, tendo-

97-104. Outros acórdãos de tribunais superiores há em que se argumentou de maneira semelhante à que consta daquele acórdão, assim como existem acórdãos que decidiram no sentido por mim defendido.

[19] Sobre esta matéria, *vide* Miguel Teixeira de Sousa – *Preclusão e Caso Julgado – Preclusão e Caso Julgado*, 2016, Revista da Faculdade de Direito da Universidade de Lisboa, LVIII, 2017/I, Lisboa, *passim*.

-se usado, separadamente, desses dois meios de impugnação e tendo eles sido distribuídos a coletivos diferentes do competente Tribunal da Relação, um deles vem a rejeitar o recurso, mantendo a sentença recorrida, ao passo que o outro vem a anular tal sentença. Dificilmente poderá qualificar-se este possível desfecho como exemplo de eficiente administração da justiça. Ainda mais chocante é o resultado a que pode chegar-se na hipótese inversa: um dos coletivos do tribunal *ad quem* dá provimento à apelação interposta, revogando a sentença recorrida e proferindo (ao abrigo do artigo 665, nº 1, do CPC), nova decisão sobre o mérito da causa que fora decidida pelos árbitros, enquanto o outro coletivo nega procedência ao pedido de anulação da sentença arbitral, mantendo a validade desta. Julgo que nenhum destes possíveis desfechos fortalece a confiança dos cidadãos na administração da justiça que aos tribunais cabe exercer em seu nome.

Para afastar estas consequências, tem-se alegado, em comentários da doutrina[20] e em decisões dos tribunais superiores, que se pode invocar, no processo iniciado em segundo lugar, a exceção de litispendência, pelo menos, na modalidade de "litispendência imprópria". Esta última noção suscita, contudo, o reparo de que quem nela se estriba se expõe a crítica idêntica à formulada pelos que se opõem ao entendimento que aqui defendo, quando alegam que, não existindo impedimento ou condicionamento legal, deve a parte ser admitida a exercer livremente os meios processuais previstos na lei, por decorrência do princípio do acesso ao direito e aos tribunais. Com efeito, quem assim raciocine há de convir que, ao ampliar-se o significado da noção de litispendência para além dos estritos contornos que a lei lhe traçou, está-se também a estabelecer, à margem da lei, um condicionamento ao exercício dos meios processuais legalmente contemplados.

A noção de 'litispendência' que a lei reconhece e a que confere operatividade é a definida nos arts. 580º e 581º do CPC (litispendência, em sentido próprio), que exige identidade de partes, de causa de

[20] Nomeadamente, na obra de António Menezes Cordeiro – *Tratado da Arbitragem* cit., p. 437.

pedir e de pedidos. Ora, mesmo no caso de se impugnar a sentença com fundamentos (causas de pedir) idênticos na ação tendente à sua anulação e no recurso dela interposto, há que reconhecer que são diferentes os pedidos deduzidos num e noutro meio de impugnação, pelo que não poderá nesse caso invocar-se litispendência, de acordo com a definição legal deste conceito[21]. Por maioria de razão, não existirá litispendência se forem diferentes os fundamentos (causas de pedir) invocados num e noutro processo, a juntar à diferença de pedidos deduzidos em cada um desses meios de impugnação. Ora, inexistindo litispendência, podemos vir a deparar com os indesejáveis resultados acima figurados.

Pelas razões expostas acima, tenho defendido[22] que, se a parte interessada puder e quiser recorrer, visando a reapreciação do mérito decidido pelo tribunal arbitral, e, simultaneamente, pedir a anulação da sentença arbitral no âmbito da nova LAV, deverá fazê-lo no recurso, que é a via de impugnação que tem o mais curto prazo de utilização. Se deixar expirar este prazo, essa parte só poderá utilizar, daí em diante, o meio de impugnação que tem o prazo de interposição mais longo, que é a ação de anulação e que se encontra numa situação de *subsidiariedade*[23].

[21] São diferentes os pedidos feitos aos tribunais estaduais competentes tal como são diferentes os efeitos das decisões que eles proferirão em cada um desses meios de impugnação. No recurso, pede-se (e pode obter-se) a revogação da sentença recorrida e a sua substituição por outra que decida o fundo da causa favoravelmente ao recorrente, ao passo que, no pedido de anulação, só pode obter-se a cassação da sentença impugnada. Por essa razão, não pode vingar a invocação da litispendência no meio de impugnação utilizado em segundo lugar, como entendeu (e bem) o Tribunal da Relação de Lisboa, no acórdão proferido em 11.01.2018 (proc. nº 927/17.0YRLSB-8).

[22] No seguimento do que Paula Costa e Silva defendeu, na vigência da LAV anterior, em *Os Meios de Impugnação de Decisões Proferidas em Arbitragem Voluntária no Direito Interno Português*, Revista da Ordem dos Advogados, ano 56, I, Janeiro 1996, Lisboa, p. 194.

[23] Esta é também a solução preconizada por Armindo Ribeiro Mendes – *ob. cit.*, p. 721, Mariana França Gouveia – *Curso de Resolução Alternativa de Litígios*, Almedina Coimbra, 2014, p. 298, e António Pedro Pinto Monteiro, Artur Flamínio da Silva, Daniela Mirante – *Manual de Arbitragem*, Almedina, Coimbra, 2019, pp. 394-395.

Seria vantajoso, no entanto, pôr termo a esta controvérsia numa futura revisão da LAV, mediante a inserção nesta de um novo artigo (que seria o art. 46º-A), como advoguei noutro lugar[24].

3. Além do recurso que a LAV de 1986 admitia, como regra, que se interpusesse da sentença arbitral que decidira o fundo da causa, e da ação de anulação que contra ela se movesse, aquela lei previa que a sentença arbitral pudesse ser impugnada em sede de oposição à sua execução, dispondo o seu art. 36º (que remetia para o art. 814º do CPC de 1961), sem restrições, que poderia invocar-se aí qualquer dos fundamentos admissíveis na ação de anulação. Esse regime – que alguns comentadores criticavam, por deixar incerta a subsistência da sentença arbitral até que algum fundamento de anulação desta fosse deduzido pela parte vencida, na execução movida com base nela e cujo início não dependia de prazo[25] – foi substancialmente alterado pela LAV de 2011 que, no seu art. 48º, nºs 1 e 2, reduziu bastante o espaço para, em sede de oposição à execução da sentença arbitral, o executado (vencido na arbitragem precedente) poder opor-se à sentença com algum dos fundamentos de anulação enumerados no nº 3 do art. 46º[26].

Com efeito, de acordo com o nº 1 do art. 48º, se uma decisão judicial transitada em julgado houver rejeitado um pedido de anulação da sentença arbitral baseado num dos fundamentos legalmente previstos, fica precludida a possibilidade de se invocar o mesmo fundamento, em sede de oposição à execução[27].

[24] No meu artigo *Contributo para uma revisão da LAV (devidamente preparada)* cit., pp. 97-104.

[25] Essa solução legal era também criticável, por significar um certo desvirtuar das finalidades da oposição à execução, quando esta se destine a pôr em crise um título jurisdicional; cf., neste sentido, Paula Costa e Silva – *Os Meios de Impugnação* cit., p. 205.

[26] Ao incluir na nova LAV as disposições dos nºs 1 e 2 do art. 48º, o legislador português afastou-se da Lei Modelo da UNCITRAL e acompanhou o preceituado no CPC (*ZPO*) alemão.

[27] Mesmos os fundamentos de anulação da sentença previstos na alínea *b)* do nº 3 do art. 46º, só podem ser oficiosamente conhecidos pelo juiz da execução, ao abrigo do nº 3 do art. 48º, se não tiverem sido apreciados em anterior ação de anulação; caso hajam

Por outro lado, o decurso do prazo legalmente fixado para a ação de anulação, sem esta ter sido proposta, faz precludir a possibilidade de, na oposição à execução da sentença arbitral, se invocar algum dos fundamentos de impugnação que dependem de alegação e prova pela parte interessada (que são os enumerados na al. *a)* do nº 3 do art. 46º). Esta preclusão não abrange, contudo, os fundamentos de anulação da sentença arbitral que são de conhecimento oficioso pelo juiz (os previstos na al. *b)* do nº 3 do art. 46º), os quais podem ser invocados pelo executado, na sua oposição à execução, ainda que não os haja invocado em ação de anulação ou tenha deixado expirar o prazo para a propor, assim como podem esses fundamentos ser oficiosamente conhecidos pelo juiz da execução, como expressamente prevê o nº 3 do art. 48º[28].

Quando as preclusões estabelecidas no art. 48º não possam operar, poderá gerar-se uma situação que, não sendo, em rigor, de litispendência[29], será, ao menos, de concurso de competências quanto ao

sido aí apreciados e rejeitados, não podem ser novamente invocados na oposição à execução da sentença arbitral, porque a isso obsta o disposto no nº 1 deste artigo.

[28] O facto de o al. *g)* do nº 2 do art. 812º-D do CPC de 1961, alterado pelo art. 2º do dispositivo preambular da Lei nº 63/2011, de 4 de dezembro – correspondente à al. *d)* do nº 2 do art. 726º do CPC de 2013 – não contemplar a "ofensa à ordem pública internacional" como fundamento justificativo da remessa dos autos para o juiz competente, deve-se à falta de revisão cuidada de que padeceu o texto final da Proposta de Lei que originou a LAV (deficiência que tenho repetidamente criticado nos meus escritos sobre esta Lei). Na verdade, não se atentou então no facto de a ofensa da ordem pública ter passado também a ser, na nova LAV, um fundamento de impugnação de que o juiz deve conhecer oficiosamente. Mariana França Gouveia, no seu *Curso de Resolução Alternativa de Litígios* cit., p. 315, chama também a atenção para esta omissão.

[29] É, pelo menos, discutível que possa falar-se de litispendência, no caso de existir concurso de uma ação de anulação duma sentença arbitral e de uma oposição à sua execução, com os mesmos fundamentos. Paula Costa e Silva defendeu esta opinião, no seu estudo de 1996 (*Os Meios de Impugnação* cit., pp. 205-206), mas parece ter alterado, de algum modo, a sua posição, em ensaio posterior (*A Execução em Portugal de Decisões Arbitrais Nacionais e Estrangeiras*, Revista da Ordem dos Advogados, ano 67 – II, Setembro de 2007, pp. 662-668). Armindo Ribeiro Mendes (*ob. cit.* pp. 721-722, nota 26) considerou que existiria, neste caso, teoricamente, litispendência que se teria tornado, excecionalmente, irrelevante por efeito do disposto no art. 48º da atual LAV. Mariana França Gouveia também opinou, na 2ª edição do seu *Curso* cit., p. 265 (mas, na 3ª edi-

mérito que, como observou Paula Costa e Silva, implica a realização de atividade em termos pouco racionais (por mesmo fundamento de anulação ser conhecido em dois procedimentos diversos) e coloca os tribunais na posição de poderem contradizer-se[30]. Importa, por isso, refletir sobre como se pode evitar que os mesmos fundamentos de anulação sejam conhecidos em ação de anulação e em oposição à execução, com os inerentes efeitos perversos.

Na vigência da anterior LAV, Paula Costa e Silva preconizou que nesses casos se fizesse a execução aguardar pela decisão, na ação de anulação, sobre o(s) fundamento(s) invocado(s) num e noutro processo. Clarificando o seu pensamento, precisou a autora que o que neste caso se suspenderia seria a oposição à execução, arrastando a suspensão desta a suspensão da execução[31].

Diferentemente, José Lebre de Freitas opinava então que era a ação de anulação que deveria ser suspensa, ficando a aguardar que a oposição à execução fosse definitivamente julgada[32]. Este autor continuou a defender idêntica solução, perante a LAV de 2011[33].

Raciocinando perante atual LAV, parece muito mais razoável adotar, neste quadro, solução idêntica à que Paula Costa e Silva propunha face à anterior lei. Em linha com essa proposta, entendo que o juiz, ao receber os embargos à execução – que, caso o executado

ção desta obra, essa opinião já não figura), seguindo o que Paula Costa e Silva defendera em 1996, que neste caso existe litispendência. A meu ver, não há, em rigor, litispendência nesta hipótese, por faltar a identidade dos pedidos – num caso, pede-se a anulação da sentença, noutro caso, a extinção da execução com fundamento em anulabilidade do título, como opinou Paula Costa e Silva no referido estudo de 2007, p. 667, e como parece entender, hoje, Rui Pinto (*Ação Executiva*, 2ª Reimpressão, AAFDL, Lisboa, 2020, pp. 438-440 –, mas é inegável que existirá aí um concurso de competências quanto ao mérito, que pode colocar os tribunais envolvidos na posição de se contradizerem, o que é indesejável.

30 *A Execução em Portugal de Decisões Arbitrais* cit., p. 667.

31 *Ibidem*, p. 668.

32 *A Ação Executiva*, 5ª ed., Coimbra Editora, Coimbra, 2009, p. 182.

33 *A Ação Executiva à luz do Código Processo Civil de 2013*, 6ª ed., Coimbra Editora, Coimbra, 2014, p. 205, nota 27. O autor manteve tal opinião na 7ª edição desta obra, editada pela Gestlegal, Coimbra (p. 207, nota 28).

preste caução, suspendem o prosseguimento da execução (art. 733º nº 1, *a)* do CPC) - deve suspender a oposição à execução ao abrigo do art. 92º, nº 1, do CPC, atendendo à relação de prejudicialidade existente entre os objetos dessas ações[34], e determinar que a oposição à execução fique a aguardar pela decisão da ação de anulação.

Duas razões concorrem para o meu entendimento. Em primeiro lugar, o ataque à sentença exequenda, em sede de oposição à execução, só é permitido pelos nºs 1 e 2 do art. 48º, da LAV, sob condição de *(i)* um pedido de anulação com o fundamento invocado na oposição à execução não ter já sido rejeitado em anterior ação de anulação e de *(ii)*, caso não tenha sido proposta tal ação, não haver ainda decorrido o prazo legal (60 dias) para alguma das partes poder fazê-lo; essa dupla condição coloca a oposição à execução em posição de *subordinação*, relativamente à ação de anulação da sentença apresentada como título executivo. Em segundo lugar, uma vez que a ação de anulação de sentença arbitral tem uma tramitação muito mais simples e célere[35] do que a da oposição à execução[36], poderá ela ser definitivamente decidida mais cedo do que a oposição à execução.

§ 2º Irrenunciabilidade do direito de requerer a anulação da sentença

4. O direito de requerer a anulação da sentença arbitral é, na nossa ordem jurídica, irrenunciável. Afirma-o o nº 5 do art. 46º da atual LAV, tal como o fazia o nº 1 do art. 28º da LAV de 1986[37].

[34] Apontando a relação de prejudicialidade entre essas duas ações, *vide* Rui Pinto - *A Ação Executiva* cit., pp. 441-442.

[35] Mostrarei adiante que assim é. A situação era a inversa no âmbito da LAV de 1986, em que tramitação da ação de anulação era mais complexa do que a da oposição à execução, como Paula Costa e Silva então reconhecia (*ob. cit*, p. 668).

[36] Sendo esta uma verdadeira ação declarativa que corre por apenso à execução, segue a tramitação do processo comum de declaração. A isso acresce o facto de a oposição à execução - diferentemente do que acontece com a ação de anulação da sentença arbitral (que deve ser proposta no tribunal da relação) - dever percorrer, em princípio, três graus de jurisdição.

[37] Sobre a irrenunciabilidade do direito a pedir a anulação da sentença arbitral, na vigência da LAV de 1986, *vide*, entre outros, Paula Costa e Silva - *Anulação e Recursos da*

Idêntica solução encontra-se consagrada na grande maioria das ordens jurídicas. É, na verdade, muito reduzido o número de ordens jurídicas que permitem que as partes renunciem, antecipadamente, ao direito de pedir a anulação da sentença arbitral, quanto a todos ou a parte dos fundamentos legalmente previstos para o efeito, quase todas admitindo essa possibilidade só no caso de nenhuma das partes ter alguma ligação com o país em causa. Assim, na Bélgica, só se admite tal renúncia se as partes não tiverem nacionalidade belga, nem residência, nem estabelecimento principal, nem sucursal no território deste país. Na Suíça, é para tanto necessário que as partes não tenham domicílio nem residência habitual nem estabelecimento no respetivo território; essa renúncia não é, contudo, permitida nas arbitragens domésticas. Na Suécia, exige-se para isso que as partes não tenham domicílio nem estabelecimento no seu território. Diferentemente, o direito francês após a reforma de 2011 (ao invés do que dispunha o *Code de procédure civile* de 1981, que proibia tal renúncia), se a arbitragem tiver tido sede em França, permite tal renúncia às partes, mesmo que tenham alguma ligação com este país[38]; no entanto, as partes terão sempre o direito de deduzir oposição à execução da sentença arbitral, com fundamentos idênticos aos previstos no *Cpc* para o pedido de anulação da sentença[39].

Decisão Arbitral cit. (1992), pp. 968-969, Luís de Lima Pinheiro – *Arbitragem Transnacional* cit., p. 168. Já na vigência da nova LAV, *vide* António Pedro Pinto Monteiro – *Da Ordem Pública no Processo Arbitral,* Estudos em Homenagem ao Professor Doutor José Lebre de Feitas, Volume II, Coimbra Editora, Coimbra, 2013, pp. 637-638, e António Menezes Cordeiro – *Tratado da Arbitragem* cit., p. 455, vieram também justificar, eloquentemente, a irrenunciabilidade deste direito.

[38] Relativamente aos direitos suíço, sueco e belga e francês, *vide* Jean-François Poudret & Sébastien Besson – *Comparative Law* cit., pp. 679-686, e Christophe Seraglini & Jerôme Ortscheidt – *Droit de l'arbitrage interne et international*, 2e édition, LGDJ, Paris, 2019, pp. 954 e 958; especificamente quanto ao direito suíço, *vide* Gabrielle Kaufmann-Kohler & Antonio Rigozzi – *International Arbitration, Law na Practice in Switzerland.* Oxford University Press, Oxford, 2015, pp. 437-447.

[39] Como explicam Christophe Seraglini & Jerôme Ortscheidt (*ob. cit.*, pp. 954 e 956), a ideia subjacente a este ponto da reforma de 2011 do *Cpc* francês é a de que o "principal controlo da regularidade da sentença arbitral internacional se efetua no lugar em que esta tem vocação para ser executada", o que corresponde à 'visão deslocalizada da arbitragem internacional' que é defendida por parte da doutrina francesa (com destaque

Há que fazer mais duas anotações a essas soluções legislativas. Em primeiro lugar, a possibilidade de renúncia antecipada ao direito de impugnar a sentença arbitral prevista nessas leis é muito pouco utilizada na prática e é, além disso, criticada e desaconselhada pela maior parte da doutrina desses países. Em segundo lugar, as jurisprudências dos tribunais desses países exigem que essa renúncia antecipada seja estipulada de forma clara e inequívoca.

Regressando ao âmbito da ordem jurídica portuguesa, parece-me que à dita irrenunciabilidade da ação de anulação da sentença arbitral poderia igualmente chegar-se, ainda que não existisse o nº 4 do art. 46º da LAV. Com efeito, a qualificação pelo nº 2 do art. 209º da Constituição dos tribunais arbitrais como verdadeiros 'tribunais' baseia-se no pressuposto de que as decisões por eles proferidas sejam obtidas mediante um "processo equitativo", como impõe o nº 4 do seu art. 20º. Este paradigma do processo equitativo[40] vincula também os tribunais estaduais, mas, quanto a estes, a obediência ao mesmo é assegurada através da possibilidade de recurso para um tribunal hierarquicamente superior. Quanto aos tribunais arbitrais, é a possibilidade de controlo pelos tribunais estaduais competentes, através de uma ação de anulação, que assegura a observância daquele paradigma constitucional, constituindo, portanto, uma implícita condição da inclusão dos tribunais arbitrais no conceito constitucional de 'tribunais'[41].

para o falecido Emmanuel Gaillard). Aqueles autores não deixam, porém, de apontar as deficiências e inconvenientes deste regime que consideram 'demasiado inovador', acabando por aconselhar as partes a não utilizarem tal possibilidade, pelo menos, enquanto a jurisprudência não clarificar os pontos mais problemáticos do novo regime (*ob. cit.*, pp. 954-958).

[40] Cf. o que sobre este paradigma se expõe no parágrafo 16. *infra.*

[41] Raciocinam de modo semelhante, face o direito alemão, Stefan Kröll and Peter Kraft – *Recourse against the award,* in 'Arbitration in Germany, The Model Law in Practice' *cit.*, pp. 385, que observam que o § 1059 do *ZPO* (correspondente ao art. 46º da LAV) tem primariamente por função proporcionar o controlo constitucionalmente requerido do processo arbitral e definir o âmbito desse controlo. Embora a arbitragem seja um meio privado de resolução de litígios, a lei confere à sentença arbitral o mesmo caráter obrigatório entre as partes que a sentença de um tribunal estadual transitada

Além da verificação da observância do referido paradigma consagrado na Constituição que se reporta diretamente ao controlo da *integridade do tribunal* (i.e., do modo da sua constituição e composição) e da *integridade do processo*, a eventual intervenção dos tribunais estaduais neste âmbito serve também para controlar a *integridade da sentença*, verificando se o resultado desta não contraria à 'ordem pública' do Estado Português, isto é, o conjunto de valores, princípios e regras do sistema jurídico português, que sendo estabelecidos em função da proteção de interesses sentidos pela comunidade como fundamentais, são inderrogáveis pela vontade dos indivíduos[42].

Se bem se atentar, esta última vertente do controlo das sentenças arbitrais pelos competentes tribunais estaduais é também postulada pelo 'direito de acesso aos tribunais' enunciado no art. 20º, nº 1, da Constituição, visto que naquele deve considerar-se como incluído o *direito de obter uma decisão fundada no direito*[43]. Como notou, bastante pertinentemente, António Menezes Cordeiro[44], "o Estado não pode

em julgado, conferindo-lhe, portanto, o efeito de caso julgado e a possibilidade de ser judicialmente executada. Ora, perante o direito alemão, atribuir-se efeitos de tamanho alcance a um ato privado violaria o direito constitucionalmente garantido à proteção legal efetiva. "The latter requires that the parties must at least have the possibility to set aside such effects that are caused in the course of arbitral proceedings by violations of the minimum standards of procedural fairness and due process".

42 Cf. o que sobre este conceito se expõe nos parágrafos 38., 39. e 41. *infra*.

43 Neste sentido, Joaquim Gomes Canotilho – *Direito Constitucional e Teoria da Constituição*, 7ª ed., Almedina, Coimbra, 2003, p. 498. A possibilidade de recurso das sentenças arbitrais para o Tribunal Constitucional não seria, de modo algum, suficiente para assegurar a conformidade da arbitragem com os princípios constitucionais mencionados no texto, uma vez que, tendo o controlo daquele Tribunal por objeto normas positivas ou interpretações atribuídas a estas, não poderia ele verificar o resultado concreto de uma sentença arbitral, por muito ofensivo que fosse de princípios e valores fundamentais da ordem jurídica portuguesa.

44 *Tratado da Arbitragem* cit., p. 454. António Pedro Pinto Monteiro salienta também (em *O Princípio da Igualdade e a Pluralidade de Partes na Arbitragem*, Almedina, Coimbra, 2017, pp. 182-187) a indispensável *função de controlo* exercida pelos tribunais estaduais em reação à constituição dos tribunais arbitrais, aos processos perante eles conduzidos e às sentenças que proferem. Observações semelhantes podem encontrar-se nas obras dos mais reputados estudiosos estrangeiros do direito da arbitragem.

oferecer os seus Tribunais e a suas estruturas coercivas para fazer impor decisões contrárias a dados básicos do sistema [jurídico]."

Há quem entenda que melhor seria que não existisse ou fosse eliminado o controlo sobre a sentença arbitral, nomeadamente, sobre a decisão sobre mérito que ela contém[45] e se esforce, por isso, por reduzir, tanto quanto possível, o seu conteúdo e alcance através de interpretações da lei que, além de inconsistentes, são reveladoras de patente incompreensão relativamente ao papel que cabe à arbitragem entre os meios de resolução de litígios previstos nos diversos sistemas jurídicos. Quem assim opina incorre na "anarcho-capitalist fallacy" caraterizada por Michael Reisman e Brian Richardson no texto que transcrevi parcialmente, atrás (*cf.* a nota 12), expondo-se assim às fortes críticas que esses autores dirigem a tal fantasia[46].

[45] Controlo esse que, mesmo sendo comedido na larga maioria das legislações, cumpre grande parte do seu papel pelo simples facto de poder ter lugar.

[46] Vale a pena transcrever também o que, sobre as vantagens da existência de um comedido controlo sobre o mérito (i.e., a substância) da decisão arbitral, escreveu Gary Born, vigoroso defensor da autonomia da arbitragem: "There is substantial debate about the wisdom of permitting judicial review of the merits of the arbitral tribunal's substantive decisions in international arbitrations. Some commentators have argued that a measure of judicial review of the substance of the arbitrators' decisions is an essential safeguard against arbitrary or fundamentally unjust awards. In contrast, others have concluded that substantive review of international awards is unnecessary and leads to the very delays and involvement of national courts that arbitration agreements are intended to avoid.

....

Although there are many misconceived arguments advanced on the topic, there remains a serious rationale for a measure of judicial review of the substance of international awards in the arbitral seat. The ancient adage that "absolute power corrupts absolutely" has force in this context, as in others. Simply put, a limited measure of substantive judicial review arguably serves to safeguard the integrity of the arbitral process by permitting annulment of truly perverse decisions and by providing arbitrators with an enhanced incentive to do their job properly. From this perspective, it is desirable to reserve the possibility of substantive judicial review in cases where arbitral tribunals depart entirely from the parties' agreement and the applicable law, and arrogate to their own subjective preferences the disposition of the parties' rights. Save where they have expressly waived any judicial review or agreed to arbitration *ex aequo et bono*, this is not what commercial parties bargain for nor what developed legal

Sendo esta a função da ação de anulação da sentença arbitral, compreende-se facilmente que, nos termos do nº 5 do art. 46º da LAV, o direito de requerer tal anulação seja *irrenunciável*, só dele se podendo abdicar após a notificação da sentença arbitral[47]. Não pode deixar de ser assim, por duas razões, qualquer delas decisiva por si só: em primeiro lugar, só nessa altura é que as partes podem saber se existe justificação e fundamento válido, face à lei, para se impugnar a sentença notificada. Em segundo lugar, só nessa altura é que o direito de requerer a anulação da sentença se cristaliza nas esferas jurídicas das partes[48-49].

regimes should provide. It is towards such abuses that the very limited judicial review available under U.S. and English law, aimed principally at deliberate refusals to apply clearly-applicable legal rules, is directed. Indeed, this is confirmed by the existence, in the form of putative "public policy" exceptions (discussed above), of limited judicial review of the merits of awards even in jurisdictions where such review is formally excluded. If properly cabined, in the manner of most U.S. and English decisions, the possibility of very limited substantive review of legal conclusions in awards is, on balance, desirable. Purely procedural review of the conduct of the arbitration is capable of preventing many – but not necessarily enough – instances of true injustice and arbitrary conduct by arbitral tribunals: an arbitrator can cloak profoundly unfair or wrongful conduct in the guise of meticulous procedural formalities, and only the possibility of some substantive review on the merits can effectively check such conduct" (*International Commercial Arbitration*, 2nd edition, Wolters Kluwer, Alphen aan den Rijn, 2014, pp. 3355-3358).

[47] É de notar que, nessa fase, a renúncia ou abdicação ao direito de requerer anulação da sentença arbitral se fará, na maioria das vezes, de forma tácita, prescindindo a parte que porventura tivesse esse direito, de o exercer.

[48] Cf. em sentido idêntico ao defendido no texto, António Abrantes Geraldes – *Em torno da aferição da competência do tribunal arbitral e da ação da anulação da sentença arbitral*, Revista Internacional de Arbitragem e Conciliação, Nº 17-2022, Almedina, Coimbra, p.166. Recordo que é com este conteúdo e alcance que o art. 809º do Código Civil proíbe que o credor renuncie 'antecipadamente' a qualquer dos direitos que a lei lhe confere em caso de incumprimento do devedor. *Vide* também António Menezes Cordeiro – *Tratado da Arbitragem* cit., p. 455, que, pertinentemente, realça o paralelo entre a norma do art. 46º, nº 5, da LAV e a do art. 809º e doutras disposições do Código Civil, em que também se veda a disposição antecipada de direitos.

[49] Pelas razões expostas no texto, é patentemente desacertada a afirmação de José Robin de Andrade (*in* Dário Moura Vicente – *Lei da Arbitragem Voluntária* cit., p. 190), de que "a irrenunciabilidade [aqui estabelecida] reporta-se aos momentos anteriores à

Para concluir este capítulo introdutório, importa advertir que a proibição da renúncia antecipada (isto é, antes da notificação da sentença) ao direito de requerer a anulação da sentença arbitral, estabelecida no nº 5 do art. 46º não se confunde com a situação contemplada no nº 4 do mesmo artigo, apesar de aí se falar em "renúncia". Na verdade, aquilo de que se trata nessoutro preceito não constitui, em rigor, uma renúncia (ainda que tácita) a um direito adquirido, mas antes de uma "preclusão" que é um instituto distinto, como se explicará adiante[50], ao comentar-se essa disposição da LAV.

instauração da ação arbitral, e nomeadamente ao momento da negociação da convenção de arbitragem. É nessa fase que a lei proíbe a renúncia à impugnação de decisões arbitrais". Na verdade, este entendimento, além de não ter qualquer apoio na lei, colide com a *razão de ser* da afirmação legal da irrenunciabilidade do direito de impugnar a sentença arbitral, como saliento no texto.

[50] *Vide* o que sobre este tema se expõe no parágrafo 64. *infra*.

Capítulo II
Natureza, Objeto e Forma da Ação de Anulação

§ 3º Natureza da ação de anulação de sentença arbitral

5. Dispõe o nº 7 do art. 43º da LAV que "A sentença arbitral de que não caiba recurso e que já não seja susceptível de alteração no termos do artigo 45º tem o mesmo carácter obrigatório entre as partes que a sentença de um tribunal estadual transitada em julgado e a mesma força executiva que a sentença de um tribunal estadual".

Glosando este preceito, escreveu António Menezes Cordeiro que a sentença arbitral constitui caso julgado para as partes, que não mais podem debater o mesmo tema. Caso alguma o tente, ver-se-á confrontada com uma exceção de caso julgado, seja em nova ação arbitral seja no domínio do foro do Estado. Além disso, constitui título executivo da mesma maneira que a sentença de um tribunal estadual o é, quer perante os tribunais comuns quer em face da Administração Pública (por exemplo para efeito dos diversos registos)[51].

Face ao cristalino teor daquela disposição legal, não tem qualquer base o entendimento, com que por vezes se depara[52], segundo o qual

[51] *Tratado da Arbitragem* cit., p. 407; em sentido substancialmente coincidente, cf. Manuel Barrocas – *Lei de Arbitragem Comentada*, Almedina, Coimbra, 2ª ed. 2018, pp. 165-166.

[52] O autor da presente obra deparou, recentemente, com tal entendimento por parte de um desembargador relator dum tribunal da relação, no quadro de ação de anulação de sentença arbitral que aí corria (entendimento esse posteriormente revertido, após reclamação para a conferência).

a apresentação em juízo dum pedido de anulação de uma sentença arbitral impede o trânsito em julgado da mesma.

Mas qual é a natureza da ação de anulação de sentença arbitral que, por não caber dela recurso e não ser já passível de alteração nos termos do artigo 45º da LAV, é legalmente equiparada à sentença transitada em julgado de um tribunal estadual? Estamos perante uma ação constitutiva, com processo especial, que, caso tenha êxito, produz um efeito muito específico.

Caracterizando o efeito produzido por esta ação, Rui Pinto qualificou-a como 'ação de revogação do caso julgado ou ação rescisória', definindo estas ações como sendo "as ações declarativas em que se pede uma sentença de revogação de uma decisão judicial transitada em julgado, com fundamento em ilegalidade ou injustiça, a título principal ou incidental[53]. Segundo este autor, no direito português, atualmente, ação rescisória, a título principal, é unicamente a ação de anulação de sentença arbitral; ações rescisórias, a título incidental, são a oposição à execução de sentença ((arts 729º e 730º do CPC) e o recurso de revisão por simulação processual (art. 696º, *g*))[54].

Em sentido coincidente, escreveu Carla Góis Coelho que "o provimento de uma tal ação [de anulação de sentença arbitral] terá como consequência a "destruição" da sentença arbitral e, como tal, do efeito de caso julgado que lhe havia sido associado"[55].

Acompanho, por inteiro, a caraterização desta ação feita por estes autores.

§ 4º Decisões que podem ser objeto desta ação

6. Só as sentenças proferidas em arbitragens sediadas em Portugal podem ser impugnadas perante os tribunais estaduais portugueses,

[53] *O Recurso Civil. Uma Teoria Geral*, AAFDL, Lisboa, reimpressão, 2018, p. 123.

[54] *Ob. cit.*, p. 123-124.

[55] *A falsa especificidade do caso julgado da sentença arbitral. Comentário ao acórdão do STJ de 8 de setembro de 2016*, Revista PLMJ Arbitragem, nº 1, novembro 2017, PLMJ, Lisboa, p. 105.

com base no disposto na LAV[56]. É o que resulta do art. 61º, que define o âmbito de aplicação espacial desta lei, e do art. 59º, nº 1, que atribui competência para conhecer desse pedido ao tribunal da relação em cujo distrito se situe o lugar da arbitragem.

Por outro lado, apenas são impugnáveis as 'sentenças arbitrais', não as meras decisões de ordenação processual, usualmente designadas por 'ordens processuais'[57]. Nos articulados dos Projetos de Nova LAV apresentados pela Direção da A.P.A., em 2009, 2010 e 2011, houve a preocupação de observar a distinção que vinha sendo feita na literatura jurídica portuguesa, seguindo o ensinamento da doutrina estrangeira, entre as 'sentenças arbitrais' e as 'ordens processuais' (i.e., as decisões de mera ordenação processual), preocupação a que a texto final da LAV se manteve fiel, com uma única exceção[58]. Ora, a solução adotada pela generalidade das legislações estrangeiras sobre

[56] O disposto nos arts. 59º, nº 1, e 61º da LAV é uma decorrência da conceção tradicional e maioritariamente aceite na doutrina e jurisprudência da generalidade das ordens jurídicas, segundo a qual a 'arquitetura normativa da arbitragem comercial internacional' instituída pela Convenção da Nova Iorque reserva aos tribunais do Estado em que arbitragem teve sede a competência para a anulação da sentença que lhe pôs termo. Sobre esta conceção, *vide*, entre outros, Michael Reisman & Brian Richardson – *The Present – Commercial Arbitration as a Transnational System of Justice: Tribunals and Courts* cit. pp. 19-31, e Gabrielle Kaufman-Kohler – *Commercial Arbitration Before International Courts and Tribunals – Reviewing Abusive Conduct of Domestic Courts* – 2011 American University Washington College of Law Lecture on International Commercial Arbitration, Arbitration International, LCIA, Vol. 29, Issue 2, Oxford University Press, 2013, pp. 153-155. Sobre este tema, cf. também a minha monografia *O Reconhecimento e Execução de Sentenças Arbitrais Estrangeiras*, Almedina, Coimbra, 2016, pp. 69-79.

[57] Sobre a distinção a fazer entre as diversas espécies de decisões arbitrais, *vide* o meu artigo *Decisões Interlocutórias e Parciais no Processo Arbitral. Seu Objecto e Regime*, incluída em 'Temas de Direito da Arbitragem', Coimbra Editora, Coimbra, 2013, especialmente, pp. 162-163 e 182-185.

[58] Infelizmente, no texto da Proposta de Lei que o Governo apresentou à Assembleia da República, aditou-se ao art. 27º uma nova disposição (com o nº 4), em que se qualificou como 'sentença' o que não passa de mera decisão de caráter processual, não sendo, por isso, merecedora daquela qualificação. Essa disposição suscita, aliás, outras críticas, como expliquei no artigo *Contributo para uma revisão da LAV* cit., pp. 72-73.

arbitragem, é a de as decisões de mera ordenação processual não poderem ser objeto de impugnação perante os tribunais estaduais[59].

Mas nem todas as decisões que, segundo os critérios prevalecentes na doutrina, mereçam a qualificação de 'sentenças arbitrais' e sejam proferidas no âmbito de aplicação da LAV, podem ser impugnáveis mediante a ação de anulação por esta regulada. Só podem ser objeto desta ação:

a) as sentenças que ponham termo aos processos arbitrais, mesmo sem terem conhecido do mérito da causa[60];

b) as sentenças proferidas a meio desses processos, pelas quais o tribunal arbitral conheça só de parte do fundo da causa, fazendo o que alguns processualistas brasileiros designam por *"fatiamento do mérito"*[61], ou seja, as "sentenças parciais" previstas no art. 42º, nº 2;

c) as sentenças interlocutórias que os tribunais arbitrais profiram ao abrigo do art. 18º, nºs 1 e 8, afirmando a sua competência[62] e fazendo seguir o processo[63].

59 Procurei justificar esta solução no ensaio *Decisões Interlocutórias e Parciais no Processo Arbitral,* Temas de Direito da Arbitragem *cit.*, em especial, a pp. 182-185.

60 Sobre as sentenças que põem termo à arbitragem sem conhecerem do mérito, *vide* Armindo Ribeiro Mendes – *A Nova Lei de Arbitragem Voluntária e as Formas de Impugnação de Decisões Arbitrais* cit., pp. 722-723.

61 Expressão que introduzi na literatura jurídica portuguesa (*cf.* o meu estudo *Decisões Interlocutórias e Parciais no Processo Arbitral* cit., p. 167, nota 23). Sobre este tema, *vide*, na doutrina brasileira, Carlos Alberto Carmona – *Arbitragem e Processo,* 3ª ed., Editora Atlas, São Paulo, 2009, p. 337, e, na doutrina portuguesa, o meu estudo *Decisões Interlocutórias e Parciais no Processo Arbitral* cit., pp. 185-190.

62 No caso de tal dúvida se ter suscitado ao tribunal arbitral ou de ter sido questionada por uma parte a competência deste para dirimir o litígio, se o tribunal vier a considerar-se totalmente incompetente, a sentença que proferir será final, embora não conheça do mérito, inscrevendo-se então na categoria da alínea *a)* referida no texto.

63 Como expliquei no ensaio *A Competência da Competência e a Autonomia do Tribunal Arbitral,* incluído em 'Direito da Arbitragem – Ensaios', Coleção MLGTS/Almedina, Coimbra, 2017, pp. 67-70, perante a LAV, não é possível impugnar perante os tribunais estaduais a sentença pela qual o tribunal arbitral se considere incompetente, total ou parcialmente, para julgar o litígio.

No âmbito doutros ordenamentos jurídicos, admite-se a impugnação (mediante ação ou recurso de anulação) doutros tipos de sentenças interlocutórias[64], mas não foi essa a solução adotada na lei de arbitragem portuguesa[65].

No entanto, acompanhando Armindo Ribeiro Mendes[66], há que referir que, além das sentenças acima referidas, a LAV prevê que possam ser impugnadas outras duas espécies de decisões interlocutórias que podem ser proferidas no processo arbitral: *(i)* a decisão do tribunal arbitral sobre o indeferimento do pedido de recusa de um árbitro, que é impugnável por recurso interposto para o competente Tribunal da Relação ou Tribunal Central Administrativo (arts. 14º, nº 3, e 59º, nº 1, alínea *b*), e nº 2), da LAV), e *(ii)* a decisão dos árbitros sobre a fixação dos seus honorários e das despesas da arbitragem, que é impugnável por recurso interposto para o competente Tribunal da Relação ou Tribunal Central Administrativo (art. 17º, nº 3, e 59º, nº 1, alínea *d*), e nº 2)[67].

[64] Sobre esta matéria, *vide*, entre outros, J. F. Poudret & S. Besson – *Comparative Law* cit., pp. 638-642.

[65] Sobre este tópico, desenvolvidamente, *vide* Armindo Ribeiro Mendes – *A Nova Lei de Arbitragem Voluntária e as Formas de Impugnação de Decisões arbitrais* cit. p. 723-725.

[66] *Ob. cit.* p. 725.

[67] É incorreto, por várias razões, o seguinte passo da anotação de José Robin de Andrade ao art. 39º, nº 4, da LAV, (*in* Dário Moura Vicente, *Lei da Arbitragem Voluntária* cit., p. 150): "Embora o preceito [do nº 4 do art. 39º] se refira às decisões finais, o mesmo regime-regra de irrecorribilidade para os tribunais estaduais aplica-se também às decisões interlocutórias dos tribunais arbitrais, às decisões sobre providências cautelares e às sentenças parciais". Com efeito, o regime-regra estabelecido no nº 4 do art. 39º, de só ser admissível o recurso (para os tribunais estaduais) da decisão final proferida na arbitragem no caso de as partes terem estipulado tal faculdade na convenção de arbitragem, não vale nem para as 'decisões interlocutórias' nem para as 'decisões sobre providências cautelares'. E mesmo em relação às 'sentenças parciais de mérito', esse regime-regra só pode aplicar-se na hipótese referida adiante, nesta nota. No que toca às referidas 'decisões interlocutórias', não é legalmente permitido às partes estipularem na convenção de arbitragem a possibilidade de recorrerem de tais decisões para os tribunais estaduais, porque o nº 4 do art. 39º é claro no sentido de o regime aí estabelecido só se aplicar "à sentença que se pronuncie sobre o fundo da causa ou que, sem conhecer deste, ponha termo ao processo arbitral", expressão que, obviamente, não abrange as 'decisões interlocutórias; *vide* também, neste sentido, Armindo Ribeiro

§ 5º Prazo para instaurar a ação

7. Segundo o nº 6 do art. 46º, o prazo para se apresentar a ação de anulação é de 60 dias, que é idêntico ao fixado na Lei Espanhola (art. 41 (4)). Este prazo é mais curto do que o estabelecido na Lei Modelo (art. 34 (3)) e na grande maioria das leis baseadas nesta, que é de 90 dias. Apesar de a formulação desta disposição da LAV ser deficiente[68], deve entender-se que o termo *a quo* de contagem deste prazo é sempre a notificação duma decisão dos árbitros, seja ela a sentença que decidiu ao litígio seja a decisão de retificação, esclarecimento ou completamento daquela[69], proferida a requerimento de uma parte[70].

As opiniões dos comentadores da nova LAV dividem-se quanto à natureza deste prazo. Armindo Ribeiro Mendes opinou que este prazo é de qualificar como processual[71], sendo idêntico o enten-

Mendes – *A Nova Lei de Arbitragem Voluntária e as Formas de Impugnação de Decisões Arbitrais* cit., p. 724. Aliás, já na vigência da LAV de 1986 a maioria da doutrina (cf. o meu estudo *Decisões Interlocutórias e Parciais no Processo Arbitral* cit., pp. 184-185) assim como a jurisprudência dos nossos tribunais superiores (firme e reiteradamente) pronunciavam-se contra a recorribilidade das decisões arbitrais interlocutórias. Relativamente às 'decisões sobre providências cautelares', rege o disposto no art. 27º, nº 4 (com as deficiências que lhe apontei em *Contributo para uma revisão da LAV* cit., pp. 72-73), e não o disposto no art. 39º, nº 4. Quanto às 'sentenças parciais sobre o mérito' que refiro no texto, a aplicação do regime do nº 4 do art. 39º pressupõe que a recorribilidade haja sido convencionada para todas as sentenças que decidam sobre o mérito da causa, ainda que "de modo fatiado".

[68] Esta deficiência provém do artigo 34 (3) da Lei Modelo, donde foi importada essa disposição da LAV.

[69] Neste sentido, José Robin de Andrade (*ob. cit.*, p. 190). A esta opinião aderiu Armindo Ribeiro Mendes, argumentando, com razão, que outra solução ofenderia os princípios do contraditório e da proibição da indefesa, consagrados no art. 30º, nº 1, da LAV – *A Nova Lei de Arbitragem Voluntária e as Formas de Impugnação* cit., p. 744-745.

[70] Ou, havendo vários pedidos nesse sentido, a contar da notificação da última decisão sobre os mesmos; cf., neste sentido, José Robin de Andrade – *ob. cit.*, p. 190.

[71] *Ob. cit.*, p. 745.

dimento de António Menezes Cordeiro[72] e de José Robim de Andrade[73]; a maioria da jurisprudência acolhe esta qualificação.

Pelo contrário, Mariana França Gouveia[74], Mário Esteves de Oliveira[75] e António Abrantes Geraldes[76] opinaram que se trata de um prazo substantivo de caducidade, não se lhe aplicando, por isso, as regras dos prazos processuais, nomeadamente, o disposto no art. 139º do CPC.

Subscrevo a segunda dessas opiniões, porque que a visão oposta implica conceber a ação de anulação (subsequente à arbitragem) como a última fase de um *continuum* processual cuja natureza essencial se mantém. A verdade é que a ação de anulação é um meio processual com uma finalidade claramente diferente da da arbitragem precedente – nesta, busca-se obter a decisão de um litígio, enquanto aquela tem por objetivo controlar a *integridade do tribunal arbitral*, a *integridade do processo* adotado e a *integridade da decisão* proferida[77] – verificando a sua compatibilidade com os princípios, regras e valores fundamentais do ordenamento jurídico. Entendo, por isso, que o prazo para a propositura da ação de anulação de sentença arbitral tem a mesma natureza (substantiva) que o prazo fixado por lei para se impugnar a validade duma transação privada.

Relativamente às "sentenças parciais" que, a meio do processo arbitral, decidem parte do fundo da causa e que são previstas no art. 42º, nº 2,[78] o prazo para a respetiva impugnação conta-se nos termos do disposto no art. 46º, ou seja, a partir da sua notificação às partes ou a partir da notificação da decisão de retificação, esclarecimento ou completamento daquela, proferida a requerimento de uma parte. Isto, porque às sentenças previstas no nº 2 do art. 42º é, sem dúvida,

[72] *Tratado da Arbitragem* cit. p. 457.

[73] *Ob. cit.*, p. 190.

[74] *Curso de Resolução Alternativa de Litígios* cit., p. 298.

[75] *Lei da Arbitragem Voluntária Comentada* cit., p. 575.

[76] *Em torno da aferição da competência do tribunal arbitral e da ação da anulação da sentença arbitral* cit., pp. 167 e 168.

[77] Como se explicou em 4. *supra*.

[78] *Vide* o que ficou referido no parágrafo 6. *supra*.

aplicável o disposto nos vários números do artigo – com exceção do preceituado no seu nº 5 que, por dizer respeito à repartição dos encargos inerentes a todo o processo arbitral, só pode aplicável à decisão que lhe põe termo – nomeadamente, o que se estabelece na parte final do nº 6 (*"...proferida a sentença, a mesma é imediatamente notificada... a cada uma das partes... produzindo efeitos na data dessa notificação..."*) bem como no nº 7 deste artigo (*"a sentença arbitral... tem o mesmo caráter obrigatório entre as partes... a mesma força executiva que a sentença de um tribunal estadual"*). Dado que as sentenças que conhecem apenas de parte do mérito da causa têm esses atributos – e não sendo lícito ao intérprete, sem justificação atendível, excluir do âmbito daquelas disposições as 'sentenças parciais' –, elas são também imediatamente impugnáveis nos termos do disposto no art. 46º e no prazo aí previsto, deixando de o ser após o decurso daquele esse prazo[79].

Mariana França Gouveia defendeu que a sentença parcial só é impugnável com a sentença final, isto é, que o prazo para a impugnação daquela não começa a correr antes de ser proferida a sentença final[80], mas sem razão, segundo julgo. Não procede o primeiro dos argumentos que a autora invocou em apoio do seu entendimento, de que a imediata impugnabilidade implicaria, na prática, a paralisação da arbitragem: não se vê qualquer razão, quer decorrente da lei, quer detetada na prática da arbitragem, para que isso aconteça.

Improcede também o outro argumento utilizado pela autora, baseado em suposta regra de impugnação a final, que existiria na anterior LAV e se manteria na atual. Tal regra não existe na atual LAV que, neste ponto, difere bastante da lei antecedente (desde logo por a nova LAV prever, ao invés da anterior, que algumas decisões interlocutórias sejam imediatamente impugnáveis, como se referiu atrás). Com efeito, o art. 21º, nº 4, da anterior LAV preceituava que a decisão pela qual o tribunal arbitral se declarasse competente só poderia ser apreciada pelo tribunal judicial *"depois de proferida a decisão*

[79] É idêntico o entendimento da doutrina alemã relativamente ao prazo para impugnação das sentenças parciais; *vide* Stefan Kröll & Peter Kraft – *Recourse against the Award*, in *Arbitration in Germany* cit., p. 396.

[80] *Vide* a 2ª ed. do *Curso* cit., p. 244 e a 3ª ed. dessa obra, pp. 296-297.

sobre o fundo da causa", o que não era o mesmo que dizer que só podia ser apreciada no final do processo (como se explica a seguir). O legislador de 1986 quisera, seguramente, impedir a impugnação da decisão dos árbitros sobre a sua competência, separadamente da decisão sob o mérito, mas isso não equivalia, em minha opinião, a excluir a impugnabilidade imediata da decisão que decidisse sobre parte do mérito da causa, a meio da arbitragem. Ao analisar, na vigência da LAV de 1986, o regime deste tipo de sentenças (que aquela não previa), defendi, com base na aplicação analógica dos arts. 510º, nº 1, *b)*, 691º, nº 2, *h)*, e 691º-A, nº 2 (todos do CPC de 1961) à sentença arbitral parcial, que esta podia ser impugnada nos 30 dias seguintes à sua notificação às partes (art. 28º, nº 2, da LAV de 1986). Contudo, dado que as partes não estavam, nessa altura, alertadas para a possibilidade de prolação de sentenças parciais nem para o regime que melhor lhes quadrava, opinei então que devia ser reconhecida às partes a opção de atacarem imediatamente tal sentença ou de o fazerem juntamente com o ataque à decisão final[81].

Ora, a LAV atual afastou-se significativamente da Lei anterior, ao prever a impugnabilidade imediata de algumas decisões interlocutórias proferidas pelo tribunal arbitral, das quais a decisão interlocutória sobre a sua própria competência (art. 18º, nº 8)[82] é a principal, mas não é a única[83]. A regra passou a ser agora a de que, quando uma decisão arbitral seja legalmente impugnável, essa impugnação deve

[81] Cf. o meu artigo *Decisões Interlocutórias e Parciais no Processo Arbitral. Seu Objecto e Regime,* in 'Temas de Direito da Arbitragem' *cit.*, pp. 189-190.

[82] Sobre o ónus de impugnação imediata de sentença interlocutória, *vide* o meu artigo *Competência da Competência e a Autonomia do Tribunal Arbitral,* na Revista da Ordem dos Advogados, ano 73, I, Jan./Mar. 2013, Lisboa, pp. 310-314, incluída em 'Direito da Arbitragem – Ensaios' cit. pp. 45-85.

[83] As outras são, como disse atrás, a decisão do tribunal arbitral sobre o indeferimento do pedido de recusa de um árbitro, impugnável mediante recurso interposto no prazo de 15 dias, para o Tribunal da Relação competente (arts. 14º, nº 3, e 59º, nº 1, alínea *b)*), e a decisão dos árbitros sobre a fixação dos seus honorários e das despesas da arbitragem, impugnável mediante recurso interposto para a Relação competente (art. 17º, nº 3, e 59º, nº 1, alínea *d)*); sobre essas decisões interlocutórias, *vide* Armindo Ribeiro Mendes – *ob. cit.* p. 725.

ter lugar, de imediato, não sendo de supor, agora, que as partes não estejam suficientemente alertadas para isso.

À circunstância de a interpretação acima criticada contrariar o que resulta do teor literal dos nºs 6 e 7 do art. 43º, acresce a de a sentença parcial ser imediatamente obrigatória e exequível, não se vendo por que razão deveria poder ser impugnada mais tarde (após ter sido proferida a sentença final sobre o fundo da causa), tanto mais que a desejável clarificação das posições das partes relativamente às decisões dos árbitros, depõe em sentido contrário[84].

§ 6º Tramitação da ação

8. No Projeto de Nova LAV que a Direção da A.P.A. apresentou ao público em 2009, a tramitação do processo de impugnação de uma sentença arbitral era delineada como se se tratasse de um recurso de apelação (apesar de não caber apelação dessa sentença). Essa opção devia-se, sobretudo, ao propósito de afastamento radical da muito inconveniente solução adotada na LAV de 1986, em que o pedido de anulação da sentença arbitral era processado como ação comum ordinária, proposta num tribunal de 1ª instância (não obstante o objeto da apreciação ser um ato jurisdicional), o que, contando com os possíveis dois graus de recursos, sujeitava aquela sentença a três instâncias de controlo, tudo isso determinando um longuíssimo período de incerteza quando ao desfecho do litígio decidido por arbitragem[85].

Na proposta de remodelação do processo de impugnação da sentença arbitral contida naquele Projeto teve também alguma influência o direito francês, em que o regime da apelação interposta[86] de

[84] Em sentido idêntico ao que defendo no texto, cf. Armindo Ribeiro Mendes – *ob. cit.*, pp. 726-727.

[85] *Vide* a justificação desta solução na Nota 146 do suprarreferido Projeto, com notas, publicado na Revista Internacional de Arbitragem e Conciliação, Ano de 2010, p. 210 e o meu artigo *A Reforma da Lei da Arbitragem Voluntária*, in Temas de Direito da Arbitragem *cit.*, p. 236-237.

[86] O que, na vigência do *Code de procédure civile* de 1981, ocorria por efeito da disposição supletiva do seu art. 1482, ao passo que, na vigência do *Code de procédure civile* de 2011, só pode acontecer por força de estipulação das partes, feita ao abrigo do seu art. 1489.

uma sentença arbitral e o regime do recurso de anulação estavam (e continuam a estar) largamente unificados[87].

Esta solução foi mantida no Projeto revisto de 2010, mas veio a ser abandonada na revisão que este sofreu em 2011, daí transitando para a Proposta de Lei do Governo que deu origem à atual LAV. Nessa revisão, reconheceu-se que o formato de ação era mais adequado ao processo de impugnação da sentença arbitral do que o do recurso, nomeadamente, por causa da eventualidade de nesse processo poder ter de apresentar-se prova oral 'fresca' (i.e., não produzida na arbitragem precedente) relativa a algum invocado fundamento de anulação, sem se descurar, contudo, a necessidade de se tramitar esta ação especial da forma mais expedita e simplificada que fosse compatível com a sua finalidade. Essa opção de política legislativa ficou vertida no nº 2 do art. 46º.

O meio processual legalmente previsto para a anulação da sentença arbitral é, assim, uma ação especial, de natureza constitutiva[88], que deve ser apresentada no tribunal de segunda instância (Tribunal da Relação ou Tribunal Central Administrativo, consoante a natureza do litígio sobre que recaiu a sentença), por força do art. 59º, nº 1, *g)* e nº 2, o que, só por si, constitui um fator de maior celeridade do processo da impugnação da sentença arbitral, em comparação com o que acontecia na vigência da LAV de 1986.

De acordo com o disposto nas alíneas *a)* a *f)* do nº 2 do art. 46º, esta ação tem uma fase de articulados (três: requerimento, oposição e eventual resposta a exceções), com os quais deve ser oferecida toda a prova, após o que se inicia imediatamente a produção desta, sem passar por uma fase de saneamento e condensação, seguindo-se depois a tramitação do recurso de apelação, com as necessárias adaptações[89].

[87] *Vide* o art. 1487 do *CPC* de 1981 e o art. 1495 de *CPC* de 2011.

[88] Cf. Paula Costa e Silva – *Anulação e Recursos* cit., p. 950, e António Abrantes Geraldes – *Em torno da aferição da competência do tribunal arbitral e da ação da anulação da sentença arbitral* cit. p. 167.

[89] Como refere Mariana França Gouveia (*ob. cit.*, p. 299), eventuais insuficiências desta regulamentação legal deverão ser supridas pelo juiz de acordo com o princípio da adequação formal (cf. art. 547º do CPC) que ganhou operatividade acrescida no CPC de 2013.

A ação de impugnação da sentença arbitral não tem efeito suspensivo da execução daquela, visto o nº 3 do art. 47º dispor que é meramente devolutivo o efeito dessa iniciativa processual. No entanto, esta disposição permite que a parte impugnante requeira a concessão de efeito suspensivo à impugnação, desde que se ofereça para prestar caução e a preste efetivamente, no prazo fixado pelo tribunal.

9. Uma questão que dividiu (e continua a dividir) os estudiosos e práticos da arbitragem, após a entrada em vigor da nova LAV[90], foi a da determinação do prazo em que o requerido poderá apresentar a sua oposição ao pedido de anulação apresentado em juízo.

O prazo de 10 dias, correspondente ao prazo geral fixado, na falta de outro aplicável, na lei processual, civil ou administrativa para quaisquer atos da iniciativa das partes nos processos em que intervenham (sugerido por alguns comentadores[91]) parece-me de rejeitar, por ser manifestamente desajustado à situação a regular, à finalidade da ação de impugnação de sentença arbitral, ao ensinamento do direito comparado e até ao princípio do processo equitativo[92]. Na verdade, tendo o requerente da anulação da sentença arbitral tido o prazo de 60 dias para propor a respetiva ação, não faria sentido que a parte contrária tivesse de reagir a essa iniciativa num prazo seis vezes menor, sob pena de ver precludido o seu direito de oposição, tanto mais que o requerido nesta ação não terá tido, na maioria dos casos, conhecimento prévio dos argumentos aduzidos pelo requerente.

[90] O que surpreende, de algum modo, dada a facilidade com que no direito vigente se encontra resposta para esta interrogação.

[91] Nomeadamente, por José Robin de Andrade, *in* Dário Moura Vicente – *LAV Anotada* cit., p. 181, por Manuel Barrocas – *Lei da Arbitragem Comentada* cit., p. 178, e por Mário Esteves de Oliveira – *Lei da Arbitragem Voluntária Comentada* cit., p. 554.

[92] Mariana França Gouveia – *ob. cit.*, pp. 299-300, considerou o sugerido prazo de 10 dias como manifestamente insuficiente e, portanto, como atentatório do direito de defesa do requerido (contrariando a garantia constitucional do processo equativo).

Por outro lado, entendo, com Mariana França Gouveia[93] e Armindo Ribeiro Mendes[94], que não procederia a analogia que se quisesse estabelecer com o prazo legal de 60 dias fixado para a apresentação da ação de anulação, dado que a instauração da generalidade das ações está sujeita a prazos de caducidade ou de prescrição que são, em regra, muito mais longos do que o prazo de 30 dias de que o réu dispõe para contestar tais ações. Com inteira razão, observou António Abrantes Geraldes que "não encontra justificação racional nem a aplicação do prazo geral de 10 dias previsto no art. 149º, nº 1, do CPC, atenta a sua exiguidade para o exercício efetivo do direito de defesa, nem a atribuição ao demandado do mesmo prazo de 60 dias de que o demandante beneficia para instaurar a ação, nos termos do nº 6 do art. 46º da LAV"[95].

Sempre considerei como fora de dúvida que o prazo aplicável à oposição a deduzir nesta ação especial é o fixado na lei processual civil para a apresentação da contestação, ou seja, o prazo de 30 dias, por aplicação do disposto nos arts. 548º, 549º e 569º nº 1, do CPC de 2013[96], raciocínio tem sido igualmente defendido por António Abrantes Geraldes nos seus escritos sobre o assunto[97]. Esta é também a solução que vem sendo crescentemente acolhida pela jurisprudência, em que se acham decisões que a justificam, em termos muito categóricos[98].

[93] *Ob. cit.*, 2ª ed., p. 268, e 3ª ed., pp. 299-300.

[94] *Ob. cit.*, p. 746, este autor excluiu a aplicação do prazo de 10 dias para efeito, por ser gerador de uma situação de inadmissível desigualdade face ao prazo de 60 dias para a propositura de ação impugnatória.

[95] *Em torno da aferição da competência do tribunal arbitral e da ação da anulação da sentença arbitral* cit., p. 168.

[96] *Contributo para uma revisão da LAV (devidamente preparada)*, publicado na Revista Internacional de Arbitragem e Conciliação, Nº 17-2022, Almedina, p. 84.

[97] Em *Assistência e cooperação dos tribunais judiciais aos tribunais arbitrais, em especial na produção de provas*, 'Intervenções – VIII Congresso do Centro de Arbitragem Comercial da C.C.I.P.', Almedina, Coimbra, 2015, p. 59, e *Em torno da aferição da competência do tribunal arbitral e da ação da anulação da sentença arbitral* cit., p. 168.

[98] Cf., por exemplo, o acórdão da Relação de Lisboa de 06.05.2021 (proc.646/20.0YRLSB-6), em que se afirmou que "qualquer entendimento em contrário viola o princípio da igualdade das partes expressamente consagrado no art. 4º do C.P.C.".

O art. 46º, nº 2, *c)* da LAV admite que na ação de anulação exista um articulado para o requerente responder às exceções que o requerido haja deduzido, do mesmo modo que o art. 502º do CPC de 1961 previa, relativamente às ações com processo comum, que o autor respondesse, na réplica, às exceções deduzida pelo réu. Dado que, naquele Código, o prazo legal para a réplica com esta finalidade era de 15 dias, Mariana França Gouveia e Armindo Ribeiro Mendes consideravam (corretamente, parecia-me então) ser este prazo aplicável ao terceiro articulado previsto no nº 3 do art. 46º da LAV.

A situação alterou-se, contudo, com a entrada em vigor do CPC de 2013, perante o qual a resposta do autor às exceções deduzidas pelo réu deixou de ser possível na réplica, passando a ter lugar no início da audiência prévia (art. 584º, nº 1, e 591º, nº 1, *b)*). Há, por isso, que procurar no regime do processo civil comum outra fonte donde se extraia o prazo para a apresentação do dito terceiro articulado admitido na ação de anulação de sentença arbitral. Em edições anteriores desta monografia, pareceu-me que essa fonte seria o art. 149º do atual CPC que, como regra (aplicável na falta de norma especificamente aplicável ao caso), fixa em 10 dias o prazo para as partes exercerem qualquer poder processual. Diferentemente, António Abrantes Geraldes tem defendido[99] que, neste caso, se justifica aplicar, por analogia, o prazo de 30 dias previsto no art. 585º do CPC, até pela necessidade de "evitar que se extraiam consequências negativas de uma deficiente ou insuficiente formulação normativa", solução esta que me parece agora preferível[100].

[99] In *Assistência e cooperação dos tribunais judiciais aos tribunais arbitrais* cit., p. 59, e *Em torno da aferição da competência do tribunal arbitral* cit., p. 168-169.

[100] Cf. *Contributo para uma revisão da LAV* cit. p. 85.

Capítulo III
Fundamentos de Anulação

§ 7º História legislativa e princípios básicos

10. Ao contrário do que se verifica em relação ao reconhecimento de sentenças arbitrais estrangeiras, em que a ratificação ou adesão à Convenção de Nova Iorque de 1958 (CNI) pela generalidade dos países gerou uma quase total uniformização dos regimes nacionais nesse domínio, no que concerne à anulabilidade das sentenças arbitrais (proferidas em arbitragens domésticas ou internacionais) e, em particular, aos fundamentos com que tal anulação pode ser pedida aos tribunais estaduais da sede da arbitragem, já se verifica uma considerável diversidade de regimes.

Por não existirem diretrizes decorrentes de convenções internacionais que vinculassem nesta matéria os legisladores nacionais[101], as soluções que estes vieram adotar foram muito influenciadas não só pelas especificidades da história e cultura dos respetivos países, mas também por diferentes conceções relativas ao âmbito e à intensidade do controlo judicial sobre as arbitragens sediadas nos respetivos territórios.

Só não é maior a diversidade aqui existente, porque a influência exercida pela Lei Modelo da UNCITRAL, desde a sua publicação em 1995, o consenso atingido sobre a valia da arbitragem voluntária como meio jurisdicional de resolução de litígios e o reconhecimento

[101] Cf. Gary Born – *ob. cit.*, pp. 2554-2556.

da conveniência de se preservar, tanto quanto possível, a sua autonomia e eficácia, conduziram a uma apreciável convergência nas soluções adotadas pelas várias legislações e à limitação dos fundamentos admitidos para a anulação.

11. Tendo a LAV de 2011 sido elaborada com base na Lei Modelo da UNCITRAL (LM), também no Capítulo VII daquela foi muito significativa a influência exercida por este instrumento normativo. Contudo, só alguns dos fundamentos de anulação da sentença arbitral enumerados no art. 46º da LAV tiveram por fonte o artigo 34 da Lei Modelo, provindo os outros da Lei Suíça sobre o Direito Internacional Privado (LDIP) e da LAV de 1986 assim como dos comentários que a esta última foi fazendo a doutrina portuguesa durante sua vigência. Para melhor se compreender as razões por que o legislador português optou por não acompanhar, fielmente, o texto do artigo 34 da Lei Modelo, convém referir, muito resumidamente, como se chegou ao texto final deste artigo.

Segundo Howard Holtzmann e Joseph Neuhaus, o Secretariado da UNCITRAL insistiu, desde o início dos trabalhos preparatórios deste artigo da Lei Modelo, na necessidade de o elenco dos fundamentos admissíveis para a anulação da sentença arbitral pelos tribunais do Estado da sede da arbitragem, reproduzir a lista dos fundamentos que, segundo a Convenção de Nova Iorque, constituem causas justificativas do não reconhecimento e execução de sentenças arbitrais estrangeiras[102].

Não custa perceber as razões desta orientação. Por um lado, visava-se preparar um texto que pudesse ser adotado pelo maior número possível de Estados. Por outro lado, pretendia-se ajudar a evitar que uma sentença arbitral internacional fosse vítima de paroquiais singularidades da legislação da sede da arbitragem, o que viria

[102] Como referiram Howard Holtzmann & Joseph Neuhaus, esta matéria mereceu discussão mais demorada do que qualquer outra regulada por este instrumento normativo – *A Guide to UNCITRAL Model Law on International Commercial Arbitration, Legislative History and Commentary*, Kluwer Law/TMC Asser Instituut, Deventer/The Hague, 1989 [1994], pp. 911 e segs.

a dificultar o reconhecimento das sentenças arbitrais noutros países, em virtude do disposto no Artigo V (1)(e) da Convenção de Nova Iorque. Para atingir esses objetivos, entendeu-se que a melhor opção seria a de alinhar as causas de anulação de sentença arbitral a incluir no artigo 34 da Lei Modelo com os fundamentos de recusa do reconhecimento das sentenças estrangeiras previstos na Convenção de Nova Iorque, uma vez que esta havia, entretanto, conseguido a adesão de um número muito significativo de Estados. O Grupo de Trabalho responsável pela elaboração da Lei Modelo acabou por se render a estes argumentos, não sem haver tentado corrigir alguns defeitos do elenco importado do Artigo V da CNI.

As deficiências que essa opção acarretou para o conteúdo dos artigos 34 e 18 da Lei Modelo foram agravadas pelas divergências existentes entre, por um lado, a versão inglesa e, por outro lado, as versões francesa e espanhola da CNI[103], divergências essas que vieram a ser reproduzidas nas várias versões linguísticas da Lei Modelo e, em particular, do seu artigo 34. Não deve, por isso, estranhar-se que se detetem diferenças significativas entre os conteúdos das disposições das leis nacionais baseadas nos artigos 18 e 34 daquela matriz, consoante essas disposições se hajam baseado na versão inglesa ou nas versões francesa e espanhola da mesma, às quais farei menção adiante.

Por todas essas razões, os autores dos projetos que estiveram na origem da LAV de 2011 preferiram desviar-se do supramencionado modelo, quando para tanto viram boas razões, aproximando-se então do art. 27º da LAV de 1986 ou do art. 190 da LDIP Suíça.

O legislador português seguiu, contudo, o dispositivo do artigo 34 da Lei Modelo em, pelo menos, dois pontos. Por um lado, o art. 46º da LAV definiu um elenco taxativo ou fechado de fundamentos de anulação da sentença arbitral, como resulta claramente da sua letra (*"a sentença arbitral só pode ser anulada ..."*). Por outro lado, tal como ocorre naquele artigo da Lei Modelo e na generalidade das leis nacionais sobre arbitragem, o nº 3 do art. 46º distinguiu entre aqueles fun-

[103] Não me reporto às versões russa e chinesa da CNI e da L.M., porque, por razões óbvias, não pude comparar o seu conteúdo com o constante dessas versões.

damentos que a parte impugnante a sentença arbitral tem o ónus de alegar e provar (“*se ela demonstrar que...*”), sob pena de o pedido de anulação soçobrar, e os que não estão sujeitos a tal ónus, por serem de conhecimento oficioso pelo juiz competente (“*se o tribunal verificar que...*”).

Há que acrescentar que, relativamente ao primeiro grupo de fundamentos (previstos na al. *a)* do nº 3 do art. 46º), impende sobre a parte que pretenda invocá-los não apenas o ónus de alegação e prova dos factos consubstanciadores de algum ou alguns desses fundamentos de anulação, mas também o ónus de deduzir esse pedido em ação proposta no prazo (60 dias) fixado no nº 6 deste artigo, na falta do que se preclude o direito de invocar tais fundamentos quer nessa ação quer na oposição à execução da sentença que venha a ter lugar, por força do nº 2 do art. 48º, a que acima me referi. Ao invés, como também já referi, as situações que possam constituir fundamentos de conhecimento oficioso pelo juiz (os referidos na al. *b)* do nº 3 do art. 46º) escapam a este segundo ónus (art. 48º, nºs 2 e 3).

Cumpre fazer aqui uma importante precisão relativamente à dispensa do ónus de prova (a cargo da parte impugnante) dos fundamentos da anulação da sentença arbitral que são de conhecimento oficioso pelo juiz, que é a seguinte: a parte que invocar algum desses fundamentos, tem o ónus de alegar e provar o suporte factual do fundamento invocado, porque é com base nessa factualidade que o tribunal estadual de controlo poderá decidir. Na verdade, este tribunal não tem o dever de realizar uma investigação independente sobre os factos que poderiam ser relevantes para esse efeito[104].

[104] Fazem importante precisão Stefan Kröll & Peter Kraft – *Recourse against the Award* cit., pp. 410-411 (que citam, quanto a este ponto, três autorizados comentários à lei alemã), nos seguinte termos: “Based on the Model Law (‘if the court finds’), it is the general understanding that the grounds for the setting aside under subsection 2 No. 2 [of § 1059] have to be considered ex officio because they concern fundamental public interests. However, the party relying on such grounds must prove that their factual requirements are fulfilled. The competent court will decide on the basis of the facts presented to it by the party to whom the ground for the setting aside will be of advantage. It has no duty to start an independent investigation of the facts. The court must

§ 8º Os fundamentos de anulação na LAV

12. Analisarei, de seguida, os diversos fundamentos de anulação da sentença arbitral contemplados no nº 3 do art. 46º da nossa LAV, confrontando-os com os que lhes correspondem no artigo 34 da Lei Modelo da UNCITRAL[105] e nas leis estrangeiras que acolheram, em bloco, essa matriz normativa ou nela se basearam, assim como os doutras leis que foram tidas em conta na preparação da lei portuguesa.

Como mostrarei adiante, pode acontecer que uma irregularidade ocorrida no processo arbitral ou um vício detetado na sentença arbitral seja, em abstrato, subsumível a mais do que uma subalínea do nº 3 do art. 46º. Deparar-se-á então com problemas de *concursos de normas*, para os quais há que identificar as soluções adequadas (que exporei nos parágrafos 22. e 42. *infra*)[106].

be put in the position to establish on the facts presented to it and beyond doubt that one of the grounds under subsection 2 No. 2 exists."
Vale a pena referir que este entendimento foi adotado no acórdão proferido pelo S.T.J., em 9.10.2003, no proc. 03B1604, ao apreciar uma alegada ofensa da ordem pública processual, por suposta violação do direito de acesso à justiça.

[105] Para se compreender os motivos e significado das disposições que integram da Lei Modelo e, em particular do seu artigo 34, é recomendável a consulta das conhecidas obras de Howard M. Holzmann & Joseph E. Neuhaus – *A Guide To The UNCITRAL Model Law On International Commercial Arbitration*, já referida, e de Peter Binder – *International Commercial Arbitration and Conciliation in UNCITRAL Model Law Jurisdictions*, 3rd ed., Sweet & Maxwell, London, 2010.

[106] A problemática do 'concurso de normas' tem sido aprofundada no Direito Penal, mas constitui tema de Teoria Geral do Direito. Sobre as várias espécies de concurso de normas e o modo como se resolvem, *vide* Eduardo Correia – *A Teoria do Concurso em Direito Criminal. Unidade e Pluralidade de Infrações*, (reimpressão), Almedina, Coimbra, 1963, pp. 127-160; António Baião do Nascimento – *Do Concurso de Normas*, Cadernos de Ciência e Técnica Fiscal, Lisboa, 1971, pp. 37-96; Manuel Cavaleiro de Ferreira – *Direito Penal Português, Parte Geral*, I vol., Verbo, Lisboa, 1982, pp. 168-191, e *Lições de Direito Penal – Parte Geral*, Verbo, Lisboa, 1992, pp. 527-535; José de Oliveira Ascensão – *O Direito. Introdução e Teoria Geral*, 13ª ed., Almedina, Coimbra, 2005, pp. 542-545; Luís Duarte d'Almeida – *O Concurso de Normas em Direito Penal*, Almedina, Coimbra, 2004, pp. 59-127; João de Costa Andrade – *Da Unidade e Pluralidade de Crimes*, Wolters Kluwer/ Coimbra Editora, Coimbra, 2010, pp. 171-211.

a) Incapacidade de uma parte e invalidade da convenção de arbitragem

13. Vale, em grande medida, na nossa ordem jurídica, para a falta de capacidade jurídica de uma parte como fator viciante da convenção de arbitragem e, portanto, como causa da sua anulabilidade, a observação feita por Stefan Kröll & Peter Kraft, no âmbito do direito alemão, acerca da reduzida relevância prática deste fundamento de anulação, por serem escassas as restrições estabelecidas pela lei a este respeito, nomeadamente, no tocante às convenções de arbitragem celebradas por pessoas coletivas de direito público[107].

Em regra, esse entendimento não diferirá significativamente, como mostrarei ao comentar o disposto no art. 50º da LAV, no caso de a capacidade de alguma das partes ser regida por outra ordem jurídica que não a portuguesa.

Para o direito português, tanto a capacidade das pessoas singulares quanto a das pessoas coletivas é regida pela sua lei pessoal que, para as primeiras, é a da sua nacionalidade (art. 31º, nº 1, do CC) e, para as segundas, a da sede principal e efetiva da sua administração (art. 33ª, nº 1, do CC e art. 3º, nº 1, do CSC).

É em relação a Estados e a outras pessoas coletivas do direito público estrangeiras (e, nalguns ordenamentos, também às sociedades controladas pelo Estado) que participem em arbitragens sediadas em Portugal, que pode colocar-se, com pertinência, a questão da sua falta de capacidade para celebrar convenções de arbitragem, atendendo às importantes restrições que algumas ordens jurídicas (nomeadamente, a francesa) continuam a estabelecer neste domínio[108].

[107] *Recourse Against the Award*, in *Arbitration in Germany* cit., p. 402.

[108] Perante a ordem jurídica portuguesa, há que distinguir consoante se trate de litígios emergentes de relações jurídicas de direito privado, relativamente às quais o Estado e as outras pessoas coletivas de direito público podem, sem restrições, comprometer-se em arbitragem (cf. o art. 1º, nº 4, da LAV), ou de litígios emergentes de relações jurídicas de direito público, em que tal acontece apenas quanto a determinadas categorias de questões (cf. o art. 180º, nº 1, do Código de Processo nos Tribunais Administrativos).

Alguns autores defendem que estas restrições são melhor caracterizadas como casos de "inarbitrabilidade subjetiva", por terem mais que ver com a problemática da inarbitrabilidade do que com a da capacidade[109].

Não adiro a esta caracterização e prefiro acompanhar os autores que qualificam essas restrições ou limitações como casos de incapacidade de gozo[110]. Na verdade, do que se trata aqui é de uma limitação à capacidade de tais entes jurídicos para celebrarem convenções de arbitragem, ou seja, de uma limitação à sua capacidade de gozo. Na base dessas limitações está, provavelmente, o receio de que os interesses de que tais entes são portadores possam não ser adequadamente defendidos em arbitragens. Nesta perspetiva, é possível descortinar nessa figura um objetivo de proteção do ente em causa (ou dos interesses que lhe cabe prosseguir) que a aproxima do direito das incapacidades. Como salienta Eric Loquin, essas restrições explicam-se essencialmente por razões ligadas ao estatuto pessoal desses entes públicos e têm natureza orgânica, verificando-se que, na maioria dos ordenamentos em que existem, elas são independentes da natureza dos litígios em que os referidos entes se envolvam.

A meu ver, a expressão "inarbitrabilidade subjetiva", que engloba num conceito alargado de inarbitrabilidade a mencionada inaptidão dos referidos entes públicos de se comprometerem em arbitragem,

[109] Fouchard, Gaillard, Goldman – *On International Commercial Arbitration*, Kluwer Law International, The Hague, 1999, pp. 312-318; Bernard Hanotiau – *L' arbitrabilité*, 'Recueil des Cours', Collected Courses of the The Hague Academy of International Law, Martinus Nijhoff Publishers, The Hague, 2012, pp. 45-61; Ana Perestrelo de Oliveira – *Arbitragem com Entes Públicos*, 2ª ed, Almedina, Coimbra, 2015, pp. 31-33. Em defesa desta posição, escreveu esta autora que "em causa estão, na realidade, razões de interesse geral e não o objetivo de proteção pessoal do sujeito inapto para defender os seus interesses, característico do direito das incapacidades".

[110] Jean-François Poudret & Sébastien Besson – *Comparative Law of International Arbitration* cit., pp. 182-186; Christophe Seraglini & Jerôme Ortscheidt – *Droit de l'arbitrage* cit., pp. 118-119 e 586-587, referindo estes últimos autores também as opiniões de Eric Loquin e de Charles Jarrosson nesse sentido.

é desvirtuadora do significado tradicional dessa noção[111], que, como explicará no parágrafo 36., traduz a inadmissibilidade, à luz dos valores e princípios reitores de um sistema jurídico, de determinado litígio ser resolvido por arbitragem, seja qual for a natureza jurídica das partes.

No campo da arbitragem internacional, a adesão ao conceito de "arbitrabilidade subjetiva" tem o inconveniente adicional de gerar confusão na determinação da lei nacional que deve regular essa matéria, dado que o acolhimento desse conceito levaria a sujeitar à lei reguladora da arbitrabilidade (objetiva) a questão da aptidão dos Estados e doutros entes públicos para se comprometerem em arbitragem, diferentemente do que sucede nos mais importantes instrumentos reguladores de arbitragens internacionais, em que se faz reger a capacidade das pessoas singulares ou coletivas (incluindo o Estado e demais entes públicos) para celebrar convenções de arbitragem pela sua lei pessoal (que rege a sua organização e funcionamento) e não pelas normas legais reguladoras da arbitrabilidade objetiva. Assim, entende-se, comummente, que a admissibilidade de os entes públicos se vincularem a arbitragem é regida pelo Artigo V (1) (a) da Convenção de Nova Iorque e pelos artigos 34(2)*a)* (i) e 36(1) *a)* (i) da Lei Modelo da UNCITRAL – e pelas disposições correspondentes das leis nacionais nela baseadas –, não pelas as normas atinentes à arbitrabilidade objetiva[112], nomeadamente, o Artigo V (2) (a) da Convenção de Nova Iorque e os artigos 34 (2) *b)* (i) e 36 (1) *b)* (i) da Lei Modelo.

Há que ter presente, porém, que quer as interdições de submissão a arbitragem criadas por diversas legislações para os entes públicos a elas sujeitos sejam caracterizadas como incapacidades de gozo quer como casos de inarbitrabilidade subjetiva, o art. 50º da LAV veda que, em arbitragens sediadas em território português, tais interdições sejam invocadas por um Estado ou por entidade por ele dominada ou

[111] Pelo que alguns autores, como Charles Jarrosson, consideram que a expressão 'arbitrabilidade subjetiva' constitui um "abuso de linguagem".

[112] *Vide*, em sentido contrário, Fouchard, Gaillard, Goldman – *ob. cit.*, pp. 317-318

controlada, com a finalidade de se subtraírem às obrigações decorrentes da convenção da arbitragem anteriormente celebrada, ou de pedirem, com esse fundamento, a anulação da sentença arbitral proferida com base nessa convenção[113].

14. A invalidade da convenção de arbitragem a que se refere o art. 46º, nº 3, *a) i)*, da LAV é tanto a invalidade formal (por inobservância da forma legalmente exigida, de acordo com o art. 2º desta lei) quanto a invalidade material da convenção.

De acordo com aquela disposição, tratando-se de uma relação jurídica plurilocalizada, a validade formal da convenção de arbitragem é regida pela lei que as partes designaram para o efeito e, na falta de tal designação, pela lei portuguesa. Aplicando-se esta, há que notar que o art. 2º da LAV impõe que essa convenção seja celebrada por escrito.

Não sendo este o lugar adequado para se fazer uma análise cuidada do disposto nos vários números deste artigo da LAV, importa acentuar, pelo menos, que dele resulta a necessidade de que sejam reduzidos a escrito não só *os termos* da convenção de arbitragem (isto é, o seu texto) mas também a *vontade das partes* em celebrá-la[114]. Equivale isto a dizer que a nossa lei (ao contrário de algumas leis de arbitragem estrangeiras) não permite que a convenção de arbitragem seja concluída mediante acordo oral e nem sequer admite que o consentimento para a sujeição à arbitragem seja expresso por via tácita (i.e., através de comportamentos concludentes)[115].

Admite, contudo, o nº 4 do art. 2º da LAV que a convenção de arbitragem seja celebrada *por remissão* (ou, como frequentemente se

[113] Sobre a interpretação e alcance deste artigo, *vide* José Manuel Sérvulo Correia – *A Arbitragem Internacional com Estados na Nova Lei da Arbitragem Voluntária*, Revista Internacional de Arbitragem e Conciliação, Nº 5, 2012, Almedina, Coimbra, pp. 105-113.

[114] À semelhança do que faz o Artigo II da Convenção de Nova Iorque, conforme salientei na monografia *O Reconhecimento e Execução de Sentenças Arbitrais Estrangeiras* cit., p. 44; *vide* também o meu artigo *Contributo para uma revisão da LAV* cit. pp. 52-55.

[115] *Vide*, contudo, o disposto no nº 4 do art. 2º da LAV que constitui uma "mitigação" (como escreveu Dário Moura Vicente, no artigo citado na nota seguinte) da exigência de forma escrita para a convenção de arbitragem. Sobre este tópico vide também o meu artigo *Contributo para uma revisão da LAV* cit., pp. 52-55.

diz, "por incorporação"). Designa-se por esta expressão o caso de as partes se vincularem a uma convenção de arbitragem incluída, não no contrato que celebram, mas noutro documento escrito para o qual este remete e que pode ser um clausulado contratual geral, um contrato-tipo elaborado por uma associação empresarial, um anterior contrato celebrado entre as mesmas partes ou um contrato celebrado entre uma das partes e um terceiro. Se o contrato celebrado pelas partes for celebrado por escrito, implicando isso que a remissão nele incluída tenha forma escrita, e se tiver também forma escrita o documento que contém a cláusula compromissória, cumpre-se o legalmente exigido para a convenção de arbitragem. É preciso, contudo, que a remissão seja feita de modo a tornar essa cláusula parte integrante do contrato celebrado[116].

A invalidade substancial da convenção de arbitragem pode resultar quer do facto de a vontade das partes (ou de uma delas) se ter formado com algum vício legalmente relevante (*e.g.* erro ou coação) quer de ter sido celebrada com uma finalidade contrária à lei, à ordem pública ou aos bons costumes (cf. art. 281º do Código Civil). Figure-se, por exemplo, o caso de haver sido concluída com a finalidade se resolver, fora dos tribunais estaduais, um litígio com contornos criminais, nomeadamente, com a finalidade de se 'branquear', mediante uma arbitragem simulada[117], uma transação incriminada ou proibida por lei, com a conivência de árbitros dispostos a colaborar na consecução desse intento; é evidente que tal convenção é nula.

Não se inclui na al. *a) i)* do nº 3 do art. 46º a invalidade da convenção de arbitragem por causa de não ser arbitrável o litígio como ela o configura, porquanto a arbitrabilidade do litígio, apesar de ser considerada por numerosos autores como uma condição de validade

[116] Sobre esta tema, *vide* Dário Moura Vicente – *Convenção de arbitragem: problemas atuais*, O Direito, ano 147º, II (2015), pp. 307-311, e em *Anotação aos arts. 2º, 3º e 4º*, em Dário Moura Vicente (coordenador), *Lei da Arbitragem Voluntária Anotada*, 5ª ed., Almedina, Coimbra, 2021, pp. 41-47; cf. também a minha monografia *O Reconhecimento e Execução de Sentenças Arbitrais* cit., pp. 40-46.

[117] Visto que a simulação processual prevista no art. 612º do CPC pode perfeitamente praticar-se através de um processo arbitral.

substancial da convenção de arbitragem[118], é usualmente objeto de tratamento específico, correspondendo a sua falta ao fundamento de anulação da sentença arbitral contemplado na al. *b) i)* do nº 3 do art 46º e que será examinado no parágrafo 36. *infra.*

15. Tratando-se de relações jurídicas plurilocalizadas, haverá que atender ao disposto no art. 51º que, consagrando uma solução inspirada pela preocupação de preservar, tanto quanto possível, a validade substancial da convenção de arbitragem, determina que, nos litígios emergentes dessas relações, a apreciação da validade substancial da convenção de arbitragem se faça de acordo com um feixe de conexões alternativas, 'em cascata', de modo que essa validade possa salvar-se através da aplicação de um dos seguintes direitos: o direito escolhido pelas partes para a reger a convenção, o direito aplicável ao fundo da causa ou o direito português (este, por ser a *lex arbitri*)[119].

Por força desta solução inspirada pelo 'princípio da conservação' ou do critério mais favorável à validade da convenção de arbitragem, bastará que esta cumpra os requisitos estabelecidos quanto à sua validade substancial por qualquer um desses direitos, para que fique

[118] Discute-se, nomeadamente, na doutrina suíça de arbitragem, se no âmbito de aplicação do artigo 178 (2) da LDIP pode incluir-se a (in)validade da convenção em atenção à (in)arbitrabilidade do(s) litígio(s) a que ele respeita. Jean-François Poudret & Sébastien Besson (*Comparative Law* cit., pp. 254-256 e 281-283), apesar de referirem que a arbitrabilidade (objetiva) constitui uma condição de validade da convenção de arbitragem e, portanto, da competência dos árbitros, sublinham que a arbitrabilidade está sujeita a um regime jurídico diferente do atinente à validade material da convenção de arbitragem, defendendo que a lei que rege a arbitrabilidade é a do lugar de arbitragem (*lex arbitri*) e não a que regula a validade material dessa convenção. Esta solução (com a qual concordo) é, contudo, recusada por outros autores (por ex., por Bernard Hanotiau – *L'Arbitrabilité*, 'Recueil des Cours de l'Académie de Droit International', Martinus Nijhoff Publishers, The Hague, 2002, pp. 64-67).

[119] Qualquer uma destas leis teria uma pretensão atendível, à luz dos critérios específicos do direito internacional privado, relativamente à sua aplicação à questão da validade da convenção de arbitragem. Isso vale também para a apreciação da invalidade da convenção de arbitragem que verse sobre litígio inarbitrável, que o nº 2 do art. 51º manda que se faça de acordo como referido feixe de conexões alternativas, como refiro no texto.

assegurada tal validade e, consequentemente, para que fique assegurada a competência do tribunal arbitral constituído com base nela.

Inspirando-se no disposto no art. 178 (2) da LDIP Suíça e acompanhando o art. 9 (6) da Lei Espanhola[120], o nº 2 do art. 51º da LAV estendeu a solução *in favorem validitatis* estabelecida no nº 1 à apreciação da invalidade da convenção de arbitragem resultante de inarbitrabilidade do litígio alegada perante o tribunal estadual competente.

Como expliquei noutros escritos[121], fazia sentido que se preceituasse no nº 2 do art. 51º que o tribunal estadual chamado a decidir sobre o pedido de anulação da sentença arbitral, fundado na insusceptibilidade de o objeto do litígio decidido ser submetido a arbitragem, deve ter em atenção o disposto no nº 1 do mesmo artigo. No Projeto de nova LAV apresentado ao público pela Direção A.P.A., a remissão contida no nº 2 do art. 51º era feita para a alínea *b)* do nº 3 do art. 46º, porque esta alínea versava apenas sobre a impugnação de sentença com fundamento em inarbitrabilidade do litígio.

Ora, a partir do momento em que à alínea *b)* do nº 3 do art. 46º se acrescentou (por determinação da Ministra da Justiça) uma subalínea *b) ii)* relativa à impugnabilidade da sentença com fundamento em ofensa da ordem pública internacional – que é alheia à *ratio* da disposição do art. 51º –, deveria ter-se corrigido, no texto da disposição constante da Proposta de Lei que, após aprovação na Assembleia da República, passaria a constituir a LAV, a remissão feita no nº 2 do art. 51º (proveniente do Projeto da A.P.A.), dirigindo-a só à subalínea *b) i)* do nº 3 do art. 46º [122].

Quando se verificar que a sentença arbitral conheceu de um litígio não abrangido por convenção de arbitragem válida[123], deverá con-

[120] Cf. Bernardo Cremades – *Del Convenio Arbitral e sus Efectos,* Comentario a la Ley de Arbitraje (*Coordinadores*: Alberto de Martín Muñoz y Santiago Hierro Anibarro), Marcial Pons, Madrid, 2006, p. 302.

[121] *A sentença arbitral contrária a ordem pública perante a nova LAV,* 'Direito da Arbitragem – Ensaios' *cit.*, pp. 36-38, e *Contributo para uma revisão da LAV* cit. pp. 107-108.

[122] Como se verá no parágrafo 36. *infra.*

[123] Embora esta alínea se refira apenas ao caso de a convenção ser inválida, deve entender-se – por maioria de razão, num caso, e por identidade de razão, no outro – que

cluir-se que faltou competência (ou jurisdição)[124] ao tribunal arbitral. Esta falta de competência pode ter respeitado a todas as questões decididas pela sentença ou só a parte delas. Quando se verifique ser este último o caso, a incompetência do tribunal é parcial e a sentença deve ser anulada unicamente na parte afetada por esse vício, aplicando-se a regra do nº 7 deste artigo, adiante examinada.

b) Violação de princípios fundamentais do processo arbitral

16. Segundo o art. 46º, nº 3, *a), ii)*, é fundamento de anulação da sentença arbitral o facto de ter sido infringido, no respetivo processo, algum dos princípios fundamentais do processo arbitral enunciados no art. 30º, nº 1, da LAV, desde que essa violação tenha tido 'influência decisiva' na resolução do litígio operada por essa sentença.

Esses princípios impõem que:

- O demandado seja citado para se defender;
- As partes sejam tratadas com igualdade, devendo ser-lhes dada uma oportunidade razoável de fazerem valer os seus direitos, por escrito ou oralmente, antes de ser proferida a sentença final;
- Em todas as fases do processo seja garantida a observância do princípio do contraditório, salvas as exceções previstas na presente lei.

Embora tenha examinado, com detalhe, o conteúdo e implicações destes princípios em estudos anteriores[125] para os quais remeto, por

abrange igualmente as hipóteses de ela não existir (por não ter sido celebrada ou não ter chegado a concluir-se validamente) a convenção de arbitragem, bem como a de ter sido validamente celebrada, mas se ter entretanto extinguido.

[124] Na presente obra, os termos 'competência' e 'jurisdição', quando reportados ao tribunal arbitral, são utilizados como equivalentes.

[125] *Da Condução do Processo Arbitral*, Revista da Ordem dos Advogados, ano 73 (2013), Tomo II-III, pp. 669 e segs. [republicado, com notas de atualização, em '*Direito da Arbitragem – Ensaios*, cit., pp. 149 e segs.] e *O Reconhecimento e Execução de Sentenças Arbitrais Estrangeiras* cit., 2016, pp. 161 e segs.; *vide* também a anotação ao art. 30º, feita por

as considerações aí feitas serem aplicáveis à análise efetuada na presente obra, convém deixar aqui mais algumas notas sobre este tema.

Na formulação dos princípios fundamentais do processo arbitral constante do nº 1 do art. 30º da LAV de 2011, é patente a influência do art. 16º da LAV de 1986 e, mais marcadamente, do art. 18 da Lei Modelo da UNCITRAL[126] bem como das leis nacionais sobre arbitragem nela baseadas.

É incontroverso que esses princípios traduzem uma densificação do direito que é reconhecido a todas as pessoas pelo art. 20º, nº 4, da Constituição da República, pelo artigo 6 (1) da Convenção Europeia sobre os Direitos do Homem e pelo artigo 14 (1) da Declaração Universal dos Direitos do Homem), de verem as suas causas decididas através de um "processo equitativo"[127], que é um desdobramento

Armindo Ribeiro Mendes, in Dário Moura Vicente (coord.) – *Lei da Arbitragem Voluntária* cit., pp. 110-134.

[126] O artigo 18 da Lei Modelo da UNCITRAL dispõe: "*As partes devem ser tratadas com igualdade e deve a cada parte ser dada plena oportunidade de fazer valer os seus direitos*". Contudo, o seu artigo 34 (2) *a)* ii), ao prever a anulabilidade da sentença arbitral proferida com violação de garantias processuais fundamentais, omitiu o 'princípio de igualdade de tratamento das partes', dispondo apenas: "*...a sentença arbitral pode ser anulada se a parte que faz o pedido fornecer prova de que... não foi devidamente informada da nomeação de um árbitro ou do processo arbitral, ou lhe foi impossível fazer valer os seus direitos por qualquer outra razão*"). Tal omissão, criticada pela generalidade dos comentadores, deveu-se à intenção de se alinhar o teor deste artigo com o do Artigo V (1), *b*) da Convenção de Nova Iorque. Esta e outras deficiências da Lei Modelo justificaram a opção dos redatores dos Projetos de Nova LAV, de se afastarem, em parte daquela matriz, ao elaborar o Capítulo VII desta Lei.

[127] A exigência do *due process of law* foi consagrada, pela primeira vez, na versão da 'Magna Carta' revista por Eduardo III de Inglaterra (publicada em 1354), em cuja cláusula 39 se dispunha: "*No man of what state or condition he be, shall be put out of his lands or tenements nor taken, nor disinherited, nor put to death, without he be brought to answer by due process of law*". Foi com este conteúdo, essencialmente, que tal imperativo foi introduzido, em 1868, na Constituição norte-americana, através da 14ª Emenda de que foi objeto. De acordo com a densificação deste imperativo empreendida pelos Supremo Tribunal do E.U.A., a garantia do *due process and fair procedure* exige que as partes cujos direitos possam ser afetados sejam ouvidas antes da decisão, para o que se impõe que, antes da sua prolação, tenham sido notificadas e lhes haja sido concedida a oportunidade de apresentarem a sua defesa, oportunidade que deve ser significativa quanto ao

do direito de acesso ao direito e a efetiva tutela jurisdicional, que os sobreditos artigos consagram.

Os termos em que se enunciaram os princípios fundamentais do processo arbitral no artigo 30º, nº 1, da LAV correspondem, de um modo geral, aos ensinamentos da doutrina portuguesa e à jurisprudência do Tribunal Constitucional sobre esta matéria, que têm considerado como postulados da garantia do 'processo equitativo', a exigência de conhecimento efetivo (pelo demandado) do processo instaurado, o direito de defesa reconhecido a cada parte (i.e., de expor as suas razões de facto ou do direito perante o tribunal antes que este tome a sua decisão), a necessidade de se assegurar a igualdade de armas e a de se observar o princípio do contraditório ao longo do processo (de modo que cada uma das partes possa exercer uma influência efetiva no desenvolvimento do processo, nos planos da alegação, da prova e do direito aplicável)[128].

Os nossos tribunais superiores, ao apreciarem pedidos de anulação de sentença arbitrais apresentados com este fundamento, têm reconhecido, repetidamente, a natureza imperativa dos princípios supramencionados, mas apenas em reduzido número de casos decidiram anular as sentenças com base na violação dos mesmos[129].

tempo facultado e ao modo como pode ser exercida – cf. William Cohen & Jonathan Varat – *Constitutional Law – cases and materials,* 11th ed. Foundation Press, New York, 2001, pp. 473 e 1103. Nalgumas decisões em que analisou o conteúdo imperativo do *due process of law,* o Supremo Tribunal norte-americano considerou também essencial que o decisor seja 'imparcial'; *vide,* quanto este ponto, Subrin, Minow, Brodin, Main – *Civil Procedure, Doctrine Practice and Context,* Aspen Law & Business, 2000 New York, 2000, p. 41. Na literatura jurídica inglesa contemporânea, usa-se preferencialmente a expressão *principles of natural justice* (ou apenas *natural justice*) para se designar um conteúdo normativo substancialmente idêntico à exigência do *due process.*

[128] *Vide,* entre muitos autores e obras que se poderia citar, Jorge Miranda & Rui Medeiros – *Constituição Portuguesa Anotada,* 2ª ed., Wolters Kluwer/Coimbra Editora, Coimbra, 2010 (anotação ao art. 20º), especialmente, pp. 441-448, e a jurisprudência constitucional aí citada, e José Lebre de Freitas – *Introdução ao Processo Civil. Conceito e princípios gerais à luz do novo código,* 3ª ed., Coimbra Editora, Coimbra, 2013, especialmente, pp. 106-112 e 123-139.

[129] Mas, ao fazê-lo, nem sempre decidiram de modo correto; são exemplos de decisões incorretas, a esse título, as proferidas pelo Supremo Tribunal d Justiça, em 29.05.2912

17. Dada a importância crítica de que se reveste o pleno respeito pelas sobreditas garantias processuais, a sua violação constitui, na grande maioria dos ordenamentos jurídicos, fundamento de anulação da sentença arbitral, desde que tal violação tenha sido grave.

No entanto, na revisão a que o Projeto de nova LAV foi sujeito em 2011, a Direção da A.P.A. decidiu sujeitar a aplicação deste fundamento de anulação da sentença a um requisito mais apertado[130], traduzido na exigência feita no art. 46º, nº 3, *a) ii)* de só as violações dos princípios fundamentais enunciados no art. 30º, nº 1, da LAV "*com influência decisiva na resolução do litígio*", constituírem fundamento de anulação de sentenças arbitrais.

Embora para este requisito se possa encontrar um antecedente no art. 27º, nº 1, *c)* da LAV de 1986, considero que a sua inserção na atual LAV foi incorreta e nefasta.

Foi incorreta, porque, mesmo admitindo que só se deva concluir ter sido cometida, num concreto processo arbitral, uma violação de um desses princípios fundamentais, quando tenha existido séria infração dos mesmos, não quando haja ocorrido apenas a preterição de uma formalidade, trâmite ou diligência, sem importância na ótica da salvaguarda das garantias processuais absolutamente inderrogáveis, não é menos verdade que a gravidade inerente à violação dessa garantias, comprometendo a integridade e a credibilidade da arbitragem como modalidade de jurisdição, deveria bastar para a erigir em fundamento de anulação da sentença proferida no processo inquinado. Essa anulação só seria de afastar se se verificasse que a formalidade ou trâmite preterido que não afetou, presumivelmente, o conteúdo da sentença proferida.

É por essa razão que a grande maioria das leis de arbitragem preveem que a violação grave (séria) dos princípios fundamentais que

(proc. 5971/09.TBOR.S1) e pelo Tribunal da Relação de Coimbra em 21.04.2015 (proc. 3486/12.7TBLRA.C1), à quais me referi em *Challenge of Arbitral Awards*, International Arbitration in Portugal [Chapter XIV], Wolters Kluwer, Alphen aan den Rijn, The Netherlands, 2020, pp 250-251, nota 48.

[130] Contra o que propus à Direção da APA, em julho de 2011, aquando da preparação da última revisão do Projeto de nova LAV.

regem o processo arbitral constitua, sem mais, fundamento de anulação da sentença arbitral, o que não impede que os tribunais estaduais, em sede de controlo de anulação, desatendam as irregularidades que, pela sua diminuta importância, não devam qualificar-se como violações de garantias processuais fundamentais[131].

A restrição inserida na subalínea *a) ii)* do nº 3 do art. 46º foi, além disso, nefasta, porque fez impender sobre a parte impugnante o ónus de provar que a solução dada ao litígio teria sido outra, caso não tivesse ocorrido a invocada violação de um princípio processual fundamental, prova esta que pode ser dificílima de fazer, atendendo às fragilidades do *raciocínio contrafactual*, fundado em enunciados condicionais que são, consabidamente, passíveis de utilização falaciosa[132]. Com efeito, compreende-se facilmente que, ainda que não tivesse ocorrido a invocada violação de algum(s) ditos princípios fundamentais, a decisão do litígio poderia também ter sido desfavorável à parte que se queixa dessa violação. Ora, o inciso "com influência decisiva

[131] Cf. o art. 190 (1) d) da Lei Suíça, o art. 33 (2) da Lei Sueca, o art. 34 (2) a) ii) da Lei Modelo, o § 1059 (2) 1. b) da Lei Alemã, o art. 41 (1) b) da Lei Espanhola, o art. 611(2) 2 da Lei Austríaca, o art. 839(I)(7) do CPC Italiano, o art. 32 (VIII) da Lei Brasileira, a *Section* 68 (1) da Lei Inglesa, a Rule 68 (2), als. f) (ii) e g) da Lei Escocesa, o art. 37 (2), 1, b) da Lei Dinamarquesa, o art. 43, b) da Lei Norueguesa, o art. 41 (4) da Lei Finlandesa, o art. 24 b) da Lei de Singapura, o art. 1520, 4º, do *Cpc* francês de 2011; esta lista poderia alongar-se bastante. A este respeito, é de notar que o Supremo Tribunal Federal Suíço tem, reiteradamente, entendido que a violação de algum princípio fundamental do processo arbitral constitui um 'fundamento formal', conducente à anulação da sentença, mesmo que o impugnante não consiga demonstrar que provavelmente obteria uma decisão favorável, caso tal infração não tivesse existido; sobre este ponto, *vide* G. Kaufmann-Kohler & A. Rigozzi – *International Arbitration* cit., pp. 479-480.

[132] Nomeadamente, as falácias baseadas na 'ignorância de explicações alternativas' (*v.g.* a falácia da afirmação do consequente e a falácia da negação do antecedente). Sobre estas falácias, *vide*, entre muito outros, Richard L. Epstein – *Critical Thinking*, Wadsworth, Belmont, CA, USA, 2006, pp. 127-133; Wesley G. Salmon – *Logic*, Prentice-Hall, Inc., New Jersey, 1963 (*cf.* pp. 44-45 da tradução brasileira, publicada pela Zahar Editores, em 1969); Anthony Weston – *A Rulebook for Arguments*, Hackett Publishing Company, Inc., Indianapolis/Cambridge (*cf.* pp. 108-110 da tradução portuguesa da 2ª edição, publicada pela Gradiva, em 1996).

na resolução do litígio" incluído nesta subalínea[133], se for entendido à letra, faz recair sobre a parte impugnante o ónus da prova (convertida numa *probatio diabolica*) da existência de um 'nexo causal' entre a invocada violação dum princípio fundamental de processo e a decisão proferida pelos árbitros[134].

Porque uma interpretação literal desta expressão (*"com importância decisiva na resolução do litígio"*) pode levar ao esvaziamento da salvaguarda dos princípios fundamentais do processo arbitral que se visou assegurar através da previsão deste fundamento de anulação da sentença arbitral, tenho defendido que este requisito seja objeto de interpretação flexibilizante, de modo a ter o seguinte significado: *["a parte que faz o pedido demonstrar que]... presumivelmente tenha afetado*

[133] Esse aditamento reflete a preocupação que prevaleceu no seio da Direção da A.P.A., durante a preparação das sucessivas versões do Projeto da Nova LAV, de se restringir, ao máximo, a margem de apreciação dos tribunais estaduais portugueses neste domínio, devido ao receio de que viessem a ser demasiado complacentes relativamente aos pedidos de impugnação de sentenças arbitrais, receio esse que a orientação criteriosa da nossa jurisprudência na vigência da LAV de 1986 não justificava; *vide* a crítica que fiz a essa equivocada visão nos meus escritos *A Reforma da Lei da Arbitragem Voluntária*, e *Anulação da Sentença Contrária à Ordem Pública, in* 'Temas de Direito da Arbitragem', e *A sentença arbitral contrária à ordem pública perante a nova LAV, in* 'Direito da Arbitragem – Ensaios', e *Contributo para uma revisão da LAV (devidamente preparada).*

[134] Mariana França Gouveia – *ob. cit.*, pp. 303-304, após criticar, pela razão referida no texto, a formulação adotada no preceito em exame, defende que o tribunal de controlo utilize algum bom senso, não adotando nem perspetivas muito rígidas, nem muito flexíveis, o que exige que se analise, perante o caso concreto, se a falha é ou não importante para o cumprimento dos princípios do processo justo, em bloco, em vez de se olhar isoladamente para a omissão ou violação. Segundo esta autora, "perante a violação de uma regra fundamental do processo justo, o tribunal judicial perante o qual foi impugnada a sentença arbitral deve analisar todo processo arbitral, para aferir se aquela falha põe em causa a justiça processual da ação. Se assim for, poderá realmente haver influência decisiva na resolução do litígio e, logo, justificar-se a anulação."

a decisão proferida pelo tribunal arbitral"[135], significado esse[136]que tenho igualmente preconizado que se atribua a idêntico inciso constante da subalínea *a) iv)* do mesmo número e artigo, como se verá adiante (no parágrafo 21.).

Ao defender esta interpretação para a disposição legal suprarreferida, acompanho o entendimento da maioria da doutrina e da jurisprudência alemãs[137], que consideram que o requisito estabelecido mediante essa expressão (*dass sich dies auf den Schiedsspruch aus gewirkt hat*) constante do § 1059 (2) 1. d) da Lei Alemã, deve valer também para o fundamento de anulação respeitante à violação das garantias processuais fundamentais, prevista no § 1059 (2) 1. b), apesar de esta subalínea omitir tal expressão.

18. As violações das garantias processuais fundamentais mencionadas no parágrafo antecedente constituirão, quase sempre, violações de regras imperativas de caráter processual da lei que enquadra o processo arbitral (a LAV, quanto às arbitragens sediadas em Portugal), o que as faz cair igualmente sob a alçada da subalínea *a) iv)* do nº 3 do art. 46, surgindo assim um *concurso de normas.*

Por outro lado, de acordo com a doutrina e a jurisprudência dos tribunais de muitos países, a infração das garantias processuais fundamentais supramencionadas constitui igualmente violação de princípios de ordem pública, considerando-os na sua dimensão processual – a chamada *ordem pública processual* – que os nossos tribunais superiores também reconhecem (de que tratarei no parágrafo 41. *infra*).

[135] Mário Esteves de Oliveira (*ob. cit.*, p. 558-558) preconiza, relativamente ao inciso legal em exame, uma interpretação substancialmente convergente com o entendimento por mim defendido. Pelo contrário, José Robin de Andrade (*in* Dário Moura Vicente – *Lei da Arbitragem Voluntária* cit., pp. 182-183) interpreta o mencionado inciso, em estrita aderência ao seu teor literal.

[136] O acórdão proferido pelo S.T.J., em 1.10.2019 (proc. 1254/9.YRLSB.S1.) reconheceu como razoável a interpretação por mim defendida. A interpretação flexibilizante preconizada por Mário Esteves de Oliveira e por mim, para o requisito incluído na sublalínea *a) ii*) e na subalínea *a) iv*) do nº 3 do art. 46º, foi acolhida pelo acórdão do Tribunal da Relação de Lisboa, proferido em 9.02.2023, no proc. 3215/22.7YRLSB-2.

[137] Stefan Kröll & Peter Kraft – *Recourse against the Award* cit., p. 405:

Assim, num caso em que se viole gravemente algum princípio fundamental do processo arbitral, a situação criada será subsumível, simultaneamente, às previsões da subalínea *a) ii)* e da subalínea *b) ii)* do nº 3 do art. 46º, que, cumpre notar, têm estatuições diferentes, visto que enquanto uma depende de alegação da parte interessada para poder funcionar, a outra é de conhecimento oficioso pelo juiz de controlo. Neste caso estaremos, uma vez mais, perante um *concurso de normas.*

Relativamente aos casos suprarreferidos, há que encontrar forma de resolver os *concursos de normas* detetados, em ordem a determinar qual delas deve prevalecer[138]. Procurarei responder a essas questões será analisada nos parágrafos 22. e 42. *infra.*

c) Ultrapassagem do âmbito da convenção de arbitragem

19. A alínea *a)* iii) do artigo 34 (2) da Lei Modelo, na versão francesa deste instrumento normativo, reza assim: *"la sentence porte sur un différend non visé dans le compromis ou n'éntrant pas dans les prévisions de la clause compromissoire, ou qu'elle contient des décisions qui dépassent les termes du compromis ou de la clause compromissoire..."*. A versão espanhola desta alínea coincide, substancialmente, com a francesa: *"el laudo se refiere a una controversia no prevista en e acuerdo de arbitraje o contiene decisiones que exceden los términos del acuerdo de arbitraje..."*. É, porém, algo diferente o teor desta alínea na versão inglesa da Lei Modelo: *"the award deals with a dispute not contemplated by or not falling within the terms of the submission to arbitration, or contains decisions on matters beyond the scope of the submission to arbitration..."*.

O artigo 34 (2) *a)* iii) das versões francesa e espanhola da Lei Modelo, tal como o Artigo V (1) c) das versões francesa e espanhola da Convenção de Nova Iorque de 1958 (CNI), se forem literalmente interpretados, abrangem apenas o caso de a sentença arbitral ter inci-

[138] De modo semelhante ao que fiz na minha monografia *O Reconhecimento e Execução de Sentenças Arbitrais Estanheiras* cit., pp. 157-160 e 210, relativamente o problema análogo que pode colocar-se na aplicação do Artigo V da Convenção da Nova Iorque e do art. 56º, nº 1, da LAV.

dido sobre litígio não abrangido por convenção de arbitragem ou o de conter decisões que ultrapassam os termos desta, isto é, os casos de a sentença arbitral não ter observado os limites da convenção de arbitragem.

Diferentemente, o artigo 34 (2) *a)* iii) da versão inglesa da LM, tal como o artigo V (1) c) da versão inglesa da CNI, contemplam, literalmente, os casos de a sentença arbitral haver decidido sobre matérias que excedem o âmbito das questões que as partes, no processo arbitral[139], submeteram aos árbitros para sua decisão, definindo assim o âmbito do 'mandato' que lhes conferiram, o qual ficou delimitado através das peças escritas que as partes apresentaram no processo: petição, contestação/reconvenção e demais peças escritas (*submissions*) aí admitidas.

Como facilmente se vê, o que se tem em vista na versão inglesa desta disposição da Lei Modelo são os casos de a sentença arbitral ter *violado o princípio do dispositivo* e não exatamente a situação de ela ter excedido o âmbito material da convenção de arbitragem. Com efeito, a expressão "*not falling within the terms of the submission to arbitration*", constante daquelas disposições, é especificamente utilizada pelos comentadores[140] e pelos tribunais[141] dos ordenamentos de *common law*, para se designar as situações em que os árbitros decidiram sobre

[139] E não só na convenção de arbitragem, devendo, contudo, notar-se que a definição ali feita das matérias passíveis de futura sujeição a arbitragem, limitará sempre o âmbito das questões que as partes poderão debater, posteriormente, na arbitragem para serem decididas pelos árbitros.

[140] Sobre esta matéria, *vide* Albert van den Berg – *The New York Convention of 1958*, Kluwer Law, The Hague, 1981, p. 314, e *Failure by Arbitrators to Apply Contract Terms from the Perspective of the New York Convention*, 'Liber Amicorum in honour of Robert Briner', ICC Publishing, Paris, 2005, p. 68; Gary Born – *ob. cit.*, pp. 2006-2010; Andrew Tweeddale & Karen Tweeddale – *Arbitration of Commercial Disputes. International and English Law and Practice*, Oxford University Press Oxford, 2005, p. 382-383.

[141] *Vide*, por exemplo, os acórdãos do *Supreme Court* de Singapura, de 2012, no caso *PT Prima International Development v. Kempiski Hotels SA* [2012 SGCA 35, Case Date 9 July 2012], e de 2013, no caso *BLB and another v. BLC and another* [SGHC 196 Case Date 30 September], descritos (com *link* para o respetivo texto) por Michael W Huang and Elaine Lim, *in* ITA Board of Reporters, Kluwer Law International, The Netherlands.

matérias que ultrapassavam as questões que as partes lhes haviam submetido na arbitragem, i.e., os casos de decisões *ultra petita*[142].

Assim, nos países cujas leis adotaram a formulação inglesa da Lei Modelo, na maioria das vezes em que os tribunais estaduais são solicitados a controlar as sentenças arbitrais na ótica deste fundamento de anulação, a verificação de que a sentença infringiu o princípio do dispositivo sobrepõe-se ao facto de, eventualmente, ela ter também ultrapassado os limites da convenção de arbitragem. E quando o caso é apenas de ultrapassagem dos limites desta convenção, a doutrina e dos tribunais desses países subsume-o igualmente àquela subalínea, através da interpretação extensiva da mencionada expressão contida na al. *a)* iii) artigo 34(2) da Lei Modelo (e das correspondentes disposições das leis nacionais que a reproduziram), interpretação essa que é, frequentemente, justificada pela "leitura combinada" da versão inglesa com a das suas versões francesa e espanhola dessa Lei[143].

Devido às diferentes formulações que esta alínea teve nas referidas versões da Lei Modelo, não surpreende que algumas leis nacionais baseadas naquela matriz se tenham apoiado na versão francesa (e espanhola), enquanto outras leis seguiram a versão inglesa.

Assim, verifica-se que a Lei Alemã seguiu a versão francesa da Lei Modelo, porque a letra do § 1059 (2) 1. c) só prevê o caso de a sentença arbitral não ter observado os limites da convenção de arbitragem e não já a violação do princípio do dispositivo[144]. Não obstante

[142] Assim como, embora isso seja controvertido nalguns desses ordenamentos, as decisões *infra petita*, ou seja, aquelas em que os árbitros não conheceram de algumas questões (*issues*) que as partes lhes submeteram; neste sentido pronunciou-se Gary Born – *ob. cit.*, pp. 3293-3294; em sentido contrário opinou Albert van den Berg – *Court Decisions on the New York Convention 1958*, ICCA Yearbook Commercial Arbitration, Volume XXVIII – 2003, Kluwer Law International, pp. 656-657.

[143] *Vide* as obras de Albert van den Berg – *Court Decisions on the New York Convention 1958* cit., p. 657, e *Failure by Arbitrators to Apply Contract Terms from the Perspective of the New York Convention* cit., p.68; Gary Born – *ob. cit.*, p. 2611; Poudret & Besson – *Comparative Law* cit., p. 836-837.

[144] É o seguinte o texto desta disposição do *ZPO*: "*Ein Schiedsspruch kann nur aufgehoben werden, wenn der Antragsteller begründet geltend macht, daß... der Schiedsspruch eine Streitigkeit betrifft, die in der Schiedsabrede nicht erwähnt ist oder nicht unter die Bestimmungen der*

essa omissão, parte da doutrina alemã defende uma interpretação extensiva deste preceito, por forma a permitir que abranja as decisões *ultra petita* bem como aquelas que condenem em *aliud* , mas já não o caso de decisão *infra petita*[145]. A meu ver, dificilmente as primeiras e as segundas ali podem caber, sem se violentar a letra da lei e – o que é pior – sem se pôr em causa o carácter taxativo do elenco de fundamentos contante do § 1059 (2) 1. do *ZPO*.

Em contrapartida, é patente que a redação do art. 41 (1) c) da *Ley de Arbitraje* espanhola se baseou na versão inglesa da lei Modelo[146]. Note-se, contudo, que, se é verdade que a doutrina espanhola, nos seus comentários a este artigo, trata usualmente desta alínea como respeitando à violação do princípio do dispositivo, na dupla modalidade de a decisão dos árbitros ter incidido sobre questões que não lhes haviam sido submetidas (*incongruência positiva*) ou de ter resolvido questões distintas das que foram submetidas pelas partes, deixando por decidir, nessa apreciação, algumas destas questões (*incongruência mista*)[147], verdade é também que essa doutrina acaba por

Schiedsklausel fällt, oder daß er Entscheidungen enthält, welche die Grenzen der Schiedsvereinbarung überschreiten...", o que pode traduzir-se assim: "Uma sentença arbitral só pode ser anulada quando o demandante fizer valer fundamentadamente que a sentença arbitral diz respeito a um litígio que não está incluído no compromisso arbitral ou que não cabe no âmbito da cláusula arbitral, ou contém decisões que ultrapassam os limites da convenção de arbitragem...".

145 Cf. as indicações desta doutrina e jurisprudência em Stefan Kröll & Peter Kraft – *Recourse against the Award*, pp. 406-407.

146 Que dispõe o seguinte: "*...si la parte que solicita la anulación alegue y pruebe... que los árbitros han resuelto sobre cuestiones no sometidas a su decisión*".

147 Aquilo que os autores espanhóis designam por "*incongruência negativa*", isto é, o caso de os árbitros não se terem pronunciado sobre todas as questões que lhes foram submetidas, não constitui fundamento de anulação da sentença em face da *Ley de Arbitraje*; essa modalidade de incongruência só permite aos interessados requererem ao tribunal arbitral que profira um laudo complementar ao abrigo do art. 39 (1) c) da mesma Lei; *vide* Rafael Hinojosa Segovia – *De la anulación y de la revisión del laudo* – Comentario a la Ley de Arbitraje (*Coordinadores*: Alberto de Martín Muñoz y Santiago Hierro Anibarro), Marcial Pons, Madrid, 2006, pp. 529-531 e Juan Cadarzo Palau – *Motivos de anulación del laudo* – Comentarios a la nueva Ley de Arbitraje (Coordinador: Julio González Soria), 2ª edición, Aranzadi/Thomson Reuters, Pamplona, 2011, *cit.*, pp. 564-569.

interpretar essa alínea de modo a que abranja também a inobservância dos limites da convenção da arbitragem[148].

20. A LAV evitou as dificuldades que acabei de expor, ao prever, separadamente, o caso de a sentença arbitral não ter observado os limites da convenção de arbitragem (na al. *a) iii)* do nº 3 do art. 46º) e o de ela ter violado o princípio do dispositivo (na al. *a) v)* da al. *a)* do mesmo número e artigo). Tratarei agora da primeira destas hipóteses, deixando a segunda para ser examinada mais à frente (em 24. *infra*).

Relativamente à primeira hipótese, há que salientar que, se a sentença ultrapassar o âmbito material daquela, haverá incompetência, total ou parcial, do tribunal arbitral para conhecer do litígio que lhe foi submetido, podendo a sentença proferida ser anulada ao abrigo disposto na subalínea *a) iii)* do nº 3 do art. 46º.

No que concerne, particularmente, à sentença pela qual o tribunal ponha termo ao processo sem conhecer do mérito, por se considerar incompetente por uma das razões referidas no parágrafo antecedente, coloca-se a questão de saber se tal sentença pode ser impugnada como base em algum dos fundamentos enumerados no art. 46º, nº 3. Procurei responder a essa questão em estudo anterior, tendo aí concluído que não existe na nossa lei nenhuma base para se anular uma decisão do tribunal arbitral que decline competência para resolver a totalidade ou parte do litígio que as partes lhe submetam. Assim sendo, por muito desacertada que seja tal decisão, ela torna-se definitiva, impondo-se aos tribunais estaduais que passarão a ser então competentes para julgar o litígio de que os árbitros entenderam não poder conhecer[149].

[148] *Vide* os autores citados na nota anterior.

[149] A opinião que hoje perfilho sobre este ponto – e que difere da que em escrito anterior havia defendido – encontra-se justificada no meu estudo *A Competência da Competência e a Autonomia do Tribunal Arbitral,* incluído em 'Direito da Arbitragem – Ensaios' *cit.*, pp. 71-71.

d) Grave irregularidade na composição de tribunal arbitral ou no processo arbitral

21. Os fundamentos mencionados na subalínea *a) iv)* do nº 3 do art. 46º da LAV correspondem aos previstos na subalínea *a)* iv) do artigo 34 (2) da Lei Modelo. Em ambas as disposições, teve-se em vista os casos em que na composição do tribunal arbitral ou na tramitação do processo se infringiu o que as partes haviam estipulado na sua convenção, deixando-se, porém, claro que o acordo das partes nunca poderá prevalecer sobre uma disposição imperativa da lei de arbitragem aplicável[150].

Essa subalínea contempla dois distintos fundamentos de impugnação da sentença: *(i)* a desconformidade da composição do tribunal arbitral com a convenção das partes (que não contrarie uma disposição imperativa desta lei) ou, na falta dessa convenção, com a presente lei, e *(ii)* a desconformidade do processo arbitral com a convenção ou com a lei, *["se o impugnante demonstrar], em qualquer dos casos, que essa desconformidade teve influência decisiva na resolução do litígio"*. Começarei por examinar o segundo destes fundamentos, ficando o segundo para ser analisado mais à frente (no parágrafo 23.).

Na minha monografia sobre o reconhecimento execução de sentenças arbitrais estrangeiras[151], após referir que a aplicação ao mérito da causa de lei diferente da designada pelas partes foi considerada pelos tribunais alemães (com o aplauso da doutrina) como irregularidade processual justificativa da recusa do reconhecimento da sentença arbitral estrangeira, ao abrigo da alínea (d) do Artigo V (1) da Convenção de Nova Iorque, devido à circunstância de a escolha da lei aplicável ao mérito da causa fazer parte do acordo das partes relativo ao processo arbitral, aderi a tal solução, no tocante ao âmbito de aplicação tanto daquela regra da CNI como do art. 56º, nº 1, *a) iv)*

[150] Esta ressalva não existia no Artigo V (1) d) da Convenção de Nova Iorque, que foi a fonte do art. 34 (2) a) iv) da Lei Modelo, foi introduzida durante a preparação deste instrumento normativo; sobre a discussão conducente a este aditamento, *vide* H. Holtzmann & J. Neuhaus – *ob. cit.*, pp. 916-917.

[151] *O Reconhecimento e Execução de Sentenças Arbitrais* cit., p. 176.

da LAV. Na verdade, como observou Luís de Lima Pinheiro, "dificilmente se compreenderia que a inobservância de preceitos processuais constitua fundamento recusa de reconhecimento e que o mesmo não se verifique relativamente à violação da convenção sobre o direito aplicável ao fundo da causa, que se afigura mais grave"[152]. Por identidade de razão, considero que igual solução deve valer acerca do âmbito de aplicação da subalínea *a) iv)* do nº 3 do art. 46º, relativamente às arbitragens sediadas no nosso país, em se haja convencionado a aplicação dum direito estrangeiro.

Argumento análogo ao que acabei de utilizar no tocante à desaplicação da lei escolhida pelas partes para reger o fundo da causa, leva-me a qualificar como fundamento de anulação ao abrigo da mesma alínea, o facto de aquela haver sido decidida segundo a equidade ou mediante *amiable composition*, proferida por árbitros que não receberam das partes poderes para tanto[153].

Nesta subalínea *a) iv)* do art. 46º, nº 3, da LAV, incluiu-se uma restrição igual à que atrás mencionei a respeito da subalínea *a) ii)* do mesmo artigo: *"[se a parte que faz o pedido demonstrar que] ...essa desconformidade teve influência decisiva na resolução do litígio"*. Este requisito não se encontra consignado na grande maioria doutras leis que adotaram, em globo, o articulado do art. 34 da Lei Modelo, nomeadamente, no art. 41 (1) d) da Lei Espanhola, tendo resultado das influências cruzadas do §1059 (2) 1. d) do *ZPO* alemão[154] e do art. 27º, nº 1, *c)* da LAV de 1986. Importa explicar, brevemente, as razões pelas quais esta disposição da atual LAV veio a ficar com a redação que tem.

É de referir, a este propósito, que nos debates que antecederam a aprovação deste artigo da Lei Modelo se discutiu como se poderia limitar as consequências que a parte interessada quisesse extrair de irregularidades processuais menores, para que não resultassem em

[152] *Direito Internacional Privado*, III vol., 2ª ed., Almedina, Coimbra, 2012, p. 598.

[153] Cf. o entendimento quanto ao art. 56º, nº 1, *a) iv)*, que defendi em *O Reconhecimento e Execução de Sentenças Arbitrais Estrangeiras* cit., p. 176.

[154] A influência desta disposição da Lei Alemã foi desvirtuada, parcialmente, na redação da LAV, como se explica no texto.

anulação da sentença arbitral. Uma primeira sugestão nesse sentido consistiu na invocação da renúncia tácita aos fundamentos de anulação de que uma parte tivesse tido conhecimento durante a arbitragem, mas não tivesse então invocado, ideia que veio a ser acolhida no art. 4 da LM[155]. A segunda sugestão foi a de se limitar a relevância dos defeitos processuais invocáveis para efeitos de anulação da sentença, às violações sérias (*serious*) ou graves (*gross*) de disposições legais imperativas. A terceira sugestão apresentada foi a de se exigir um nexo causal (*causal link*) entre o defeito processual e a sentença, a ponto de o erro ter provavelmente afetado o resultado do litígio. Por fim, veio a acolher-se a primeira sugestão, afastando-se tanto a segunda como a terceira, tendo ficado registado no Relatório da Comissão o entendimento de que a sentença "pode" (*may*) ser anulada com qualquer dos fundamentos previstos no nº 2 deste artigo, independentemente de tal fundamento ter afetado relevantemente (*materially*) aquela.

A Comissão que elaborou a Lei Modelo não excluiu, liminarmente, no que toca aos fundamentos referidos nesta alínea, que um "*non-material error*" pudesse ser invocado como fundamento de anulação, deixando, contudo, ao tribunal estadual uma margem discricionariedade para não anular a sentença, quando se mostrasse que tais fundamentos ocorreram[156].

É de notar também que, quando os autores da Lei Alemã transpuseram o conteúdo da alínea *a)* iv) do art. 34 (2) da Lei Modelo para a alínea 1 d) do nº 2 do §1059 do *ZPO*, aditaram-lhe a restrição "... *daß sich dies auf Schiedsspruch ausgewirkt hat...*"[157]. Referem Stefan Kröll & Peter Kraft que a intenção subjacente ao aditamento deste requisito foi a de assegurar que a sentença arbitral não pudesse anulada por causa de defeitos formais menores que não afetassem o resultado do processo, esclarecendo esses autores que se preenche o padrão de

[155] E que foi também acolhida no art. 46º, nº 4, da LAV.

[156] *Vide* Howard Holtzmann & Joseph Neuhaus – *ob. cit.*, pp. 921-922.

[157] Inciso este que na tradução inglesa da lei de arbitragem alemã (efetuada pela *D.I.S.*) tem o seguinte teor: "*...and this presumably affected the award*".

aferição relevante para este fim, "*se uma influência (do defeito ocorrido) sobre a sentença arbitral não puder ser excluída*"[158].

Há que reconhecer a grande relevância que este requisito inserido na lei alemã pode ter em processos arbitrais em que se verifiquem irregularidades e não me custa aceitar a sua pertinência e razoabilidade.

Mas o que acabei de expor acerca desta disposição da lei alemã depõe, muito persuasivamente, no sentido de que teria sido claramente preferível que o legislador português houvesse incluído na subalínea *a) iv)* do nº 3 do art. 46º uma expressão idêntica ou similar à usada no citado preceito legal alemão[159].

Parece-me, na verdade, muito infeliz a redação que foi dada à referida restrição inserida naquele preceito da nossa LAV: "*["a parte que faz o pedido demonstrar], em qualquer dos casos, que essa desconformidade teve influência decisiva na resolução do litígio*"[160]. A inclusão desta restri-

[158] Cf. *Recourse against the Award* cit., p. 408, em que se lê: "The relevant standard in this respect is met if an influence on the award cannot be excluded". Os autores citam doutrina e jurisprudência alemãs, concordantes sobre este ponto. Este requisito substituiu o contido na lei anterior, que exigia que fossem 'graves' o defeito processual verificado; é, no entanto, controvertido na doutrina alemã se o anterior requisito desapareceu realmente. Os mesmos autores referem ainda que o vício processual ocorrido não relevará para efeito de anulação da sentença, se tiver sido remediado pelo tribunal arbitral (*ob. cit.*, p. 408).

[159] É muito semelhante a formulação adotada no art. 1717, 3, *v)* do *Code Judiciaire* belga, que exige que as irregularidades verificadas no processo arbitral, para poderem constituir fundamentos de anulação da sentença, "*...ont eu d'incidence sur la sentence*". Era idêntica a formulação da disposição correspondente do *C.J.*, antes da reforma que sofreu em 2013.

[160] Ao criticar agora a redação da subalínea *a) iv)* do nº 3 do art. 46º, assumo a parte de responsabilidade que me cabe pelo desacerto da formulação em causa, uma vez que a expressão em causa figurava desde o início do processo de preparação da LAV. Na verdade, foram pouco significativas as alterações que tal norma sofreu nos sucessivos Projetos de Nova LAV apresentados pela Direção da A.P.A. Na verdade, enquanto no Projeto apresentado em 2009 se determinava "*...que não foram conformes ...e isso teve influência decisiva na resolução do litígio*", no Projeto apresentado em 2010, passou a dizer-se: "*... que não foram conformes...e, em qualquer do casos, que essa desconformidade teve influência decisiva na resolução do litígio*", formulação esta que se manteve no Projeto de 2011, daí passando para a Proposta de Lei do Governo, depois aprovada pela Assembleia da República.

ção na LAV é merecedora de crítica, por causa da patente vulnerabilidade do *raciocínio contrafactual* nela implícito (tal como acima frisei, a respeito da parte final do art. 46º, 3, *a) ii)* da LAV). Ao inculcar que o impugnante que invoque algum dos fundamentos previstos nesta alínea deve provar a existência dum 'nexo causal' entre a desconformidade invocada e a solução dada ao litígio pela sentença impugnada, aquela expressão faz impender sobre a parte impugnante um ónus de prova que – pelo menos, no caso de tratar de uma infração às regras processuais aplicáveis[161] – será, na maioria das vezes, praticamente impossível cumprir, porquanto, ainda que não tivesse ocorrido essa infração processual, a decisão do litígio poderia ter sido igualmente desfavorável à parte que dela se queixa. Assim, tal fundamento será, na prática, de utilização quase impossível, ainda que seja muito grave a infração processual cometida.

Por considerar intolerável tal consequência, tenho defendido que se atribua à expressão final desta subalínea um conteúdo normativo idêntico ao que a doutrina alemã atribui à ressalva constante da subalínea d) do § 1059 (2) 1. do *ZPO*, conferindo-lhe, portanto, o seguinte significado: *"...em qualquer dos casos, que essa desconformidade tenha presumivelmente afetado a resolução do litígio"*, de modo análogo ao que preconizei relativamente à parte final da subalínea *a) ii)* do nº 3 do mesmo artigo[162]. Isto, sem prejuízo de advogar que, em futura revisão

[161] Dado que, se o que se questiona é a composição do tribunal arbitral, o preenchimento do requisito contido na dita expressão torna-se muito mais fácil (como referirei no parágrafo 23. *infra*, que se entende na Alemanha e na Bélgica), dado ser difícil negar a "influência decisiva na resolução do litígio" que teria o facto de o tribunal arbitral ser eventualmente composto por outras pessoas. Este entendimento foi sufragado pelo acórdão proferido pelo Tribunal da Relação de Lisboa em 9.02.2023, no proc. 3215/22.7YRLSB-2.

[162] Cf. o que expus no parágrafo 17. *supra*. Também no que concerne ao referido inciso constante da subalínea *a) iv)* do nº 3 do art. 46º, Mariana França Gouveia (*ob. cit.*, pp. 304-305) e Mário Esteves de Oliveira (*ob. cit.*, pp. 562-563) defendem uma interpretação flexível análoga a que preconizam para a mesma expressão incluída na alínea *a) ii)* do mesmo número e artigo; pronunciou-se contra essa flexibilização, António Menezes Cordeiro – *Tratado da Arbitragem* cit., p. 441. A interpretação preconizada por Mário Esteves Oliveira para a sobredita expressão legal foi acolhida, por inteiro, pelo citado acórdão da Relação de Lisboa, proferido em 9.02.2023, no proc. 3215/22.7YRLSB-2.

de LAV, a referida expressão incluída nas subalíneas *a) ii)* e a*) iv)* do nº 3 do art 46º seja reformulada[163].

Falta dizer que a possibilidade de invocação deste fundamento de anulação ficará precludida por força do disposto no nº 4 do art. 46º, se a parte que pretenda prevalecer-se da irregularidade ocorrida não a tiver suscitado logo que dela tomou conhecimento, durante arbitragem[164].

22. Como salientei no parágrafo 18. *supra*, uma infração das regras processuais acordadas pelas partes ou de normas imperativas de caráter processual existentes na lei que rege a arbitragem (a LAV, para as arbitragens sediadas em Portugal), contemplada na alínea *a) iv)* do nº 3 do art. 46º, pode, quando a infração assumir maior gravidade, constituir também violação das garantias processuais fundamentais que analisei acima (em 16. *supra*), suscitando-se então um problema de concurso de normas, na modalidade de *concurso aparente de normas*.

Verifica-se um *concurso aparente de normas*, quando o facto em questão preenche as previsões de duas (o mais) normas, que estão numa relação de hierarquia entre si, pelo que só uma deve considerar-se afinal aplicável ao caso. Sucede isso ou porque entre as previsões das normas existe uma "relação de especialidade" que tem por efeito a exclusão da norma geral por força da aplicação da norma especial, ou porque existe uma "relação de consumpção", em que se verificam entre os valores protegidos pelas normas relações de mais e menos: uns contêm-se já nos outros, de tal maneira que uma norma consome já proteção que a outra visa[165].

Em ambas estas hipóteses, a questão resolve-se na fase interpretativa da aplicação das normas. É deste tipo o concurso de normas que existe no caso acima figurado, em que vem a aplicar-se apenas a norma da alínea *a) ii)* do nº 3 do art. 46º, por ser vista como norma

[163] Como preconizei no artigo *Contributo para uma revisão da LAV* cit., pp. 87-88 e 90-92.

[164] Neste sentido, António Menezes Cordeiro – *Tratado da Arbitragem* cit. p. 441; *vide*, em sentido idêntico, no âmbito do direito alemão, Stefan Kröll & Peter Kraft – *Recourse against the Award* cit., p. 408.

[165] Cf. as obras citadas na nota 106 *supra*.

consumptiva, relativamente à da alínea *a) iv)* do mesmo número. Trata-se de um tipo de concurso de normas relativamente fácil de resolver[166].

23. Passo à determinação do que pode subsumir-se à expressão "*desconformidade da composição do tribunal arbitral com a convenção das partes (que não contrarie uma disposição imperativa desta lei) ou, na falta de tal convenção com a presente lei*, contida na subalínea *a) iv)* do nº 3 do art. 46. º.

Não há qualquer dúvida de que aí cabem as hipóteses de na designação dos árbitros não ser ter observado o estipulado na convenção de arbitragem (por ex., sobre o número de membros do tribunal ou sobre os requisitos que os árbitros a designar devem preencher) ou na Lei (nas suas disposições ou nos princípios nela consignados, nomeadamente, o princípio da igualdade de participação das partes na escolha dos árbitros, afirmado no nº 6 do art. 36º), assim como cabem as hipótese em que tenha havido irregularidades nos procedimentos de nomeação, de recusa ou de substituição de árbitros.

Como disse atrás (em 21. *supra*), os comentadores[167] da Lei Alemã afirmam que, quando se trate de aplicar a alínea 1 d) do para. 2 do §1059 do *ZPO* alemão aos casos de composição irregular do tribunal arbitral, é muito mais fácil dar como preenchido do requisito estabelecido pela expressão constante dessa alínea *"... daß sich dies auf Schiedsspruch ausgewirkt hat..."*[168], dado ser difícil negar a "influência deci-

[166] Nos casos em que foram proferidas as decisões mencionadas na nota 129 *supra*, verificava-se um concurso aparente de normas, dado as infrações processuais questionadas poderem ser subsumidas quer à alínea *a) ii)* do nº 3 do art. 46º quer à alínea *a) iv)* do mesmo número e artigo; cf. o meu artigo *Challenge of Arbitral Awards*, International Arbitration in Portugal [Chapter XIV], Wolters Kluwer, Alphen aan den Rijn, The Netherlands, 2020, p. 254, nota 59.

[167] Stefan Kröll & Peter Kraft – *Recourse against the Award* cit., p. 408.

[168] Que na tradução inglesa da lei de arbitragem alemã (efetuada pela *D.I.S.*) figura com o seguinte teor: *"...and this presumably affected the award"*.

siva na resolução do litígio" que teria o facto de o tribunal arbitral ser eventualmente composto por outras pessoas.

A este propósito, vale a pena referir também que o art. 1717, 3, *v*) do *Code Judiciaire* belga que, como mencionei atrás, exige que as irregularidades verificadas no processo arbitral, para que constituam fundamento de anulação da sentença, "*...ont eu d'incidence sur la sentence,* isenta desse requisito as irregularidades verificadas na constituição do tribunal arbitral, deixando assim claro que estas últimas poderão sempre constituir fundamento de anulação da sentença arbitral proferida.

Em minha opinião, esse entendimento que vigora nos direitos alemão e belga deve valer também perante o disposto na al. *a) iv)* do nº 3 do art. 46º da LAV (este entendimento foi acolhido, por inteiro, pelo citado acórdão do Tribunal da Relação de Lisboa proferido em 9.02.2023, no proc. 3215/22.7YRLSB-2).

Menos líquido é, porém, que devam subsumir-se a esta previsão legal os casos em que um ou mais árbitros designados não preenchem os requisitos de *independência* e de *imparcialidade* impostos pelo nº 3 do art. 9º da Lei. Vale a pena ver, de relance, o que se passa acerca deste tópico noutros ordenamentos jurídicos que têm afinidades com o nosso.

Face à *LDIP* Suíça de 1987, considerava-se tais casos como abrangidos pelo seu art. 190(1)(a)[169] que contemplava a anulabilidade da sentença proferido por "árbitro único irregularmente designado ou por tribunal irregularmente constituído"[170]. Não tendo este artigo sido alterado pela recente reforma que esta lei sofreu e que entrou em vigor no início de 2021, tal entendimento mantém-se após essa reforma.

No direito francês, na vigência do *Cpc* de 1981, entendia-se que o fundamento de anulação da sentença por "o tribunal arbitral ter sido irregularmente composto ou o arbitro único ter sido irregularmente designado", previsto nos arts. 1484 (2) e 1502 (2), abrangia as situa-

[169] Vide, sobre este tópico, J. F. Poudret & S. Besson– *ob. cit.*, pp. 360, e Gabrielle-Kaufmann-Kohler & Antonio Rigozzi – *ob. cit.*, pp. 467-472.

[170] Na versão francesa da lei, as palavras aqui usadas são "... tribunal irregulièrement composé", enquanto na sua tradução para inglês aparece "... arbitral tribunal not properly constituted".

ções de falta de independência e de imparcialidade dos árbitros[171]. A reforma do *Cpc* de 2011 reproduziu este fundamento de anulação da sentença arbitral, com conteúdo substancialmente idêntico, nos arts. 1491(2) e 1520 (2), mas passou a usar a formulação "... o tribunal arbitral ter sido irregularmente constituído", pretendendo-se com esta redação abarcar as hipóteses de irregularidade quer na 'composição' quer na 'designação' do tribunal ou dos árbitros[172].

Christophe Seraglini e Jerôme Ortscheidt referem, no entanto, que o art. 1502 (5) do CPC de 1981 - correspondente ao 1520 (5) do *Cpc* de 2011 -, que contempla a violação da ordem pública internacional, foi utilizado algumas vezes pela jurisprudência, em casos desta natureza, por se considerar que a falta de independência e de imparcialidade dum árbitro fere necessariamente o princípio da igualdade das partes e o direito da defesa, ofendendo, por isso, a ordem pública internacional de caráter processual. Este fundamento, anotam aqueles autores, é particularmente apropriado quando a circunstância em questão é detetada após a constituição do tribunal arbitral, por a sua não revelação anterior ter privado a parte do seu direito de recusa do árbitro e ter, por isso, ferido os direitos da defesa e da igualdade das partes[173].

A redação das várias alíneas do nº 3 do art. 46º da LAV e a da al. *a) iv)*, em particular, seguiu, em grande medida, a do art. 34 da Lei Modelo, donde também proveio a quase totalidade do conteúdo do § 1059 (2) 1, d) da Lei Alemã[174]. É, por isso, especialmente relevante para a interpretação do segmento aqui examinado daquela disposição da LAV, a caracterização que a doutrina e a jurisprudência alemãs têm dado à falta de independência ou de imparcialidade de árbitros detetada posteriormente à sua designação, em sede de apreciação judicial

[171] Fouchard, Gaillard, Goldman - *ob. cit.*, pp. 562 e 936, e Chr. Seraglini & J. Ortscheidt - *ob. cit*, pp. 545, 748 e 984.

[172] *Vide*, entre outros, Charles Jarrosson - *Le droit français de l'arbitrage après le décret du 13 janvier 2011*, Revue de l'Arbitrage, 2011, Nº 1, CFA, Paris, pp. 5-86, especialmente p. 48; e Chr. Seraglini & J. Ortscheidt - *ob. cit.*, p. 748 e 984.

[173] Chr. Seraglini & J. Ortscheidt - *ob. cit.*, pp. 748-749.

[174] Com as diferenças acima apontadas.

de um pedido de anulação de sentença. Stefan Kröll e Peter Kraft referem que os tribunais superiores alemães, umas vezes enquadram tais hipóteses no §1059 (2) 1, d) do *ZPO* (*desconformidade da composição do tribunal arbitral com a convenção das partes que não contrarie uma disposição imperativa da lei) ou, na falta de tal convenção com esta lei*)[175] outras vezes no §1059 (2) 2, b) (*ofensa da vertente processual da ordem pública*)[176].

Esta caracterização dual das hipóteses em exame que se observa nos direitos francês e alemão tem alguma correspondência na doutrina portuguesa, em que a par dos que entendem que devem elas subsumir-se à previsão da al. *a) iv)* do nº 3 do art. 46º[177], há também quem sugira que o caso de o litígio haver sido decidido por árbitros a que faltem independência ou imparcialidade, é violador da "garantia do processo equitativo" consagrada no art. 20º, nº 4, da Constituição da República e no artigo 6 da Convenção Europeia dos Direitos do Homem[178], o que, por seu turno, levará a qualificar tais hipóteses como ofensivas da ordem pública (internacional), na sua dimensão processual e, portanto, como enquadráveis na subalínea *b) ii)* do nº 3 do art. 46º da LAV.

Tendo em consideração tudo o que fica exposto, embora continue a pensar que as situações de falta de independência ou de imparcialidade de membros de tribunais arbitrais são, em princípio, enquadráveis no primeiro segmento da subalínea *a) iv)* do nº 3 do art. 46º (entendimento acolhido, entre outros, pelo acórdão do Tribunal da Relação de Lisboa proferido em 9.02.2023, no proc. 3215/22.7YRLSB-2), não custa admitir que os tribunais estaduais competentes venham a preferir caraterizar como ofensiva da ordem pública (internacional) processual e, por isso, a subsumir à subalínea

[175] Autores e obra citada, p. 408.

[176] *Ob. cit.*, p. 415.

[177] Como opinou António Menezes Cordeiro – *Tratado da Arbitragem* cit., p. 441, e como tenho defendido nas edições anteriores desta monografia (cf. p. 66 da 3ª edição)

[178] Acerca desta sugestão, *vide* Miguel Galvão Teles – *A Independência e Imparcialidade dos Árbitros como Imposição Constitucional*, Estudos em Homenagem ao Professor Carlos Ferreira de Almeida, 'Estudos em Homenagem ao Professor Carlos Ferreira de Almeida', Volume III, Almedina, Coimbra, 2011, posteriormente incluído em 'Escritos Jurídicos', Volume I, Almedina, Coimbra, 2013, pp. 623-625.

b) ii) do mesmo número e artigo da LAV os casos mais chocantes de preterição daqueles requisitos basilares, em que a ostensiva parcialidade mostrada por um ou mais árbitros ou o claro desrespeito da independência a que estavam obrigados põe gravemente em causa a integridade e a credibilidade social da arbitragem, enquanto forma de exercício da jurisdição.

e) Violação do princípio do dispositivo

24. Como expliquei atrás, diferentemente do que fizeram muitas leis de arbitragem, a começar pela Lei Modelo, a LAV distinguiu, ao elencar os fundamentos de anulação da sentença arbitral constantes do seu art 46º, nº 3, entre os casos de inobservância dos limites da convenção de arbitragem, atrás analisados, e os casos que constituem violação do 'princípio do dispositivo'. Destes tratarei na presente secção, que versa sobre as hipóteses em que o tribunal arbitral condenou em quantidade superior ou em objeto diferente do pedido ou conheceu de questões de que não podia tomar conhecimento ou não se pronunciou sobre questões que devia apreciar.

Exemplos doutras leis de arbitragem que, com maior ou menor precisão, fazem tal distinção, são a nossa LAV de 1986 (art. 27º, nº 1, *b)* e *e)*), a *LDIP* Suíça de 1987 (art. 190, 2, c.), o *Code Judiciaire* Belga, alterado em 1998 (art. 1704, *d.* e *e.*), a Lei Brasileira de 1996 (art. 32, IV e (V)), o *Arbitration Act 1996* [England and Wales or Northern Ireland], (Section 68 (2) (b) e (d)), o *Codice di Procedura Civile* Italiano (art. 829, I, 4) e 12)), a Lei Austríaca de 2006 (art. 611 (2) 3.) e o *Arbitration Act 2010* [Scotland] (Rule 67 (1) e Rule 68 (2) b. e c.).

Algumas leis, como o *Code de procédure civile* Francês (art. 1484 da versão de 1981 e art. 1520 da versão de 2011), fazem uma distinção equivalente à da LAV de 2011 – embora recorrendo a outros conceitos –, entre os casos de o tribunal arbitral se ter considerado erradamente competente (por haver excedido o âmbito da convenção de arbitragem) e os de ter decidido em desconformidade com a "missão" que lhe foi confiada (compreendendo esta tanto as condenações em *aliud* e *ultra petita* como as decisões *infra petita*). Incluem-se também neste grupo o art. 1065, 1. (a) e (c) do CPC Holandês de 1986 e a *Section* 34, 1. e 2. da Lei Sueca de 1999, ambas com a particularidade de, em vez da 'missão confiada ao árbitro, referirem o "mandato" deste.

A alínea *a) v)* do nº 3 do art. 46º da LAV inspirou-se, claramente, no art. 190, 2, c. da *LDIP* Suíça[179] e no art. 27º, nº 1, *e)* da LAV de 1986[180]. Ao fazê-lo, a LAV de 2011 supriu uma lacuna que alguns autores[181] assinalavam na citada disposição da LAV, respeitante às hipóteses de o tribunal arbitral haver condenado em quantidade superior ou em objeto diverso do pedido[182]. Em face da atual LAV, nenhuma dúvida pode existir sobre o facto de estas hipóteses constituírem fundamentos de anulação da sentença arbitral, assim ganhando, em clareza e coerência, o regime português da arbitragem, visto que, ocorrendo também aqui uma violação do princípio do dispositivo[183], deve ela ter solução idêntica à dos demais casos de infração a esse princípio que, na vigência da anterior LAV, se entendia

[179] Que reza assim (na versão em francês): "*La sentence ne peut être attaqué que...lorsque le tribunal arbitral a statué au-delà des demandes dont il était saisi ou lorsqu' il a omis de se prononcer sur un de chefs de la demande*".

[180] Que dispunha o seguinte: "A sentença arbitral só pode ser anulada...por algum dos seguintes fundamentos: ... ter o tribunal conhecido de questões de que não podia tomar conhecimento, ou ter deixado de pronunciar-se sobre questões sobre questões que deveria apreciar".

[181] Nomeadamente, Paula Costa e Silva – *Os Meios de Impugnação de Decisões Proferidas em Arbitragem Voluntária no Direito Interno Português* cit., pp. 185-186, que parecia entender que estas hipóteses, por não estarem previstas no art. 27º da LAV de 1986, não constituíam, em face desta, fundamentos de anulação da sentença arbitral.

[182] No âmbito do direito suíço, a solução para esta hipótese não suscita dificuldades, uma vez que, segundo a doutrina deste país e a jurisprudência do Tribunal Federal, ela é coberta pelo art. 190 (2) (c) da *LDIP*; *vide* J. F. Poudret & S. Besson – *ob. cit.*, p. 745, e Gabrielle Kaufmann-Kohler & Antoni Rigozzi – *International Arbitration* cit., pp. 477-478.

[183] Como salientou Paula Costa e Silva no seu estudo de 1992 (*Anulação e Recursos* cit., p. 943), "não faria sentido afirmar que o processo arbitral se não encontrasse sujeito ao princípio do dispositivo, quando é certo que é neste tipo de processo que autonomia da vontade assume maior relevância". No seu citado estudo de 1996 (*ob. cit.*, p. 186), a autora não foi tão assertiva a este respeito.

pacificamente constituírem fundamentos de anulação da sentença arbitral[184].

25. Vale a pena examinar, mais de perto, o conteúdo e a razão de ser deste princípio basilar do direito processual civil que o direito da arbitragem incorporou, a fim de se determinar, com precisão, que categorias de decisões arbitrais podem ser impugnadas e anuladas com fundamento no disposto na alínea *a) v)* do nº 3 do art. 46º da LAV.

De acordo com Miguel Teixeira de Sousa, "o princípio do dispositivo determina que o processo se encontra na disponibilidade das partes e fundamenta-se na circunstância de os interesses presentes no processo civil serem predominantemente interesse privados. Esta disponibilidade é o correlativo processual da autonomia privada que vigora no direito substantivo e permite que seja a parte a definir o "se" e o "como" da tutela dos seus próprios interesses"[185].

Por seu turno, José Lebre de Freitas explicou que "este princípio, é, *grosso modo*, redutível à disponibilidade da tutela jurisdicional e é, por sua vez, distinguível em *disponibilidade da instância* em si mesma (disponibilidade do início, do termo e da suspensão do processo) e em *disponibilidade da conformação da instância* (disponibilidade do objeto e das partes)"[186]. É à segunda destas vertentes do dito princípio que se reporta especificamente o fundamento de anulação previsto na alínea *a) v)* do nº 3 do art. 46º da LAV, porque o que aí se sanciona é o facto de sentença proferida pelos árbitros ser desconforme com o objeto do processo tal como as partes o definiram, através dos respetivos pedidos e causas de pedir[187].

[184] Sobre as dificuldades ou ambiguidades que este fundamento de anulação da sentença arbitral suscita nas ordens jurídicas cujas leis de arbitragem foram moldadas, em maior ou menor grau, sobre a Lei Modelo da UNCITRAL, remeto para o que escrevi nos parágrafos 19. e 20. *supra*, em comentário ao art. 46º, nº 3, *a) iii)* da LAV.

[185] *Introdução ao Processo Civil*, Lex, Lisboa, 2000, pp. 58-59.

[186] *Introdução ao Processo Civil* cit. pp. 156-157.

[187] São exemplos de decisões dos nossos tribunais superiores anulando sentenças arbitrais que decidiram sobre matérias que as partes não haviam debatido nas suas peças

26. Pelo que ficou exposto nos números anteriores, considero como manifestamente desacertada a opinião emitida por José Robin de Andrade na sua anotação ao art. 46º da LAV[188], de que "é por força dessa disposição que o tribunal arbitral não pode apreciar questões que tenham sido decididas por sentença transitada em julgado; assim será ao abrigo desta subalínea que será anulável a sentença arbitral que violar o caso julgado material por que decidiu questões que não podia decidir".

A verdade é que, ao contrário do que sugere esse autor, o respeito pelo caso julgado que se encontra consagrado na generalidade dos sistemas jurídicos nenhuma relação (pelo menos, direta) tem com o princípio do dispositivo.

Como escreveu Miguel Teixeira de Sousa, "o caso julgado é uma exigência da boa administração da justiça, da funcionalidade dos tribunais e da salvaguarda da paz social, pois que evita que uma mesma ação seja instaurada várias vezes, obsta a que sobre a mesma situação recaiam soluções contraditórias e garante a resolução definitiva dos litígios que os tribunais são chamados a dirimir. Ele é, por isso, expressão do valor de segurança e certeza que são imanentes a qualquer ordem jurídica"[189].

processuais, as proferidas pelo STJ, em 21.10.2003 (proc.03A2318), e pela Relação de Lisboa, em 7.11.2013 (854/13.0YRLSB-6, a que me referi em *Challenge of Arbitral Awards*, International Arbitration in Portugal [Chapter XIV], Wolters Kluwer, Alphen aan den Rijn, The Netherlands, 2020, pp 256, nota 74. Exemplos mais recentes de anulação (parcial) de sentença arbitral, com este fundamento são os acórdãos da Relação de Guimarães de 21.01.2021 (proc. 122/20.1YRGMR), da Relação de Lisboa de 23.06.2022 (proc. 1128/22.1YRLSB-2) e do Tribunal Central Administrativo Sul de 11.01.2023 (proc.97/17.4BCLSB).

[188] Constante da obra coletiva coordenada por Dário Moura Vicente – *Lei da Arbitragem Voluntária Anotada* cit., p. 185

[189] *Estudos sobre o Novo Processo Civil*, 2ª ed., Lex, Lisboa, 1997, pp. 568 e segs., em especial p. 568-570. Este autor aponta, seguidamente, (*ob. cit.*, p. 368) como manifestações da relevância constitucional do caso julgado – que é consequência da caraterização dos tribunais como órgãos de soberania –, os arts. 205º, nº 2, e 282º, nº 3, da Constituição da República. Em sentido muito semelhante , *vide*, entre muitos outros, João Paulo Remédio Marques – *Acção Declarativa à Luz do Código Revisto*, Coimbra Editora, Coimbra, 2011, pp. 670 e segs. e Manuel de Andrade – *Noções Elementares de Processo*

Consequência da primordial importância do instituto do caso julgado no nosso (tal como noutros) sistema jurídico, é a indisponibilidade do seu regime e efeitos, o que impede que as partes, por convenção, retirem o efeito de caso julgado à decisão jurisdicional transitada, ou atribuam tal valor a uma decisão que, por lei, o não tem[190].

A relação que pode estabelecer-se entre o instituto do caso julgado e o princípio do dispositivo é bastante indireta e decorre da faculdade oferecida às partes de conformarem o objeto do processo – cf. os arts. 5º, 91º, nº 2, 265º, 266º e 283º, nº 1, do CPC –, circunscrevendo o que poderá vir a ser o âmbito do caso julgado material formado pela sentença. Contudo, transitada a sentença sobre o mérito da causa, formando caso julgado material, deixa de haver qualquer espaço para a atuação do princípio do dispositivo, em qualquer das suas vertentes.

O caso julgado produz dois efeitos processuais: um 'efeito negativo', que se traduz na insusceptibilidade de qualquer tribunal, mesmo aquele que decidiu, se voltar a pronunciar sobre a decisão proferida – que se manifesta através da *exceção de caso julgado* –, e um 'efeito positivo', que resulta da vinculação do tribunal que proferiu a decisão e, eventualmente, doutros tribunais ao que nela foi definido ou estabelecido – que usualmente se designa por *autoridade do caso julgado*.

Ora, o desrespeito de qualquer desses efeitos do caso julgado, no quadro duma dada ordem jurídica, criaria graves perturbações que poriam em perigo a sua harmonia e coerência internas, ameaçaria gravemente a estabilidade das situações jurídicas, desacreditaria seriamente a administração da justiça e faria perigar a paz social. Por todas as razões que deixo expostas, é forçoso concluir que o desres-

Civil (com colaboração de J. Antunes Varela e Herculano Esteves), 1979, Coimbra Editora, Coimbra, pp. 303-306.

190 Miguel Teixeira de Sousa – *ob. cit.*, pp. 570-571. Como observa este autor, isso não implica que as partes não possam vir a regular de forma diferente do disposto na decisão transitada, uma situação jurídica que se encontre na sua disponibilidade, esta possibilidade não contraria o que saliento no texto.

peito do caso julgado ofende da "ordem pública" da ordem jurídica em que ele ocorra.

Nessa conformidade, entende-se pacificamente, no âmbito dos direitos alemão[191], suíço[192] e italiano[193], que o desrespeito de caso julgado anterior ofende a 'ordem pública' (incluindo o seu núcleo mais restrito que se designa por 'ordem pública internacional') e é, consequentemente, fundamento de anulação da sentença que o haja violado. O mesmo se entende em diversos ordenamentos de *common law*[194]. Cumpre precisar que, no âmbito do direito francês, o que se considera violador da ordem pública não é propriamente a violação de caso julgado anterior, mas antes a coexistência no seio dessa ordem jurídica de duas sentenças nela integradas e incompatíveis, sendo isso que constitui causa de anulação da sentença arbitral proferida nesse país ou de recusa de reconhecimento de sentença estrangeira que foi incorporada, por manifesta violação da ordem pública (e da 'ordem pública internacional')[195].

Em meu entender, o entendimento acima mencionado relativamente aos direitos alemão, suiço e italiano é válido, igualmente, no quadro da ordem jurídica portuguesa, sendo, por isso, anulável, com o fundamento previsto na alínea *b) ii)* do nº 3 do art. 46º da LAV, a sentença arbitral que viole o caso julgado gerado por uma sentença judicial ou arbitral anterior, proferida no nosso país ou integrada

[191] Stefan Kröll & Peter Kraft – *Recourse Against the Award* cit., p. 415, nota 220.

[192] Gabrielle Kaufmann-Kohler & Antoni Rigozzi – *International Arbitration* cit., pp. 489-490.

[193] IBA Report on Public Policy Exception in the New York Convention, October 2015, p. 15; cf. também o art. 829, I (8) do *CPC* italiano.

[194] Cf. o *Interim Report on Public Policy as Bar to Enforcement of International Awards* (de que foi relator Audley Sheppard), apresentado na Conferência da International Law Association (ILA), realizada em New Dehli, em 2-6 de Abril de 2002, adiante referido.

[195] Chr. Seraglini & J. Ortscheidt – *Droit de l'Arbitrage* cit., pp. 909-910, Charles Jarrosson – *L'autorité de chose jugée des sentences arbitrales*, Procédures, Revue LexisNexis, Jurisclasseur, août-septembre 2007, Paris, p. 34, Dominique Hascher – *L'autorité de chose jugée des sentences arbitrales*, Travaux du Comité Français Droit International Privé (2000-2002), Pedone, Paris, 2004.

(por ter sido aqui reconhecida) na nossa ordem jurídica[196]. O acórdão proferido pelo Tribunal Central Administrativo Sul, em 04.03.2021, no processo 50/17.8BCL, sufragou expressamente este meu entendimento, recusando o preconizado por José Robin de Andrade[197].

27. Também é incorreta a ideia avançada por Manuel Barrocas, de que, se ao árbitro forem conferidos poderes para julgar segundo a equidade, poderá condenar em quantidade superior ou até em objeto diverso do pedido[198]. Além de colidir com a disposição legal em exame, essa opinião contraria quer o conteúdo e alcance do princípio do dispositivo, quer o significado da adoção da equidade como critério de decisão do litígio[199].

[196] Alterei, assim, o entendimento que sobre este ponto exprimi na 1ª edição desta obra (pág. 55). A opinião que atualmente defendo não é prejudicada pelo disposto no art. 625º, nº 1, do CPC (de 2013), que impõe que, havendo duas decisões contraditórios sobre a mesma pretensão, se cumpra a que primeiramente transitou em julgado; essa disposição constitui uma forma adicional de se assegurar a intangibilidade do caso julgado.

[197] Também não faz sentido a caraterização da violação de caso julgado como causa de inarbitrabilidade da pretensão que naquela incorra, como propôs Elsa Dias Oliveira, em *Arbitragem Voluntária. Uma Introdução.* Almedina. Coimbra, 2020, p. 183, o que explicarei no parágrafo 36. *infra.*

[198] *Manual de Arbitragem*, 2ª ed, Almedina, Coimbra, 2013, p. 525.

[199] Sobre a decisão arbitral segundo a equidade, *vide* António Menezes Cordeiro – *Tratado da Arbitragem* cit., pp. 363-378, *Tratado Direito Civil, Parte Geral, I,* cit. pp. 598-600, *A equidade com fonte de Direito,* O Direito, Ano 144º, I, 2012, Almedina, Coimbra, p. 16, António Pedro Pinto Monteiro, Artur Flamínio da Silva, Daniela Mirante – *Manual de Arbitragem* cit., pp. 379-383, Manuel Carneiro da Frada – *A Equidade (ou a 'Justiça com Coração'). A propósito da decisão arbitral segundo a Equidade,* Revista da Ordem dos Advogados, ano 72, I, (Jan. Mar. 2012), pp. 109-145, Armindo Ribeiro Mendes – *Equidade e composição amigável na nova Lei de Arbitragem Voluntária,* 'Estudos em Homenagem a Miguel Galvão Teles', vol. II, Almedina, Coimbra, 2012, pp. 165-188, Mariana França Gouveia – *Curso de Resolução Alternativa de Litígios* cit., pp. 279-285, Mário Esteves de Oliveira – *Lei da Arbitragem Voluntária Comentada* cit., pp. 466, Luís de Lima Pinheiro – Arbitragem Transnacional cit. , pp. 159-163, bem como o meu artigo *Arbitration in Equity and* Amiable Composition *under Portuguese Law,* incluído em Temas de Direito da Arbitragem *cit.*, pp. 133-152.

O princípio do dispositivo é um princípio basilar quer do processo civil quer da arbitragem (e quanto a esta, por maioria de razão, devido à sua base contratual). Os árbitros estão, por isso, obrigados a decidir dentro dos limites do postulado pelas partes: nem mais, nem menos, nem coisa diversa disso. As partes, ao designarem a equidade como modo de decisão do objeto do litígio submetido aos árbitros, não lhes conferem autorização para uma possível decisão desconforme com esse objeto, escolhendo apenas um critério decisório alternativo à rígida aplicação do direito.

f) Falta de fundamentação ou de assinatura da sentença

28. Preceitua o nº 1 do art. 42º da LAV: "A sentença deve ser reduzida a escrito e assinada pelo árbitro ou árbitros. Em processo arbitral com mais de um árbitro, são suficientes as assinaturas da maioria dos membros do tribunal ou só a do presidente, caso a sentença deva ser por este proferida[200], desde que seja mencionada na sentença a razão da omissão das restantes assinaturas[201].

Segundo informam Jean-François Poudret e Sébastien Besson, a maioria das legislações sobre arbitragem exigem que a sentença seja reduzida a escrito e assinada[202].

[200] O que ocorrerá na hipótese prevista no nº 1 do art. 40º, de não se poder formar maioria.

[201] Esta disposição, conjugada com a do nº 2 do art. 40º, priva de eficácia o comportamento obstaculizante de um árbitro (porventura conluiado com a parte que o designou) que, com a recusa da aposição da sua assinatura na sentença, pretendesse impedir a sua prolação e notificação às partes.

[202] *Ob. cit.*, p. 663. Fouchard, Gaillard, Goldman (*ob. cit.*, p. 760), escrevendo na vigência do *Cpc* (francês) de 1981, referiam que tal imposição existia no direito francês, quanto às arbitragens internas, em virtude do disposto nos arts. 1471 a 1473 daquele diploma, mas que, relativamente às arbitragens internacionais, de acordo com o seu art. 1495, esse requisito só se impunha se não existisse estipulação (das partes) em contrário [soluções que continuam a ser válidas em face do *Cpc* de 2011, tendo em atenção os seus arts. 1480 e 1513 (1)]. Aqueles autores reconheciam, contudo, que as sentenças arbitrais orais são extremamente raras na arbitragem internacional, o que é salutar, devido às dificuldades de prova que elas poderiam suscitar na fase da sua execução. A solução consagrada na *LDIP* Suíça [art. 189 (1)] parece ser análoga à da Lei Francesa; na

A exigência legal de redução a escrito da sentença arbitral quase dispensa explicação[203], mas convém notar que a redação dada a esta disposição, que deve ser conjugada com o disposto no art. 40º, nºs 1 e 2, evita as dúvidas a que davam azo as disposições do nº 1, *f)* e do nº 2 do art. 23º, da LAV de 1986, relativamente às assinaturas a apor pelos árbitros na sentença proferida, dúvidas que a doutrina procurava solucionar, não sem alguma dificuldade[204]. Só por muito invulgar desleixo dos árbitros, particularmente do seu presidente, será a sentença proferida notificada às partes, sem se haver cumprido o preceituado quanto a este ponto no nº 1 do art. 42º. Mas, se tal hipótese se verificar, poderá a falta de assinatura de algum árbitro (que não se tenha recusado a apô-la) ser suprida através do procedimento previsto no nº 8 do art. 46º, que a seguir analisarei[205].

29. Muito mais complexas são as questões suscitadas pela imposição legal de que a sentença arbitral seja fundamentada, salvo se as partes o houverem dispensado, como admite o art. 42º, nº 3, da LAV, inspirado pelo artigo 31 (2) da Lei Modelo (o art. 23º, nº 3, da LAV de 1986 não previa que a as partes dispensassem este requisito).

Embora a maioria dos textos constitucionais dos Estados organizados segundo o paradigma do 'primado do direito' não contenham expressamente a imposição de que as sentenças dos tribunais esta-

doutrina suíça são, contudo, muito discutidas as seguintes questões: *(i)* se a estipulação das partes que dispense a redução a escrito da sentença arbitral, equivale ou não a uma renúncia ao direito de impugnar tal sentença (o que, como se referiu em 4. *supra*, é admitido pela *LDIP* Suíça); *(ii)* se, caso as partes não tenham dispensado a necessidade de fundamentação da sentença, a eventual falta desta constitui fundamento de anulação da sentença arbitral, dado que o art. 190 (2) da *LDIP* não a prevê como tal; sobre ambos estes pontos, *vide* J. F. Poudret & S. Besson – *ob. cit.*, pp. 664 e 669-671.

203 Cf., porém, o referido na nota antecedente.

204 *Vide*, por exemplo, Paula Costa e Silva – *Anulação e Recursos* cit. (1992), pp. 936-937.

205 Como entendeu o Tribunal da Relação do Porto em acórdão proferido em 14.04.2015 (processo 1/15.5YRGMR.P1). Embora a indicação na sentença da data da decisão e do lugar da arbitragem seja requerida pelo nº 4 do art. 42º, a sua omissão não releva para efeito de anulação daquela, conforme decorre do nº 3 do art. 46º, *a contrario*, como assinala António Menezes Cordeiro – *ob. cit.*, p. 441.

duais sejam fundamentadas[206], entende-se, generalizadamente, que o dever de fundamentação das decisões judiciais é uma garantia integrante do próprio conceito de Estado de Direito[207], constituindo um elemento do 'direito à tutela jurisdicional efetiva'[208]. Por essa razão, o dever de fundamentação das decisões dos tribunais estaduais veio a ser consagrado na Constituição da República Portuguesa, cujo art. 205º, nº 1 (com a redação resultante da revisão de 1997), estabelece: "as decisões dos tribunais que não sejam de mero expediente são fundamentadas na forma prevista na lei".

A justificação deste dever foi sintetizadamente exposta por J. J. Gomes Canotilho e Vital Moreira, nos seguintes termos:

> "O dever de fundamentação das decisões dos tribunais obedece a várias razões extraídas do princípio do Estado de Direito, do princípio democrático e da teleologia jurídico-constitucional dos princípios processuais. Sob o ponto de vista da juridicidade estatal (princípio do Estado de Direito), o dever de fundamentação explica-se pela necessidade de justificação do exercício do poder estadual, da rejeição do segredo nos actos do Estado, da necessidade de avaliação do actos estaduais, aqui se incluindo a controlabilidade, a previsibilidade, a fiabilidade e a confiança no actos do Estado. A estes exige-se clareza, inteligibilidade e segu-

[206] Uma dos poucas que contêm essa obrigação é a Constituição italiana de 1948, no seu art. 111; A Constituição portuguesa só a partir da revisão de 1982 passou a estabelecer esse dever, vindo a redação desta disposição a ser apurada pela revisão 1997, que enunciou tal dever com caráter geral, isto é, para todas as decisões que não sejam de mero expediente.

[207] J. J. Gomes Canotilho e Vital Moreira – *Constituição da República Portuguesa Anotada*, Volume II, 4ª ed., Coimbra Editora, Coimbra, 2010, pp. 526-527. *Vide* também Jorge Miranda e Rui Medeiros (*Constituição da República Portuguesa Anotada*, Volume II, 4ª ed, Coimbra Editora, Coimbra, 2010, pp. 69-83); estes autores advertiram que, como o Tribunal Constitucional já afirmou, as exigências de fundamentação não são iguais relativamente a todo o tipo de decisões judiciais, desde logo, porque o conteúdo da fundamentação é condicionado pelo objeto de cada tipo de decisão.

[208] J. M. Sérvulo Correia e J. Duarte Coimbra – *O Dever de Fundamentar e a Anulação das Sentenças Arbitrais*, Revista Internacional de Arbitragem e Conciliação, Nº 13, 2020, Almedina, Coimbra, pp. 176-177.

rança jurídica. Sob o ponto de vista do princípio democrático, para além de algumas das razões explicitadas a propósito do princípio da juridicidade, podem acrescentar-se as exigências de abertura e transparência da atividade judicial, de clarificação da responsabilidade jurídica (e política) pelos resultados da aplicação das leis, a indispensabilidade de aceitação das sentenças judiciais e dos seus fundamentos por parte dos cidadãos. Finalmente, sob o prisma da teleologia dos princípios processuais, a fundamentação das sentenças serve para a clarificação e interpretação do conteúdo decisório, favorece o autocontrolo do juiz responsável pela sentença, dá melhor operacionalidade ao heterocontrolo efectuado pelas instâncias superiores, e, em último temos, contribui para a própria justiça material praticada pelos tribunais"[209].

Neste excerto da conhecida obra desses autores ecoa, com nitidez, a distinção que Michele Taruffo havia feito em luminoso escrito publicado no nosso país, em 1979[210], entre a função *endoprocessual* e a função *extraprocessual* que desempenha o dever de fundamentação das decisões judiciais.

No entanto, se se analisar, com rigor, as funções ou justificações que os suprarreferidos autores associaram à obrigação de fundamentação das decisões dos tribunais estaduais, concluir-se-á que só algumas delas (as relativas à sua função endoprocessual) podem valer relativamente às sentenças dos tribunais arbitrais. Com efeito, atendendo-se à razão primordial apresentada por Michele Taruffo para a consagração dessa obrigação na Constituição Italiana de 1948 – que coincide com a razão principal para a sua consagração no nº 1 do art. 205º da Constituição Portuguesa, segundo os seus mais autorizados

[209] J. J. Gomes Canotilho e Vital Moreira – *Constituição da República Portuguesa Anotada* cit. pp. 526-527. *Vide* também o artigo de J. M. Sérvulo Correia e J. Duarte Coimbra – *O Dever de Fundamentar e a Anulação das Sentenças Arbitrais* cit., a pp. 178-179.

[210] *Note sulla garanzia costituzionale della motivazzione,* Boletim da Faculdade de Direito de Coimbra, Volume 55 (1979), Coimbra, pp. 29-38. Expus, de modo resumido, o essencial desse texto em *Ainda sobre o dever de fundamentar as sentenças arbitrais,* Revista de Direito Civil, Ano VI (2021), Nº 3/4, Almedina, Coimbra, pp. 592-595.

comentadores – não cabe dúvida de que as razões extraídas do princípio do Estado de Direito e do princípio democrático não são aplicáveis às sentenças dos tribunais arbitrais (pelo menos, às dos tribunais arbitrais voluntários). Relativamente a estes, o dever de fundamentação das suas sentenças só pode justificar-se, logicamente, pela sua função *endoprocessual*[211].

30. A conclusão que remata o parágrafo antecedente não colide com o facto de a indispensabilidade da fundamentação das sentenças arbitrais ser usualmente salientada pelos mais reputados especialistas da arbitragem comercial internacional[212], nem com o de a obrigatoriedade – como regra, derrogável por estipulação das partes – de as sentenças arbitrais serem fundamentadas constar da maioria das leis e regulamentos de arbitragem[213]. Mas há que reconhecer que a obrigação de se fundamentar as sentenças arbitrais se baseia em razões que são próprias da arbitragem.

[211] Tratei desenvolvidamente deste tema, no artigo *Ainda sobre o dever de fundamentar as sentenças arbitrais.*

[212] *Vide*, por exemplo, Gary Born – *International Commercial Arbitration*, Volume III, 2nd ed. Wolters Kluwer, Alphen aan den Rijn, 2014, pp. 3041-3015. Em sentido idêntico, refiro ainda, como meros exemplos, dois autores ingleses, Andrew Tweeddale e Keren Tweeddale (*Arbitration of Commercial Disputes. International and English Law and Practice,* Oxford University Press, Oxford, 2005, pp. 341-342), dois reputados especialistas suíços, Gabrielle Kaufmann-Kohler e Antonio Rigozzi (*International Arbitration. Law and Practice in Switzerland,* Oxford University Press, Oxford, 2015, p. 215) e dois bem conhecidos autores franceses, Christophe Seraglini e Jerôme Ortscheidt (*Droit de l'arbitrage interne et international,* 2ème édition, L.G.D.J., Paris, 2019, p. 429).

[213] Não foi sempre assim e não é essa a solução mais frequentemente adotada nas chamadas *arbitragens de qualidade,* usuais nas arbitragens atinentes ao comércio de 'commodities'. Sobre este tema, cf. Redfern & Hunter – *ob. cit.*, p. 554. Como exceção à regra de as sentenças arbitrais serem fundamentadas, esses autores referem a afirmação do Supremo Tribunal Federal dos E.U.A., contida na decisão do caso *United Steelworkers of America v. Enterprise Wheel Car Corp.*, 363 US 593, at 598 (1960)], em que se decidiu que *"arbitrators have no obligation to the court to give reasons for an award"* – *ob. cit.*, p. 556. Sobre esta matéria, *vide* o exame de direito comparado feito por Poudret & Besson – *ob. cit.*, pp. 666-673, e por Gary Born – *ob. cit.*, pp. 2451-2459.

As razões que especificamente justificam o dever de fundamentar as sentenças arbitrais foram enunciadas, de forma muito clara e impressiva, pela professora Stacie Strong, num estudo de 2015[214], em que indicou 'razões estruturais' e 'razões não estruturais' para tal dever, sendo as primeiras aplicáveis tanto às decisões proferidas pelos tribunais estaduais como às sentenças arbitrais[215], enquanto as segundas dizem respeito, particularmente, às sentenças arbitrais.

A primeira das ditas 'razões estruturais' tem que ver com a evidente necessidade de se assegurar a consistência e previsibilidade das decisões jurisdicionais.

Mas a fundamentação das decisões dos tribunais estaduais serve também outros objetivos estruturais, nomeadamente, o de dar a conhecer aos tribunais de recurso o contexto e as razões determinantes das decisões proferidas por tribunais inferiores e, por essa via, ajudar os primeiros a determinar se e em que medida devem manter essas decisões. Embora nas arbitragens voluntárias, a maioria das legislações nacionais não permita, como regra, que os tribunais estaduais revejam, por via de de apelação, o mérito da sentença arbitral, esta está sujeita a outras formas de escrutínio, tais como a impugnação da sentença tendente à sua anulação e o processo reconhecimento de sentença arbitral estrangeira pelos tribunais do Estado em que se pretenda executá-la.

Tendo presente estas formas de escrutínio, é fácil perceber que a probabilidade de uma sentença arbitral vir a superá-las depende muito da qualidade da fundamentação em que assente. Por um lado, uma sentença bem redigida e bem fundamentada pode dissuadir a parte vencida de a impugnar perante os tribunais estaduais. Por outro, a fundamentação sólida da sentença arbitral diminui a proba-

[214] *Reasoned Awards in International Commercial Arbitration: Embracing and Exceeding the Common Law-Civil Law Dichotomy,* Michigan Journal of International Arbitration, volume 37 (2015), Issue 1, pp. 1-56, especialmente a pp. 14-21. Expus de forma mais desenvolvida essas razões em *Ainda sobre o dever de fundamentar as sentenças arbitrais* cit., pp. 610-614.

[215] Não se ignorando, como advertiu a referida autora, as diferenças funcionais existentes entre o contencioso nos tribunais estaduais e a arbitragem.

bilidade de vir a ser anulada no Estado da sede ou de o seu reconhecimento e execução serem recusados noutro Estado.

Passando às suprarreferidas razões 'não estruturais' (específicas das sentenças arbitrais), a primeira e mais importante é a de o dever de fundamentar as sentenças arbitrais constituir uma garantia crucial da qualidade da justiça administrada pelos árbitros, considerando-se por isso, generalizadamente, que a motivação de facto e de direito dessas sentenças constitui requisito imprescindível – a par do princípio do contraditório – para se assegurar o *rule of law* neste meio jurisdicional alternativo.

Em segundo lugar, a exigência de fundamentação da sentença arbitral melhora a qualidade do processo da decisão e, consequentemente, da própria decisão. Ao forçar os árbitros a articularem as razões que os levaram a atuar de certa maneira, a fundamentação das sentenças ajuda a aumentar a racionalidade do processo, a minimizar a probabilidade de decisões arbitrárias, a evitar a inclusão na análise de questões irrelevantes, a reduzir a possibilidade de os árbitros se basearem em prova não fiável e a melhorar a qualidade da justiça que administram.

Em terceiro lugar, a fundamentação das sentenças reforça a legitimidade do processo arbitral aos olhos dos árbitros, das partes e do público, demonstrando a seriedade e integridade do método arbitral de resolução de litígios.

Por último, as sentenças fundamentadas fornecem às partes explicação detalhada e satisfatória da razão pela qual o árbitro decidiu como decidiu. Estudos empíricos mostraram que a perceção de "fairness" no que concerne ao que aconteceu na arbitragem influencia, significativamente, a subsequente aceitação pelas partes da decisão que lhe pôs termo, o que mostra que sentenças adequadamente fundamentadas são benéficas para a arbitragem comercial[216], tanto a nível individual quanto a nível sistémico.

[216] Quer se trate de arbitragem internacional quer de arbitragem puramente interna.

31. Na ordem jurídica portuguesa, a obrigação de as sentenças arbitrais serem fundamentadas não tem assento constitucional[217]. Essa obrigação está unicamente consagrada na LAV (no art. 42º, nº 3), que permite, contudo, às partes afastar tal obrigação, à semelhança do que faz a larguíssima maioria das leis nacionais e regulamentos das instituições administrantes de arbitragem, possibilidade essa que, além de ser indubitavelmente válida, pode oferecer vantagens nalguns casos da prática arbitral[218].

No entanto, o ensinamento que claramente se retira do direito comparado é o de que tanto nos ordenamentos de *common law* como nas de *civil law*, os árbitros não estão sujeitos aos padrões de fundamentação de decisões a que nesses ordenamentos estão adstritos os juízes. Os árbitros não são obrigados a seguir nem a responder a todos os argumentos das partes, sendo suficiente a existência de uma relação lógica entre os fundamentos e a decisão; uma fundamentação que seja deficiente ou não convincente ou errada pode, ainda assim, satisfazer a obrigação de apresentar os motivos para ela[219].

É o que tem entendido, na Alemanha, o *Bundesgerichtshof*, com a concordância da doutrina do direito do processo civil e da arbitragem. Sobre esta matéria, lê-se num artigo que versa sobre a 'forma e conteúdo da sentença arbitral', incluído em obra que oferece uma bastante completa análise panorâmica do regime jurídico da arbitragem voluntária neste país:

> "Even though the standard with which the reasoning has to comply is not defined by the law, it can be said to correspond generally in practice to what is internationally required as well. It is, however, not as high as the standard which applies to court decisions in Germany. The arbitrators are neither expected to

[217] Porquanto o art. 205º da Constituição (tal como a quase totalidade dos demais artigos que integram o Capítulo I do seu Título V) não é aplicável aos tribunais arbitrais, como procurei demonstrar no artigo *Ainda sobre o dever de fundamentar as sentenças arbitrais* cit., pp. 596-610,

[218] *Vide* o artigo *Ainda sobre o dever de fundamentar as sentenças arbitrais* cit., pp. 608-610 e 614-617.

[219] J. F. Poudret & S. Besson – *ob. cit.*, pp. 671, Gary Born – *ob. cit.*, p 2455.

deliver a profound legal reasoning, nor can the parties demand a complete and exhaustive account of all relevant considerations. The only requirements are that the reasons do not contradict the decision of the award and that they are not self-contradictory. The tribunal should comment at least briefly, but not necessarily comprehensively, on the substance of the claims asserted and the defences raised. Nevertheless, many arbitral awards include exhaustive and detailed reasoning"[220].

Na Suíça, entende a doutrina que, quando as partes não tenham dispensado a fundamentação da sentença, basta uma justificação sumária, relativa aos factos e ao direito, da decisão do tribunal arbitral sobre as questões submetidas. O que realmente importa é que a questão relevante seja identificada e que as razões e decisões sejam explicadas, não sendo necessário que o tribunal arbitral aprecie todos os argumentos aduzidos pelas partes[221].

Em França, algumas decisões dos seus tribunais superiores esclarecem que fundamentar a sentença significa, para o tribunal arbitral, explicar, no corpo da decisão, as razões da sua escolha entre as teses opostas das partes. Mas outras decisões dos mesmos tribunais admitem que a justificação desse escolha resulte, implicitamente, do conjunto da sentença, não sendo o tribunal arbitral obrigado a seguir as partes no detalhe das respetivas argumentações, nem a apresentar um fundamento particular para cada um dos pontos litigiosos ou cada parte do pedido. Além disso, a fundamentação quanto a este ou àquele ponto do litígio pode ser deduzida do raciocínio lógico sobre outros pontos litigiosos[222].

[220] Fabian von Schlabrendorff & Anke Sessler – *Form and Contents of Award*, in Arbitration in Germany cit., p. 342; cf. também o comentário de Stefan Kröll & Peter Kraft – *Recourse against the Award*, incluído nessa obra coletiva, p. 409.

[221] Gabrielle Kaufmann-Kohler & Antonio Rigozzi – *International Arbitration* cit., p. 395 e 396: Jean-François F. Poudret & Sébastien Besson – *Comparative Law of International Arbitration* cit., pp.669-671.

[222] *Vide* Christophe Seraglini & Jerôme Ortscheidt – *Droit de l'arbitrage* cit, pp. 429-435 e 871-874.

Em Itália, é a própria lei que marca a diferença entre o modo de fundamentar as sentenças arbitrais – que o art. 823-II, 5) do *Codice di Procedura Civile* determina que seja uma "esposizione sommaria dei motivi" – e a respeitante às sentenças dos tribunais judiciais – que o art. 132, 4) do mesmo código prescreve que seja "la concisa esposizione delle ragioni di fatto e di diritto della decisione". Baseando-se na diferença entre as formulações destes preceitos, a jurisprudência dominante tem sido no sentido de se valorar o requisito da fundamentação da sentença arbitral de modo menos rigoroso do que o previsto para a sentença judicial, com a consequência de a exigência da motivação do laudo arbitral dever ter-se por satisfeita, quando seja, de algum modo, 'reconhecível' a sua *ratio decidendi,* sendo, porém, afastada a possibilidade de controlo sobre adequação da motivação dada pelos árbitros[223].

Em Espanha, a maneira como hoje se responde a esta questão não difere, substancialmente, da adotada noutros países, tendo ela ficado definitivamente resolvida por uma série de recentes acórdãos do Tribunal Constitucional espanhol, proferidos em 2020 e 2021, que analisei, detalhadamente, no meu artigo *Ainda sobre o dever de fundamentar as sentenças arbitrais,* para cujo conteúdo remeto[224].

Idêntico entendimento prevalece quanto a esta matéria, nos ordenamentos de *common law*[225].

Relativamente às hipóteses de contradição entre a decisão e os seus fundamentos, é que a resposta já não é uniforme no direito comparado.

223 Cf. Giorgio Barbieri & Enrico Bella – *Il Nuovo Dirito dell'Arbitrato,* Cedan, Padova, 2007, pp. 43-44, e Massimo Benedettelli, Claudio Consolo e Luca Radicati di Brozolo – *Commentario Breve al Dritto Dell' Arbitrato Nazionale ed Internazionale,* Cedam, Padova, 2010, pp. pp 300-301 e 349.

224 Particularmente importantes para a resolução desta questão foram os acórdãos proferidos em 15.06.2020 e em 15.02.2021, que definiram a doutrina que foi confirmada depois por dois outros acórdãos de 15.03.2021 [STC 55/2021 e 65/2021]; cf. *Ainda sobre o dever de fundamentar as sentenças* arbitrais cit., pp. 625-630.

225 James Hope – *Awards: Form, Content, Effect,* 'The Guide to Challenging and Enforcing Arbitration Awards' (Editors: E. Gaillard, G. Kaiser and B. Siino), Global Arbitration Review, London, 2021, pp. 12-21, e Gary Born – *ob. cit.*, pp. 3044 e 3274-3275.

Em França, durante muito tempo, os tribunais estaduais consideraram que uma motivação contraditória equivalia a ausência de motivação e que isso podia conduzir à anulação da sentença quando a lei aplicável exigisse a sua fundamentação. Esta orientação veio, porém, a ser abandonada, devido ao entendimento atualmente dominante na jurisprudência dos tribunais franceses, que é contrário à revisão dos fundamentos da sentença arbitral pelos tribunais estaduais[226]. Alguns autores franceses discordam, contudo, desta orientação, observando que uma fundamentação contraditória é uma fundamentação ininteligível[227].

Na Suíça, segundo a jurisprudência do Tribunal Federal, a contradição entre os fundamentos e a decisão não basta para determinar a anulação das sentenças proferidas em arbitragens internacionais, nomeadamente, por o Tribunal Federal poder, em vez de anular a sentença impugnada, reenviar a sentença mal fundamentada aos árbitros, para que corrijam tal deficiência[228].

Em Itália, concordam a doutrina e a jurisprudência em que só quando a contraditoriedade da fundamentação e o contraste entre a fundamentação do laudo e o seu dispositivo, se traduzam em impossibilidade de se compreender a *ratio decidendi*, equivalendo a substancial inexistência da fundamentação, no sentido do art. 829, n. 5 (disposição do CPC italiano que impõe que o laudo arbitral seja fun-

[226] Em minha opinião, o aspeto mais criticável da orientação dos tribunais estaduais franceses em relação a esta matéria, é o facto de, atualmente (ao contrário do que acontecia no passado), sob o pretexto de lhes ser vedada a revisão do mérito da sentença arbitral, as várias *Cours d'appel* e a *Cour de cassation* se recusarem, na maioria das vezes, a anular a sentença arbitral que contenha uma contradição entre os motivos apresentados para decisão. Esta orientação tem sido fortemente criticada por parte da doutrina, que argumenta que, nesses casos, não existe verdadeira fundamentação ou, a existir, ela é ininteligível; *vide* sobre este ponto, Christophe Seraglini & Jerôme Ortscheidt – *Droit de l'arbitrage* cit, pp. 429-435 e 871-874, e Pacôme Ziegler – *La motivation de la sentence arbitrale internationale: une obligation consacrée mais vidée de contenu*, PLMJ Arbitration Review, nº 3, 2019, Lisboa, pp. 15-23.

[227] Chr. Seraglini & J. Ortscheidt – *ob. cit.*, pp. 433-434 e 873.

[228] J. F Poudret & S. Besson – *ob. cit.*, p. 673, e Gabrielle Kaufmann-Kohler & Antonio Rigozzi – *ob. cit.*, p. 395 e 396:

damentado), é que a sentença arbitral pode ser anulada com este fundamento[229].

Algo diferente é o entendimento que prevalece na Alemanha sobre este ponto. Segundo ele, embora a fundamentação da sentença arbitral não tenha, em princípio, de cumprir os requisitos aplicáveis às decisões dos tribunais estaduais, fundamentos que, claramente, sejam contraditórios ou inaptos para sustentar a decisão proferida podem constituir uma violação da disposição do § 1054 (2) do *ZPO* – que impõe que a sentença arbitral seja fundamentada, correspondendo ao nº 3 do art. 42º da LAV – e ser, por isso, qualificados como infração duma regra imperativa sobre o processo arbitral[230].

Também noutras ordens jurídicas, uma fundamentação internamente contraditória pode constituir fundamento de anulação da sentença arbitral[231].

32. A doutrina estrangeira indica, frequentemente, três razões fundamentais para se admitir que a fundamentação das sentenças arbitrais seja menos densa (ou, se se preferir, mais ligeira) do que a exigida para as sentenças dos tribunais estaduais.

229 *Vide* Mario Benedettelli, Claudio Consolo e Luca Radicati di Brozzolo – *Commentario* cit., p. 349.

230 Sobre este tema escreveram Stefan Kröll & Peter Kraft (*Recourse against the award*, in Arbitration in Germany *cit.*, p. 409): "Infringement of the obligation to give reasons for the award under §1054 ZPO, may also fulfil (d) [of §1059(1)2. ZPO] ... While, in principle, the reasoning must not fulfil the requirements applicable to court decisions, obviously contradictory reasons or reasons which do not support the findings of the arbitral tribunal may constitute a violation of § 1054 and thereby an incorrect procedure. In the light of the importance of the reasoning for a party's ability to understand, control and accept the award and the clear legislative intent to maintain defects in reasoning as a ground for setting aside, the requirement [set out in § 1059(2) 1. d)] that the flaw in procedure must have affected the award must be interpreted very leniently. Otherwise, this ground could hardly ever be successfully invoked. Consequently, there should be a presumption that, whenever §1054 ZPO is infringed, an influence on the award cannot be excluded" (*ob. cit.*, pp. 409).

231 Gary Born (*ob. cit.*, p. 2655) inclui neste grupo os sistemas jurídicos belga [art. 1704(2) j. do *Code Judiciaire*, antes da reforma de 2013], finlandês e argentino.

A primeira razão reside no reconhecimento de que os árbitros podem não ser juristas e, mesmo que o sejam, quase nunca terão tido o treino específico (sobre o modo de elaborar sentenças) que os juízes usualmente recebem[232].

A segunda razão tem que ver com a circunstância de a arbitragem ser um meio jurisdicional de resolução de litígios baseado e, em grande medida, moldado pela autonomia privada, donde resulta que, se as partes escolheram esta via jurisdicional alternativa, não foi para aí terem de enfrentar as regras e cânones próprios dos tribunais do Estado (com as demoras inerentes), mas antes para obterem uma solução, tanto quanto possível, rápida e eficiente para os litígios em que se envolvam[233].

A terceira das razões referidas para a menor densidade que se admite que a fundamentação das decisões arbitrais pode ter, está relacionada com a proibição da revisão do mérito da sentença arbitral por parte do tribunal estadual de controlo. Com efeito, seria impossível (ou muito difícil) fazer respeitar, na prática, esta proibição, se os tribunais a quem cabe apreciar os pedidos de anulação das sentenças devessem verificar rigorosamente se a sua fundamentação foi elaborada de acordo com as regras a que estão adstritos os juízes, ou seja, procedessem como se estivessem a apreciar a sentença dum tribunal estadual de 1ª instância[234].

33. Perante a atual LAV[235], é largamente maioritário o entendimento da doutrina[236] e da jurisprudência portuguesas, segundo o

[232] *Cf.* James Hope – *Awards: Form, Content, Effect* cit., p. 21.

[233] *Vide* a doutrina estrangeira citada por João Paulo Remédio Marques, no seu ensaio *A (densidade da) falta de fundamentação da matéria de facto enquanto causa de anulação da decisão arbitral* (pp. 497-499), a que adiante me referirei.

[234] Gary Born (*ob. cit.*, pp. 3044 e 3274-3275) dá particular realce a este ponto.

[235] Mas tal entendimento era já dominante face à LAV de 1986, como se pode ver, por exemplo, nas obras dessa altura, de Paula Costa e Silva – *Anulação e Recursos da Decisão Arbitral* cit. (1992), pp. 938-939, de Luís de Lima Pinheiro – *Arbitragem Transnacional* cit., pp. 153 e172, e de Mariana França Gouveia – *Curso de Resolução Alternativa de Litígios*, 1ª ed. (2011), pp. 190-191.

[236] Havendo, contudo, opiniões autorizadas em sentido contrário: nomeadamente, as António Menezes Cordeiro – *Tratado da Arbitragem* cit., pp. 401-402, e de J. M. Sérvulo

qual os árbitros não estão sujeitos aos padrões de fundamentação a que estão adstritos os juízes, exigindo-se para as sentenças arbitrais menor densidade na sua fundamentação do que para as decisões judiciais.

Para a maioria da doutrina portuguesa, o padrão da fundamentação exigível deve ser "o da inteligibilidade da decisão para as partes, isto é, o que interessa é que o tribunal arbitral consiga explicar às partes porque é que decidiu assim. Mesmo que estas não concordem com a decisão, devem perceber por que decidiu o tribunal nesses termos"[237].

Tenho subscrito este critério desde a 1ª edição da presente monografia e a ele aderiram também, no essencial, António P. Pinto Monteiro, Artur Flamínio da Silva e Daniel Mirante no seu *Manual da Arbitragem,* apesar das distinções e prevenções que entenderam fazer a este respeito[238].

O conteúdo e alcance do dito critério vieram a ser afinados por João Paulo Remédio Marques, aditando à exigência da *inteligibilidade* dos fundamentos apresentados na sentença, a da sua *logicidade*[239], ideia a que adiro, por inteiro.

Analisando aprofundadamente o tema, João Paulo Remédio Marques salientou que a submissão pelas partes de um litígio (futuro ou atual) a um tribunal arbitral traduz a realização de um negócio processual que é expressão da autonomia negocial, não de uma atividade jurisdicional que seja manifestação de um poder inerente à soberania do Estado. Daí resulta que a intensidade/densidade do dever de fundamentar a sentença arbitral (particularmente, a decisão aí con-

Correia e J. Duarte Coimbra – *O Dever de Fundamentar e a Anulação das Sentenças Arbitrais* cit., pp. 185-210.

237 Como escreveu Mariana França Gouveia – *Curso de Resolução Alternativa de Litígios* 3º ed., 2014, cit. pp. 307-308; *vide* também Manuel Barrocas – *Manual da Arbitragem,* 2ª ed., Almedina, Coimbra, 2013, pp. 505-506 e 526-527.

238 *Ob. cit.*, pp. 375-377.

239 No ensaio intitulado *A (densidade da) falta de fundamentação da matéria de facto enquanto causa de anulação da decisão arbitral,* in ARBITRAGEM COMERCIAL. Estudos Comemorativos dos 30 anos do Centro de Arbitragem Comercial da Câmara de Comércio e Indústria Portuguesa, Almedina, Coimbra, 2019, pp. 485-524.

tida sobre a matéria de facto) não deve revestir-se das mesmas exigências e garantias que são previstas para a fundamentação das decisões sobre matéria de facto controvertida, proferidas pelos tribunais do Estado. Dado que nas decisões arbitrais os interesses em atenção aos quais se impõe a respetiva fundamentação são puramente particulares, alicerçados na vontade das partes, que não cabe daquelas, em regra, recurso ordinário e que o processo não é pautado pela regra da publicidade, aquilo que é realmente decisivo para aferir a suficiência do dever de fundamentar a decisão arbitral é verificar se, de harmonia com a impressão de um destinatário razoável, colocado na posição da partes, e com o princípio da boa fé, tal destinatário compreende as razões em que aquela se baseia, mesmo que não concorde com elas ou as tenha como absolutamente erróneas. Daí decorre que a motivação da decisão arbitral tem de ser lógica, coerente, clara e adequada à satisfação desse interesse na inteligibilidade da sua parte decisória. Uma fundamentação assim elaborada, ainda que sumária, permite assegurar que o princípio do contraditório foi observado ao longo do processo arbitral e que as partes podem controlar uma eventual (e inadmissível) 'ciência privada' do tribunal, facilitando que se conformem com a decisão e a cumpram voluntariamente.

Após algumas hesitações e dissonâncias, os tribunais superiores portugueses acabaram por adotar, globalmente, uma orientação sobre esta matéria que se traduz, substancialmente, o acolhimento do critério da *inteligibilidade*, acrescido do da *logicidade*, dos fundamentos apresentados na sentença arbitral, como têm mostrado as análises periodicamente efetuadas por Armindo Ribeiro Mendes e Sofia Ribeiro Mendes das decisões judiciais publicadas sobre matérias de arbitragem, que desde 2010 vêm aparecendo nas páginas da 'Revista Internacional de Arbitragem e Conciliação'.

Depreende-se dessas análises de jurisprudência que, nas impugnações de sentenças arbitrais baseadas em falta ou deficiente fundamentação a que os tribunais estaduais de controlo não deram provimento, o que o impugnante censurava ao tribunal arbitral era *(i)* que a sentença proferida não havia enumerado a totalidade dos factos que resultaram não provados, a par dos que ficaram provados, ou *(ii)* que os árbitros não haviam feito a análise crítica das provas apresentadas no processo ou *(iii)* que os árbitros não se haviam pronunciado sobre algum ou alguns argumentos aduzidos pelo impugnante[240].

O que deixei exposto sobre a orientação largamente dominante noutras ordens jurídicas em que a arbitragem desde há muito alcançou considerável desenvolvimento e sofisticação bem como generalizada confiança e aceitação junto dos seus utentes e da sociedade, reforça a conclusão de que bem andaram os tribunais superiores portugueses, ao rejeitarem tais impugnações.

Relativamente à hipótese de verificada contradição entre os fundamentos apresentados na sentença arbitral e a decisão propriamente dita aí contida, se é certo que a LAV (quer a de 1986 quer a atual) não inclui entre as causas de anulabilidade da sentença arbitral uma situação homóloga à prevista no art. 615, nº 1, *c)* do CPC, certo é também que não podem as deficiências ou contradições deteta-

[240] São exemplos desta rica e (hoje) bastante firme jurisprudência, entre outros, os seguintes:
– Acórdão do STJ de 16.03.2017 (Relator: Lopes do Rego proc. 1052/14.1TBBCL.P1.S1): "*... está suficientemente fundamentada a decisão arbitral que enuncia, de forma perfeitamente inteligível e apreensível pelos respectivos destinatários, os fundamentos factuais e normativos da decisão, tornando perceptível o iter lógico jurídico seguido na resolução do litígio*".
– Acórdão da Relação do Porto de 28.01.2021 (Relator: Aristides Rodrigues de Almeida, proc. 298/20.8YRPRT): "*a amplitude do dever de fundamentação das decisões arbitrais não pode ser definida por decalque do dever sinónimo aplicável às sentenças dos tribunais estaduais e deverá ter em conta as especificidades do processo arbitral e os seus objectivos de celeridade, simplicidade e informalidade, mas a fundamentação deve, em qualquer caso, ter o conteúdo mínimo exigível que permita apreender o sentido, as razões e o percurso racional seguido pelo árbitro na interpretação dos meios de prova.*"
– Acórdão da Relação de Évora de 30.06.2022 (Relator: Elisabete Valente. proc. 83/22.2YREVR): "*a maioria da doutrina e jurisprudência têm entendido que só a falta absoluta da fundamentação, por omissão dos factos ou total omissão do direito, ou a existência de erro lógico formal patente, que não permita descortinar o raciocínio seguido ou que inelutavelmente o inquine, acarreta a nulidade/anulação da sentença arbitral* – citando ainda os Acs. STJ de 17.5.2001, de 05.05.2005 (relator: Araújo Barros), de 15.5.2007, proc. nº 07A924, da RL de 16.05.2019, proc. 2470/18.1YRLSB.L1-8, da RP de 09.11.2000, da RL de 02.10.2006, proc. nº 1465/2006-2 publicados na CJ-STJ, IX, 2, 89 e da RC de 09.01.2018, proc. nº 191/17.1YRCBR, publicado na CJ, XXV, 5, 87".

das na fundamentação de uma sentença arbitral ser de tal gravidade, que ponham em causa a sua inteligibilidade para as partes[241]. Se isso acontecer, deverá concluir-se que existe *falta de fundamentação* da sentença, com infração do imperativo estabelecido no art. 42º nº 3, da LAV, preenchendo-se então a previsão do art. 46º, nº 3, *a*), *vi*).

Por último, no que toca a este fundamento de anulação, há que fazer a ressalva de que o que acima ficou dito não é, evidentemente, aplicável às sentenças arbitrais que, por força da lei ou de estipulação das partes, sejam passíveis de recurso ordinário (apelação). Relativamente a estas, não cabe dúvida de que se aplicam as regras do código do processo civil, nomeadamente, as contidas nos arts. 607º a 670º do CPC. Com efeito, para que o tribunal de recurso possa apreciar devidamente o recurso de apelação, em conformidade com o disposto na lei processual civil, a sentença recorrida deve ter sido elaborada em estrita obediência ao previsto nos mencionados artigos, quer quanto à matéria de facto quer quanto ao direito[242]. Isso decorre necessariamente do facto de na apelação[243] se visar obter uma revisão do mérito da decisão do *tribunal quo.*

Se tal fundamentação não existir na sentença recorrida, relativamente à matéria de facto, o tribunal de recurso deve fazer uso do disposto no art. 662º, nº 2, *d)* do CPC, devolvendo o processo ao tribunal arbitral, para que este corrija a deficiência ou omissão detetada e fundamente a sentença arbitral como se exigiria a um juiz de primeira instância. Se assim não se fosse, os árbitros teriam via aberta (e *contra legem*) para impedir o escrutínio pleno da sentença arbitral pelo tribunal estadual de recurso, que fora querido pelas partes ou a que elas tinham direito, por lei.

[241] Cf., em sentido substancialmente coincidente com o que defendo, António Menezes Cordeiro – *Tratado da Arbitragem* cit., p. 442.

[242] É patente o erro de que enferma a opinião contrária emitida por José Robin de Andrade (*in* Dário Moura Vicente e outros – *Lei da Arbitragem Voluntária Anotada,* 5ª ed., Almedina, Coimbra, 2021, p. 159, *in fine* .

[243] Ao contrário do que acontece no controlo de anulação da sentença arbitral.

g) Ultrapassagem do prazo máximo fixado pelas partes

34. Para se compreender bem o alcance deste fundamento de anulação da sentença arbitral, há que ter presente o disposto nos nºs 1, 2 e 3 do art. 43º da LAV. Como anotei noutro lugar[244], a imposição de um limite temporal para os árbitros desempenharem a missão que lhes foi cometida, não constitui a solução maioritariamente adotada nas leis estrangeiras aprovadas nos últimos trinta anos, que não estabelecem tal limite[245].

Não foi, contudo, esta a solução que veio a ser adotada (com grande elasticidade), após longa discussão[246], nos Projetos de Nova LAV elaborados e apresentados ao público pela Direção da APA, daí tendo passado para a Lei nº 63/2011. Tal solução – que hoje reconheço ter-se revelado equilibrada, por não oprimir demasiado os árbitros no exercício da sua missão, sem que, por outro lado, as partes fiquem sem remédio para o caso de intolerável inação ou falta de diligência daqueles – consiste no seguinte.

[244] *A Reforma da Lei da Arbitragem Voluntária,* Temas de Direito da Arbitragem *cit.*, pp. 230-235.

[245] No entanto, ao invés do que por vezes se lê, a LAV não está isolada ao estabelecer um prazo global (que é duas vezes mais longo e mais facilmente prorrogável do que o fixado na LAV de 1986) para a duração global de uma arbitragem. A Lei Francesa (quer na versão de 1981 quer na resultante da reforma de 2011, sendo que, na última, este prazo deixou de ser aplicável às arbitragens internacionais) estabelece para esse fim um prazo de 6 meses, prorrogável por acordo das partes ou pelo *juge d'appui*, expirado o qual instância se extingue, sendo a anulável a sentença proferida após essa data. A Lei Espanhola de 2003 preceituava que, se as partes não houvessem estipulado outra coisa, os árbitros deveriam decidir o litígio no prazo de seis meses após a apresentação da contestação (ou após o termo do prazo para tal apresentação), prorrogável pelos árbitros por um período de dois meses, mediante decisão fundamentada, expirado o qual o processo arbitral se encerrava, cessando a competência do árbitros; com a reforma de que a Lei foi objeto em 2011, a expiração desse prazo deixou de afetar a validade do laudo proferido após esse termo, sem prejuízo da responsabilidade em que possam ter incorrido os árbitros.

[246] De que dei conta no estudo acima referido (*A Reforma da Lei da Arbitragem Voluntária*), juntamente com as críticas que me suscitou então a solução adotada no Projeto de nova LAV.

As partes são livres, como já eram perante a LAV de 1986, de fixar um ou vários limites temporais para a duração da arbitragem ou – o que vai dar no mesmo – para a prolação e notificação da sentença que ponha termo àquela[247]. Para o caso de nada se ter convencionado a esse respeito, o nº 1 do art. 43º fixa (supletivamente) o prazo de 12 meses, contado da aceitação do último árbitro, para os árbitros notificarem às partes a sentença final proferida sobre o litígio. Este prazo, tal como aquele ou aqueles que as partes tiverem definido por acordo, são, em princípio, prorrogáveis pelos árbitros, de acordo com o previsto no nº 2 do mesmo artigo, isto é, por sucessivos períodos de 12 meses, devendo tais prorrogações ser devidamente fundamentadas. Fica, contudo, ressalvada a possibilidade de as partes, de comum acordo, se oporem a essa prorrogação.

Face ao disposto neste número, não cabe dúvida de que, se as partes podem opor-se àquela prorrogação, na altura em que os árbitros a decidam, também podem excluí-la, antes de ela ter lugar, nomeadamente, mediante a inserção na convenção de arbitragem da seguinte menção *"em caso algum, o prazo fixado para a pronúncia/notificação da decisão pode ser superior a X meses"* (ou outra com idêntico significado).

É não só para o caso de as partes terem convencionado que o prazo previsto na lei ou por elas fixado não poderia ser prorrogado, 'em nenhum caso', mas também para o caso de os árbitros haverem excedido o prazo que inicialmente sobre eles impendia, por não terem cuidado de o prorrogar nos termos previstos na lei, que o nº 3 do art. 43º preceitua que "a falta de notificação da sentença final dentro do prazo máximo determinado de acordo com os números anteriores do presente artigo, põe automaticamente fim ao processo arbitral, fazendo extinguir a competência dos árbitros para julgarem o litígio que lhes fora submetido"[248].

247 Adotando, por exemplo, a solução consagrada nos nºs 1 e 4 do art. 32º do Regulamento do Centro de Arbitragem da CCIP, quer como aí encontra definida ou com ampliação quer com encurtamento dos prazos aí estabelecidos.

248 Mas sem que isso implique a caducidade da convenção de arbitragem, ao contrário do que acontecia no âmbito da LAV de 1986, por força do disposto no seu art. 4º, nº 1, *c*). Esta solução era criticada pela doutrina, que a considerava como uma sanção

Considerando que a arbitragem se baseia no princípio da autonomia das partes, o incumprimento do limite temporal impreterivelmente estabelecido pelas partes ou supletivamente fixado pela lei, implica a extinção do poder jurisdicional por elas conferido aos árbitros, constituindo um fundamento válido para a anulação da sentença proferida após essa data-limite; assim decidiram o acórdão da Relação de Lisboa datado de 22.10.2015 (proc. 870/15.8YRLSB-6), o acórdão da Relação de Guimarães datado de 13.01.2022 (proc. 177/21.1YGMR) e o acórdão da Relação do Porto datado de 13.09.2022 (proc. 154/22.5YRPRT)[249].

É de notar que apesar de a ultrapassagem do prazo legal ou convencionalmente fixado para o tribunal arbitral proferir a sua decisão não estar expressamente prevista no art. 27º, nº 1, da LAV de 1986, a doutrina já entendia[250], na sua vigência, que esse facto constituía fun-

desproporcionada para a ultrapassagem do prazo suprarreferido, fazendo com que as partes já não pudessem resolver os litígios decorrentes da convenção arbitral, através de arbitragem, sendo, por isso, forçadas a recorrer aos tribunais comuns; *vide*, entre outros, Mariana França Gouveia – *Curso* cit., 1ª ed, 2011, p. 168, 2ª ed., 2012, p. 240, e 3ª ed., p. 309.

[249] Há que referir, contudo, a jurisprudência que se vem formando no domínio da arbitragem necessária (incluindo a arbitragem forçada potestativa, por opção dos consumidores) – cf., por exemplo, os acórdãos proferidos pela Relação de Lisboa em 16.07.2017 (proc. 416/15.8YRLSB.L1-6) e em 24.04.2018 (proc. 1333/17.2YRLB.1) e proferido pela Relação do Porto em 14.11.2022 (proc.164/22.2YRPRT) – , no sentido de considerar como meramente indicativos ou ordenadores os prazos fixados para prolação das respetivas sentenças, não inutilizando o seu decurso os julgados nem fazendo precludir a jurisdição do tribunal arbitral. O último dos supramencionados acórdãos justificou esse entendimento nos seguintes termos: "atenta a natureza jurídica deste tipo de arbitragem (enquanto arbitragem "forçada" ou "obrigatória"), a decisão do litígio a ela submetido terá, necessariamente, de ser feita através deste mecanismo de resolução alternativa de conflitos. Daí que não se compreenderia que, estando as partes vinculadas/obrigadas a recorrer ao juízo arbitral, tivessem sujeitas a um regime que lhes conferisse menos direitos, ou mais restrições, do que teriam na justiça estatal, quando esta lhes foi vedada *ope legis,* razão essa que legitima, pois, o afastamento da aplicação subsidiária da consequência prevista para a arbitragem voluntária no nº 3 do art. 43º da LAV, por inexistir identidade fundamental entre as duas situações."

[250] Nomeadamente, Raúl Ventura – *Convenção de Arbitragem*, Revista da Ordem dos Advogados, ano 46, II, (Setembro 1986), pp. 407-408.

damento de anulação da decisão arbitral, por se estar perante decisão proferida por tribunal que se tornou incompetente.

35. Dado que, em ações de anulação propostas com este fundamento, alguma confusão tem havido acerca do modo como se devem articular os prazos fixados nas arbitragens, convém adiantar algumas precisões sobre esta matéria.

Os prazos estabelecidos nos nºs 1 e 2 do art. 43º da LAV constituem 'limites de tempo fixados à duração global de cada arbitragem', por estabelecerem o marco temporal até ao qual *(dies ad quem)* os árbitros terão de notificar às partes a sentença final proferida sobre o litígio que elas lhe submeteram, sob pena de se extinguir a sua competência para o efeito e de se tornar impugnável a sentença notificada após a ocorrência desse marco ou data, por força do disposto no art. 43º, nº 3, e no art. 46º nº 3, *a) vii)* da Lei.

Têm idêntica natureza os prazos previstos no nº 4 do art. 33º do Regulamento de Arbitragem do CAC-CCIP, que, se porventura diferissem dos previstos nos nºs 1 e 2 do art. 43º da Lei, prevaleceriam sobre estes, ao abrigo do consignado no nº 1 deste artigo, conjugado com o disposto no art. 6º: *"... salvo as partes...tiverem acordado prazo diferente"*.

Diferentemente, são 'prazos parciais' os previstos nos nºs 1 e 2 naquele Regulamento (i.e., o prazo, e sua eventual prorrogação, para a prolação da sentença). Sendo parciais, estes prazos têm de se inscrever dentro dos sobreditos prazos globais para a duração da arbitragem, o que significa que, se forem incompatíveis, prevalecerá o prazo global aplicável. Atendendo ao que consta dos arts. 43º, nº 3, e 46º, nº 3, *a) vii)* da Lei, a ultrapassagem desses prazos parciais não determina a extinção da competência do tribunal arbitral nem constitui fundamento de impugnação da sentença. A única sanção para o seu incumprimento é a eventual responsabilização do(s) árbitros(s) em causa, ao abrigo do nº 4 do art. 43º da Lei, interpretado extensivamente, e a penalização dos árbitros faltosos pelo presidente da instituição administrante, aquando da fixação dos seus honorários (cf. o art. 50º nº 4, do Regulamento de Arbitragem do CAC-CCIP).

É no interior do prazo global estabelecido pela lei ou pelo regulamento de arbitragem institucional aplicável, que os árbitros podem fixar, ao abrigo do disposto no artigo 30º. nº 3, da LAV, 'prazos intercalares' – diretamente ou por remissão para regulamentos as partes que tenham adotado – que constituem "normas de ordenação processual" e, obviamente, não têm eficácia para alterar o prazo global da arbitragem fixado pela lei, pela convenção de arbitragem ou pelo regulamento de arbitragem institucional adotado pelas partes. A violação dalgum desses prazos processuais intercalares por uma parte pode determinar a *preclusão*[251] da faculdade que essa parte tinha de, respeitando o prazo em questão, fazer valer uma sua posição no processo. Mas, para que tal preclusão opere, é necessário que o tribunal arbitral tenha cominado tal consequência nas regras processuais que emitiu no início ou no decurso do processo arbitral.

Reiterando que acima disse, só a ultrapassagem do limite global fixado pela lei ou pelas partes para duração global da arbitragem (que não haja sido prorrogado pelos árbitros, ao abrigo do art. 43º, nº 2) constitui fundamento de anulação da sentença arbitral, com base no disposto no art. 46º, nº 3, *a), vii)*[252].

Questão diferente é a de saber se é juridicamente admissível que uma parte que, pela sua conduta no decurso da arbitragem, haja manifestado, ainda que só tacitamente, a sua não oposição a que o processo se alongasse, a ponto de se tornar inevitável que a decisão fosse proferida fora do limite temporal estabelecido, venha, após a notificação da sentença, impugnar esta com fundamento em caducidade da convenção de arbitragem.

[251] Como é sabido, a *preclusão* é um instituto que, operando no plano do direito processual, significa a perda, a extinção ou a consumação de uma faculdade processual em consequência do decurso de um prazo perentório fixado pela lei ou pelo juiz para a sua realização, ou em consequência de um comportamento da parte que possa interpretar-se como traduzindo a aceitação, expressa ou tácita, de uma decisão do julgador; sobre esta figura, *vide*, por todos, Miguel Teixeira de Sousa – *Preclusão e Caso Julgado* cit., pp. 149-151.

[252] Constitui exemplo de anulação de sentença arbitral com este fundamento o acórdão do Tribunal da Relação do Porto de 13.09.2022 (proc. 154/22.5YRPRT).

Na vigência da LAV de 1986, a doutrina e a jurisprudência, quer com base no disposto no art. 27º, nº 2, dessa lei, quer invocando a proibição do abuso de direito, já entendiam não ser admissível tal atitude, devendo, por isso, vedar-se à parte em questão a impugnação da sentença com esse fundamento[253]. Em meu entender, esse entendimento continua a valer perante a LAV atual, atendendo, nomeadamente, ao disposto no nº 4 do seu art. 46º, que examinarei adiante[254].

h) ***Inarbitrabilidade do litígio*** *[art. 46º, nº 3, b), i)]*

36. Embora seja relativamente ao "litígio" que a LAV, no seu art. 1º, nºs 1 e 2, coloca a questão da sua *arbitrabilidade* (que significa a suscetibilidade de ele ser decidido mediante arbitragem), em bom rigor, é acerca da "pretensão" (ou "pretensões") que daquele é (são) elemento(s) constituinte(s)[255] que esta questão deve colocar-se. Isto, porque, quando um litígio é integrado por várias pretensões, uma pode ser arbitrável e outra não[256].

[253] *Vide* Raúl Ventura – *Convenção de Arbitragem,* Revista da Ordem dos Advogados, Ano 46, II Setembro 1986, p. 408; e Mariana França Gouveia – *Curso* cit., 1ª ed, 2011, citando um acórdão proferido pelo S.T.J. em 17.07.1998 (no proc. 98B217.

[254] António Menezes Cordeiro (*Tratado da Arbitragem* cit., p. 442) chama a atenção a necessidade de se sindicar, à luz do princípio da boa fé, a invocação da violação do prazo fixado para a pronúncia da sentença, como fundamento de anulação desta. Cf. também o caso decidido pelo acórdão da Relação do Porto proferido em 14.04.2015 no proc. 1/15.4YRGMR.P1, que considerou como validamente justificada a ultrapassagem do prazo fixado, pelo facto de um dos árbitros se ter recusado a assinar a ata da reunião deliberativa que precedeu a sentença, impedindo assim o cumprimento daquele prazo.

[255] Sobre o recorte dos conceitos de 'litígio' e 'pretensão' *vide*, entre outros, José Lebre de Feitas – *Introdução ao Processo Civil* cit., p. 56.

[256] Figure-se, por exemplo, uma ação arbitral em que o Autor formulou pedido de condenação no pagamento de quantia monetária e o Réu respondeu, deduzindo pedido reconvencional de declaração de nulidade do contrato que é causa de pedir daquele pedido do Autor. Quem entendesse (como eu defendia, perante o critério de arbitrabilidade consagrado no art. 1º da LAV de 1986 e como expliquei, desenvolvidamente, no estudo *Critérios de Arbitrabilidade dos litígios. Revisitando o Tema,* IV Congresso do Centro de Arbitragem da Câmara de Comércio e Indústria Portuguesa – Intervenções, Almedina Coimbra 2011, 'Temas de Direito da Arbitragem' *cit.,* pp. 267-277) que era indisponível o direito a fazer declarar a nulidade de um ato, contrato ou deliberação social,

O facto de na atual LAV o requisito da *arbitrabilidade* ser reportado aos 'litígios', explica-se não só pela influência que o teor do art. 1º da LAV de 1986 exerceu na redação do art. 1º da LAV de 2011, mas também pelo facto de tal requisito aparecer assim definido em leis estrangeiras que tiveram particular influência na preparação da atual lei portuguesa, com foi o caso da Lei Espanhola de 2003.

O que na subalínea *b) ii)* do nº 3 do art 46º da LAV está em causa é unicamente a chamada 'arbitrabilidade objetiva' ou arbitrabilidade *tout court*[257] que consiste na suscetibilidade de uma pretensão ser apreciada (e de o litígio de que ela faz parte ser dirimido) em arbitragem. Como expliquei nos estudos que dediquei a esta temática[258], a delimitação das pretensões (ou dos litígios) que podem ser apreciados por árbitros, não sendo reservados aos tribunais estaduais por razões de interesse publico, é feita pelas leis reguladoras desta matéria, recorrendo critérios de natureza conceitual (*ligação* à *ordem pública*, *disponibilidade* do direito ou pretensão, sua *patrimonialidade*), ou pelos tribunais dos Estados, através de *case law* estabilizado[259].

Mas, conforme acrescentei no segundo desses estudos, a insusceptibilidade de resolução de alguns litígios por árbitros pode resultar, não da natureza do direito controvertido, mas antes das características intrínsecas da arbitragem. Devido à sua base contratual (uma convenção celebrada entre duas ou mais partes), a arbitragem tem uma intrínseca dificuldade em afetar um círculo de pessoas que ultrapasse as que são partes na convenção de arbitragem.

Relativamente àquelas categorias de litígios que, pela sua natureza, exijam soluções centralizadas, capazes de serem impostas a

teria de concluir que, num tal litígio submetido a arbitragem, uma das pretensões seria arbitrável e a outra não.

[257] Sobre a chamada 'arbitrabilidade subjetiva', remeto para o que deixei exposto no parágrafo 13. *supra*.

[258] Em *A Disponibilidade do Direito como Critério de Arbitrabilidade do Litígio. Reflexões* de jure condendo, Revista da Ordem dos Advogados, Ano 66, III (dezembro 2006), Lisboa, e em *Critérios de Arbitrabilidade dos litígios. Revisitando o Tema*, IV Congresso do Centro de Arbitragem da Câmara de Comércio e Indústria Portuguesa, Intervenções, Almedina, 2011, ambos incluídos em 'Temas de Direito da Arbitragem' *cit.*

[259] É o que acontece, nomeadamente, nos ordenamentos jurídicos de *common law*.

todos os que por elas sejam afetados (independentemente de estarem vinculados à mesma convenção de arbitragem), a arbitragem não tem aptidão para ser um eficaz meio de resolução de litígios. Quando o conjunto dos interesses que importa tutelar reclame soluções proferidas por um único julgador e entre si compatíveis, só um tribunal estadual, porque dotado de jurisdição universal, tem capacidade para as fornecer[260].

No segundo dos mencionados estudos, tive oportunidade de justificar a adoção e de explicar o conteúdo do critério misto de arbitrabilidade dos litígios (*rectius*, das pretensões que os integram) que veio a ser consagrado no art. 1º, nºs 1 e 2, da atual LAV, pelo que me limito a remeter para o que escrevi nesse ensaio publicado em 2011[261], acrescentando apenas que os critérios adotados pela LAV (e, antes desta, pelas leis alemã e austríaca) foram acolhidos pela reforma de que foi objeto a Lei Belga, em 2013[262].

Dado o crescente alargamento das categorias de controvérsias que podem ser resolvidas por árbitros, devido ao *favor arbitrandum* que domina, cada vez mais, a nível mundial, a determinação da arbitrabilidade das pretensões, não é frequente, deparar-se, na prática, com este fundamento de anulação de sentenças arbitrais. Mas isso pode ocorrer, como mostrou um recente acórdão do STJ, proferido em

[260] Sobre toda esta matéria, remeto para o que expus no estudo *Critérios de Arbitrabilidade dos litígios. Revisitando o Tema*, incluído em Temas de Direito da Arbitragem' *cit.*, pp. 281-290.

[261] *Critérios de Arbitrabilidade dos litígios. Revisitando o Tema*, 'Temas de Direito da Arbitragem' *cit.*, pp. 278-281.

[262] Tendo presente as noções expostas no texto, não se consegue compreender a opinião emitida por Elsa Dias Oliveira (em *Arbitragem Voluntária. Uma Introdução* cit., p. 183), de que uma sentença arbitral proferida sobre matéria abrangida por caso julgado anterior é anulável por 'inarbitrabilidade', ao abrigo da al. *b) i)* do nº 3 do art. 46º a LAV. Com efeito, a sentença arbitral que recaia sobre pretensão, em si arbitrável, segundo os critérios aplicáveis, sobre a qual haja recaído anteriormente uma decisão de mérito definitiva, não é anulável por 'inarbitrabilidade' do seu objecto, mas sim porque tal sentença, ao ofender caso julgado anterior, resulta em violação da ordem pública internacional, sendo, portanto, anulável *ex vi* da al. *b) ii)* do nº 3 do art. 46º a LAV, como defendi no parágrafo 26.

21.04.2022 (relatora: Fátima Gomes, proc. 1225/20.8YRLSB.S1), que recusou o reconhecimento duma sentença arbitral estrangeira que havia decidido sobre a atribuição de títulos nobiliárquicos, por considerar (de acordo com o art. 56º, nº 1, *b) i)*) que incidira sobre direitos que são qualificados pela melhor doutrina portuguesa como direitos da personalidade indisponíveis e, por isso, inarbitráveis segundo o art. 1º, nºs 1 e 2 da LAV. Não se tratando de uma decisão sobre anulação de sentença arbitral, o raciocínio aqui seguido pelo Supremo Tribunal será inteiramente aplicável na hipótese de nos tribunais superiores ser proposta uma ação de anulação de sentença arbitral com objeto análogo.

Importa ainda chamar a atenção para a natureza caleidoscópica da noção de 'arbitrabilidade/inarbitrabilidade', que implica que a sua caracterização se deva diferenciar consoante o contexto em que se efetue. Muito sinteticamente, esta asserção pode ilustrar-se da seguinte forma.

Num primeiro momento, ao analisar-se os termos como em certa convenção de arbitragem se delimitaram, abstratamente, os litígios por ela abrangidos, poderá considerar-se que todos ou alguns não podem ser resolvidos por esta via, de acordo com a lei que rege a arbitragem, pelo que o objeto dessa convenção será, em si mesmo, total ou parcialmente contrário à lei, determinando isso a sua nulidade total ou parcial (*ex vi* do nº 1 do art. 280º do CC); cumpre notar que, relativamente a partes experientes ou bem assessoradas, esta hipótese é de verificação bastante improvável, porque elas saberão, na maioria das vezes, configurar o objeto da convenção de modo a não afrontar a lei. Num segundo momento, quando um litígio deflagre e uma parte decida submeter a arbitragem uma concreta pretensão[263] dele resultante, o tribunal arbitral deverá apreciar se a admite ou não, à luz do critério ou critérios de arbitrabilidade consagrado(s) na lei aplicável; tratar-se-á aí de uma questão de admissibilidade do pedido (e não de falta de competência ou jurisdição do tribunal arbi-

[263] Esta concreta pretensão terá, na maioria das vezes, uma configuração diferente da delimitação abstrata dos litígios inscrita na convenção da arbitragem.

tral, para sobre ele se pronunciar[264]). Num terceiro momento, se um tribunal arbitral sediado em território português tiver decidido sobre uma pretensão que, segundo a lei aplicável, era inarbitrável, a sentença que proferiu é impugnável ao abrigo da alínea *b) i)* do nº 3 do art. 46º da LAV.

Falta referir que, conforme se explicou atrás[265], o nº 1 do art. 51º mandou apreciar, de acordo com um feixe de conexões alternativas em cascata, a validade substancial da convenção de arbitragem, e o mesmo fez em relação à *arbitrabilidade* do litígio (apesar esta não ser um requisito de validade intrínseca da convenção)[266], ao impor que o tribunal estadual ao qual se haja pedido a anulação da sentença proferida em arbitragem internacional localizada em Portugal, com o fundamento previsto na subalínea *b) i)* do nº 3 do art. 46º da Lei, tenha em consideração o disposto no nº 1 do art. 51º, apreciando a arbitrabilidade do litígio de acordo com qualquer uma das leis designadas pelo mesmo feixe de conexões alternativas, para, em função dessa apreciação, decidir se anula ou não a sentença arbitral impugnada com tal fundamento. Como é evidente, a aplicação desse feixe de conexões alternativas resulta na ampliação da possibilidade de a sentença impugnada sobreviver a tal teste[267].

[264] Recorrendo à conhecida distinção entre as noções de 'incompetência e de 'inadmissibilidade' proposta, entre outros, por Jan Paulsson – *Jurisdiction and Admissibility,* Liber Amicorum in honour of Robert Briner. Global Reflections on International Law, Commerce and Dispute Resolution', ICC Publishing, 2005, Paris, pp. 601-617.

[265] Cf. o que disse em 15. *supra.*

[266] Tal como se fez no art. 9 (6) da Lei Espanhola.

[267] Como disse atrás, por ter faltado uma revisão cuidada do texto da Proposta de Lei do Governo que originou a Lei nº 63/2011, não se atentou então no facto de nessa Proposta de Lei (ao invés do que acontecia no último Projeto apresentado pela Direção da A.P.A.) ter passado a haver duas subalíneas na alínea *b)* do nº 3 do art. 46º, a saber, a al. *i),* relativa à inarbitrabilidade do litígio, e a al. *ii),* respeitante à contrariedade à ordem pública. Ora, sendo evidente que, sendo o fundamento de anulação previsto na subalínea *b) i)* do nº 3 do art. 46º (e não o previsto na al. *b) ii)* do nº 3 do mesmo artigo) aquele a que, quase sempre, diz respeito o disposto no art. 51º, só àquele deveria fazer-se menção no nº 2 deste último artigo.

37. Desde há muito, um grande número de reputadíssimos especialistas estrangeiros do direito da arbitragem têm chamado a atenção para a correlação existente entre a extensão do domínio da arbitrabilidade e a extensão do controlo das sentenças arbitrais destinado a verificar se esta é contrária à ordem pública, o que implica que os tribunais estaduais de controlo, enquanto guardiães dessa ordem pública[268], tenham a possibilidade de examinar, livremente (mas de forma comedida, como explicarei nos parágrafos 59. e 61. *infra*), as circunstâncias, de facto e de direito[269], dos casos que lhes sejam submetidos para esse fim.

Esta posição tem sido defendida, com grande ênfase, por autores tão conceituados como Thomas Carbonneau[270], William Park[271], Pierre Mayer[272], Emmanuel Gaillard[273], Christophe Seraglini[274], Ber-

[268] Como realçou, nomeadamente, o Pierre Mayer em *La sentence contraire à l'ordre public au fond,* Revue de l'Arbitrage, 1994, Nº 4, Comité Français de l'Arbitrage, Paris, depois incluído em 'Choix d'articles de Pierre Mayer', LGDJ, 2015.

[269] A fim de que tal controlo seja efetivo e não ilusório.

[270] *Mitsubishi: The Folly of Quixotic Internationalism,* Arbitration International, LCIA, 1986, p. 127.

[271] *National Law and Commercial Justice: Safeguarding Procedural Integrity in International Arbitration,* Tulane Law Review, Volume 63 (1989), Issue 3, pp. 669 e segs.

[272] Entre outros escritos, em *La sentence contraire à l'ordre public au fond,* Revue de l'arbitrage, Année 1994, Nº 4, CFA, Paris, depois incluído em 'Choix d'articles de Pierre Mayer', LGDJ, 2015, pp. 340-341, e *L'étendue du contrôle, par le juge étatique, de la conformité des sentences arbitrales aux lois de police,* in 'Choix d'articles de Pierre Mayer', LGDJ, 2015, pp. 403-409.

[273] Em Fouchard, Gaillard, Goldman – *International Commercial Arbitration* cit., p. 925, e *La corruption saisie par le juge du contrôle de l'ordre public international, sous Paris, 28 mai 2019,* Revue de l' Arbitrage, CFA, Paris, Année 2019, Nº 3, pp. 874, nota 9.

[274] Nomeadamente, em *Lois de police et justice arbitrale internationale,* Dalloz, Paris, 2001, p. 91, e (em coautoria com Jerôme Ortscheidt) *Droit de L'Arbitrage Interne et International,* 2e édition, LGDJ, Paris, 2019, pp. 140-143, 992-1004.

nard Hanotiau[275], Jean-Baptiste Racine[276], Jean-François Poudret e Sébastien Besson[277] e Giuditta Cordero Moss[278], entre outros.

Partindo da ideia segundo a qual a arbitrabilidade dos litígios que envolvem a ordem pública fora admitida com a reserva de poder haver um controlo *a posteriori* da sentença, tinha enformado o acórdão proferido no famoso caso *Mitsubishi,* pelo Supremo Tribunal dos E.U.A., em 1985, que aceitou que fossem resolvidos mediante arbitragem litígios envolvendo aplicação do direito 'anti trust', com base na chamada doutrina do "*second look*", alguns autores[279] designaram por "compromisso Mitsubishi" o reconhecimento dessa correlação entre a extensão do domínio da arbitrabilidade e a extensão do controlo judicial das sentenças arbitrais.

É evidente a razão de ser de tal correlação. Na verdade, não se pode razoavelmente esperar que os Estados consintam no constante alargamento do campo da arbitrabilidade e, simultaneamente, abdiquem da possibilidade de, através dos seus tribunais, verificarem, quando for caso disso, se as decisões arbitrais contrariam, pelos resultados que produzem, valores, princípios ou regras absolutamente inderrogáveis dos respetivos sistemas jurídicos[280].

[275] Em *L'arbitrabilité, Recueil des Cours de l'Académie de Droit International,* T. 296 (2002), Martinus Nijhoff Publisher, The Hague, 2003, pp. 75, 81 e 253, e no artigo *Arbitability, Due Process and Public Policy – Belgian and French Perspectives* (em coautoria com Oliver Caprasse), Journal of International Arbitration, Volume 25-Number 6, December 2008, Wolters Kluwer, The Netherlands, pp. 737-741.

[276] Em *L'Arbitrage Commercial International et L'Ordre Public,* LGDJ, Paris, 1999, pp. 38, 179, 552-553, e no artigo *Le contrôle de la conformité de la sentence à l'ordre public international: un état des lieux,* Revue de l 'Arbitrage, 2022, N. º 1, CFA, Paris, pp. 180-182.

[277] *Comparative Law* cit., p. 610.

[278] *Arbitrabilité et contrôle judiciaire: une mise en balance, in* H. Muir Watt *et alii* (dir.) – *Le tournant global en droit international privé,* A. Pedone, Paris, 2020, p. 159.

[279] Nomeadamente, Jean-Baptiste Racine – *Le contrôle de la conformité de la sentence* cit., p. 181.

[280] Tendo em atenção a correlação salientada no texto, parece-me um contrassenso aplaudir-se a crescente ampliação do domínio da arbitrabilidade dos litígios e, simultaneamente, pugnar-se pela eliminação do eventual controlo judicial de sentenças arbitrais por ofensa à ordem pública ou, em alternativa, pela redução de tal controlo a um exercício ilusório, sem efetivo conteúdo e alcance.

i) Ofensa da ordem pública internacional

(a) Aceções da noção de ordem pública no direito da arbitragem

38. Em escritos anteriores[281], expliquei, desenvolvidamente, por que razão julgava indispensável incluir a 'contrariedade à ordem pública' entre os fundamentos de impugnação da sentença arbitral perante os tribunais estaduais.

Nesses estudos, realcei ser essa a solução adotada na Lei Modelo da UNCITRAL (matriz em que se basearam os projetos da nova LAV) assim como na esmagadora maioria das leis nacionais reguladoras da arbitragem voluntária, em consonância com, praticamente, toda a doutrina[282].

E o facto de essa causa de possível anulação de sentenças arbitrais, internas ou internacionais, não estar expressamente prevista no nº 1 do art. 27º da LAV de 1986 não constituía justificação válida para a sua não inclusão nos projetos[283] que estiveram na origem da LAV atual. Com efeito, apesar dessa omissão, o reconhecimento da necessidade desta 'cláusula de salvaguarda' do sistema jurídico levara a grande maioria da doutrina portuguesa, na vigência da lei anterior[284],

[281] *A Reforma da Lei da Arbitragem Voluntária,* Revista Internacional de Arbitragem e Conciliação, Nº 2, 2009, pp. 42-53, *Anulação de Sentença Arbitral Contrária à Ordem Pública,* Revista do Ministério Público, Ano 32, nº 126, Abril-Julho 2011, pp. 155-198, posteriormente incluídos no livro 'Temas de Direito da Arbitragem', e também em *A sentença arbitral contrária à ordem pública perante a nova LAV,* incluído em 'Direito da Arbitragem – Ensaios' *cit.*, pp. 51-72.

[282] Também neste sentido, António Pedro Pinto Monteiro – *Da Ordem Pública no Processo Arbitral* cit., pp. 647.

[283] Apresentados pela Direção da Associação Portuguesa de Arbitragem, em 2009, 2010 e 2011. Com idêntica crítica a esta posição da Direção da A.P.A, *vide* António Menezes Cordeiro – *Tratada da Arbitragem* cit., p. 444.

[284] *Vide,* entre outros, Paula Costa e Silva – *Anulação e Recursos da Decisão Arbitral,* Revista da Ordem dos Advogados – Ano 52, III, Dezembro 1992, p. 944; António Marques dos Santos – *Nota sobre a Nova Lei Portuguesa relativa à Arbitragem Voluntária",* Revista de la Corte Española de Arbitraje, Vol. IV, p. 45; Luís de Lima Pinheiro – *Arbitragem Transnacional* cit., pp. 274-279; José Lebre de Freitas – *Introdução ao Processo Civil – Conceito e Princípios Gerais,* 2ª ed., 2006, Coimbra Editora, Coimbra, p. 74, nota 27; Manuel Pereira Barrocas – *Manual de Arbitragem,* 1ª ed. Almedina, Coimbra, 2010, pp.

a entender que, por imperativo de coerência do sistema jurídico, devia admitir-se a impugnação da sentença arbitral com tal fundamento. A jurisprudência, embora escassa relativamente a este ponto, tendia a acolher esse entendimento[285].

Procurei, por isso, mostrar quão mal-avisada fora a opção sobre este ponto tomada pela maioria dos membros da Direção da A.P.A., aquando da ultimação no Projeto de nova LAV[286]. Pior que tal opção foi, porém, o que sobre este assunto veio a ficar no texto da Lei, como expliquei noutro artigo[287].

Convém resumir aqui as críticas que tenho feito ao modo como LAV de 2011 tratou esta matéria, começando por examinar o teor do seu art. 46º, nº 3, al. *b), ii)*.

Poderia pensar-se que, ao prever como fundamento de anulação das sentenças proferidas tanto em arbitragens internas como em arbitragens internacionais[288], "a ofensa aos princípios da ordem pública internacional do Estado Português', o legislador de 2011 teria

520-522; Assunção Cristas e Mariana França Gouveia – *A violação da ordem pública como fundamento de anulação de sentença arbitrais – Anotação ao Ac. do STJ 10.07.2008*, Cadernos de Direito Privado., nº 29 (Janeiro/Março 2010), Cejur, Braga, pp. 41-56; Patrícia da Guia Pereira – *Fundamentos de Anulação da Sentença Arbitral: Perspetivas 'De Jure Condito' e 'De Jure Condendo,* O Direito, Ano 142º, V, (2010), Almedina, Coimbra, pp. 1083-1087; Cláudia Trabuco e Maria França Gouveia –*A Arbitrabilidade da Questões de Concorrência no Direito Português: 'The Meeting of Two Black Arts'*, Estudos em Homenagem ao Professor Doutor Carlos Ferreira de Almeida, Volume I, Almedina, Coimbra, 2011, pp. 485-486; Mário Marques Mendes – *Arbitrabilidade de Litígios em Sede de Direito da Concorrência,* IV Congresso do Centro de Arbitragem da Câmara de Comércio e Indústria Portuguesa – Intervenções, Almedina, Coimbra, 2011, pp. 56-57.

[285] Cf. o acórdão da Relação de Lisboa 29.11.2007, no proc. 5159/2007-2 e e o acórdão do S.T.J de 10.07.2008, no proc. 08A1698.

[286] *Reforma da Lei da Arbitragem Voluntária,* 2009 e *Anulação de Sentença Arbitral Contrária à Ordem Pública,* in 'Temas de Direito da Arbitragem' *cit.*, respetivamente, pp. 238-250 e 301-327.

[287] *A sentença arbitral contrária à ordem pública perante a nova LAV,* 'Direito da Arbitragem – Ensaios' *cit.*, pp. 20 e segs.

[288] Visto que esta disposição não distingue entre umas e outras, não sendo as laboriosas interpretações restritivas deste preceito defendidas por alguns autores, conjugadas com o que consta do art. 54º, que conseguem que a disposição em apreço venha a significar o que não tem a qulquer correspondência na sua letra.

acompanhado os autores que, na vigência da LAV de 1986, entendiam que a noção pertinente para este efeito era a de 'ordem pública internacional'[289]. No entanto, em relação a esses autores, nem sempre era claro se o que defendiam traduzia uma opção dogmática ou resultava antes da consideração de que essa lacuna detetada na LAV de 1986 deveria ser preenchida com recurso ao *lugar paralelo* do art. 1096º, *f)* do CPC de 1961, que contemplava a "exceção da ordem pública" internacional' no quadro do reconhecimento de sentenças (judiciais e arbitrais) estrangeiras.

Assim, há que identificar qual o conteúdo da noção de 'ordem pública internacional' que releva para efeito de controlo de anulação das sentenças arbitrais.

Procurarei, nos parágrafos seguintes, aprofundar essa noção, partindo do que sobre este tema escrevi no primeiro estudo que lhe dediquei[290].

39. A ordem pública é uma cláusula geral ou conceito indeterminado[291], semelhante a outros (boa fé, bons costumes, interesse público, justa causa, diligência exígivel) a que o legislador frequentemente recorre e de que os sistemas jurídicos sofisticados não prescindem. Tal como acontece com outros conceitos indeterminados, também o de "ordem pública" tem de ser densificado ou integrado pela jurisprudência, com o auxílio da doutrina, conferindo-se-lhe conte-

[289] Luís de Lima Pinheiro – *Arbitragem Transnacional* cit., pp. 274-279; José Lebre de Freitas – *Introdução ao Processo Civil – Conceito e Princípios Gerais* cit., 2ª ed., cit., p. 74, nota 27; Manuel Pereira Barrocas – *Manual de Arbitragem* cit., 1ª ed., pp. 520-522; Patrícia da Guia Pereira – *Fundamentos de Anulação* cit., pp. 1085-1086.

[290] *Anulação da Sentença Arbitral Contrária à Ordem Pública,* Revista do Ministério Público, Ano 32, Nº 126 (Abril-Junho 2011), pp. 155-198, posteriormente incluído em 'Temas de Direito da Arbitragem' cit., pp. 295-299

[291] "Os conceitos ... dizem-se indeterminados por não permitem comunicações claras quanto ao seu conteúdo" (António Meneses Cordeiro – *Tratado de Direito Civil Português – Parte Geral,* Tomo I, 4ª ed., 2012, Coimbra, Almedina, p. 771.

údo preceptivo que o habilite a auxiliar as normas de carácter casuístico na regulação das situações concretas[292].

Carlos A. da Mota Pinto definiu a ordem pública como sendo "o conjunto dos princípios fundamentais, subjacentes ao sistema jurídico, que o Estado e a sociedade estão substancialmente interessados em que prevaleçam e que têm uma acuidade tão forte que devem prevalecer sobre as convenções privadas, princípios esses que não são suscetíveis de uma catalogação exaustiva, até porque a ordem pública é variável com os tempos"[293].

Semelhante, mas mais desenvolvida, era a definição de João Baptista Machado: "em direito interno costumam qualificar-se como *de ordem pública* (ordem pública interna) aquelas normas e princípios jurídicos absolutamente imperativos que formam os quadros fundamentais do sistema, sobre elas se alicerçando a ordem económica e social, pelo que são interrogáveis pela vontade dos indivíduos. Serão, assim, de ordem pública, entre outras, aquelas normas que estabelecem a regras fundamentais da organização económica, as que visam garantir a segurança do comércio jurídico e proteger terceiros, as que tutelam a integridade dos indivíduos e a independência da pessoa humana e protegem os fracos e incapazes, as que respeitam à organização da família e ao estado das pessoas, visando satisfazer um interesse geral da coletividade, etc."[294].

Para Carlos Ferreira de Almeida, "a ordem pública pode definir-se como o conjunto de princípios de um sistema jurídico, estabele-

[292] Acerca da imprescindibilidade da função desempenhada, na generalidade dos ordenamentos jurídicos, pelos 'conceitos indeterminados' ou 'cláusulas gerais', *vide* João Baptista Machado – *Introdução ao Discurso Legitimador,* 1991, Coimbra, Almedina, pp. 113-120. Sobre "a decisão amparada a nível de conceitos indeterminados", *vide* António Meneses Cordeiro – *Tratado de Direito Civil Português* cit., p. 775.

[293] *Teoria Geral do Direito Civil,* 3º ed., 1992, Coimbra, Coimbra Editora, p. 551.

[294] *Lições de Direito Internacional Privado,* 1974, Atlântida, Coimbra, p. 254. O aditamento do adjetivo "interna" à definição de "ordem pública" proposta por este autor, explica-se pela sua preocupação (natural, dado o objeto da obra em que incluiu tal definição) em distinguir a noção de *ordem pública de direito material* da de *reserva ou exceção de ordem pública* (ordem pública do direito internacional privado) a que se reportam o art. 22º do Código Civil e o art. 1096, *f)* do Código do Processo Civil (de 1961).

cidos em função da proteção de interesses públicos fundamentais. São, portanto, contrários à ordem pública os factos ou situações intoleráveis perante princípios determinados por interesses sentidos pela comunidade como fundamentais"[295].

Manuel A. Carneiro da Frada, por seu turno, salientou que "a ordem pública remete para um conjunto de valores e princípios injuntivos do ordenamento, base da coexistência social geral e garantes de um bem público" e que ela "representa como que uma *cláusula de salvaguarda* de que dispõe o sistema jurídico para assegurar o respeito dos seus pilares fundamentais"[296]. E acrescentou que "alguns dos princípios que integram a ordem pública têm assento constitucional, o que torna os ramos do direito material que recorrem a esta noção permeáveis às valorações constitucionais"[297].

Tomando por base estas definições, convergentes no essencial, há que acrescentar que, no direito da arbitragem, o conceito de 'ordem publica' apresenta várias facetas ou, se se preferir, é usado em várias aceções a cujas diferenças importa estar atento.

Para começar, há que distinguir a *ordem pública de direito material* – a que se reportam, nomeadamente, os arts. 81º, nº 1, 182º, *d)*, 192º, nº 2, *d)*, 271º, 280º, nº 2, 281º, 345º, 465º, *a)*, 800º, nº 2, 967º, 1083º, nº 2, *b)*, 2186º, 2230º, nº 2, e 2245º do Código Civil – da *exceção ou reserva de ordem pública internacional* prevista no art. 22º do CC e no art. 978º *f)* do CPC de 2013 (correspondente ao art. 1096, *f)* do CPC de 1961), a que se farei menção particular mais à frente.

Apesar de o art. 46º, nº 3, *b) ii)* se reportar apenas aos "princípios da ordem pública internacional do Estado português" (revelando quem redigiu da Proposta de Lei apresentada a Assembleia da República, deficiente conhecimento deste tema), é pacífico, na doutrina da especialidade, que a ordem pública que opera em sede de controlo de anulação das sentenças arbitrais – nas diversas configurações que

[295] *Contratos II*, 4ª ed., Almedina, Coimbra 2016, pp. 233-234, nota 474.

[296] A *ordem pública no domínio dos contratos* – Estudos em Homenagem ao Professor António Castanheira Neves, Vol. II, Coimbra Editora, Coimbra, 2008, em especial, pp. 257 e 259.

[297] Em relação a este ponto, existe unanimidade na doutrina.

neste contexto pode assumir (ordem pública interna e ordem pública internacional, ordem pública substantiva e ordem pública processual) e que examinarei adiante – é composta não só por 'princípios' mas também por 'regras jurídicas', dotadas de maior ou menor precisão[298].

Praticamente toda a doutrina sublinha, por outro lado, que o conjunto de princípios e regras que integram a ordem pública tem um âmbito bastante mais restrito do que o universo das normas positivas imperativas de uma ordem jurídica[299]. De resto, essa distinção entre

[298] Coincidindo como esta asserção, *vide*, entre outros nacionais, Rui de Moura Ramos – *Anotação ao acórdão do Supremo Tribunal de Justiça de 14 de março de 2017*, Revista de Legislação e Jurisprudência, ano 146º, nº 4003 (março-abril 2017), p. 292, António Menezes Cordeiro – *Tratado da Arbitragem* cit., pp. 443-455, Mariana França Gouveia – *Curso* cit., p. 310, António Pedro Pinto Monteiro – *Da Ordem Pública no Processo Arbitral* cit., pp. 597 e 601, Luís de Lima Pinheiro – *Direito Internacional Privado* cit. (Vol. I), pp. 659 e 663, João Baptista Machado – *Lições de Direito Internacional Privado*, Atlântida, Coimbra, 1974, pp. 253-257 e o meu artigo *Anulação da Sentença Arbitral Contrária à Ordem Publica*, *in* Temas de Direito da Arbitragem *cit.*, pp. 296-299. Na doutrina estrangeira sobre mesmo tema, *vide*, entre muitos outros, Pierre Mayer – *La sentence contraire à l'ordre public au fond*, Revue de l'Arbitrage, 1994, Nº 4, C.F.A., Paris, William Park – *National Law and Commercial Justice: Safeguarding Procedural Integrity in International Arbitration*, Tulane Law Review, Volume 63 (1989), Issue 3, pp. 647 e segs., Jean-Baptiste Racine – *L'Arbitrage Commercial International et l'Ordre Public*, LGDJ, Paris 1999 pp. 488-517 e – *Le contrôle de la conformité de la sentence à l'ordre public international: un état des lieux*, Revue de l'Arbitrage, 2022, Nº 1, C.F.A., Paris, pp. 203-212;,Christophe Seraglini – *Lois de police et justice arbitrale internationale*, Dalloz, 2001, *passim*; Jean François Poudret & Sébastien Besson – *Comparative Law* cit., pp. 607-616; Redfern & Hunter – *ob. cit.*, pp. 598-599, Stefan Kröll & Peter Kraft – *Recourse against the Award* cit., pp. 411-414; Gary Born – *International Arbitration* cit. , pp. 3312-3325, Christophe Seraglini & Jerôme Ortscheidt – *Droit de l'arbitrage* cit., pp. 507-508 e 896-904; cf. também o 'Interim Report' e o 'Final Report on Public Policy as Bar to Enforcement of International Awards', apresentados na Conferência da International Law Association (ILA), realizada em New Dehli, em 2-6 de Abril de 2002, bem como a *Recommendation 1d)* e *3*, aprovadas nesta Conferência.

[299] "A ordem pública só tem relevo próprio se lograr impor-se como realidade distinta das normas legais imperativas", como assinalou Manuel Carneiro da Frada – *ob. cit.*, p. 257. Em sentido idêntico, *vide*, entre muitos autores, Stefan Kröll & Peter Kraft – *Recourse against the Award* cit., p. 410, Pierre Mayer, nos artigos *La sentence contraire à l'ordre public au fond* cit., pp. 331-335, e *L' étendue du contrôle, par le juge étatique, de la con-*

o conjunto das normas legais imperativas e a ordem pública acha-se muito claramente feita nos nºs 1 e 2 do art. 280º do nosso Código Civil.

Quando intervém em sede de controlo de anulação de uma sentença arbitral, esta cláusula de salvaguarda funciona como bitola (de valoração) segundo a qual se apura a *legitimidade* da sentença arbitral, exprimindo a sua reconhecibilidade ou tolerabilidade pelo sistema jurídico no quadro do qual foi proferida[300]; se ela faltar, a sentença poderá ser anulada[301]. Cuida-se então de verificar se a sentença arbitral preenche as condições elementares de justiça material que justificam que o Estado disponibilize o seu aparelho coercitivo para fazer impor o que na sentença se determina aos seus destinatários.

Dentro do reduto normativo constituído pelas regras ou princípios da *ordem pública de direito material* [302], há que circunscrever –

formité des sentences arbitrales aux lois de police, incluído em 'Choix d'articles de Pierre Mayer', LGDJ, 2015, pp. 331-335.

[300] Sobre esta noção de *legitimidade* da decisão jurisdicional, *vide* António Menezes Cordeiro – *A Ordem Pública nas Arbitragens* cit., p.74, e *Tratado da Arbitragem* cit., pp. 445 e 454.

[301] Esta anulação tem efeitos absolutos nas arbitragens domésticas, mas, nas arbitragens conexionadas com várias ordens jurídicas, tem apenas eficácia tendencialmente universal, visto que pode ser desconsiderada, em casos excecionais, noutros ordenamentos em que seja pedido o reconhecimento da sentença, como expliquei em *O Reconhecimento e Execução de Sentenças Arbitrais Estrangeiras*, Almedina, Coimbra, 2016, pp. 69-79.

[302] Ao distinguirem entre o que designam por 'ordem pública interna' e 'ordem pública internacional', alguns autores, como António Menezes Cordeiro (*A Ordem Pública nas Arbitragens* cit., pp. 87-90 e *Tratado da Arbitragem* cit., p. 444-445), Mariana França Gouveia (*Curso* cit., pp. 310-311) e António Pedro Pinto Monteiro (*Da Ordem Pública no Processo Arbitral* cit., pp. 597-615) fazem uma distinção bastante próxima da por mim propugnada. Se compreendi bem, o que estes autores designam por "ordem pública interna" coincide com aquilo que designo por *ordem pública material,* enquanto aquilo que aqueles autores designam por "exceção de ordem pública internacional" coincide com o que eu apelido de *ordem pública de direito internacional privado.* Não resulta, contudo, claro das obras desses autores se eles aceitam a distinção que eu preconizo que se faça dentro da *ordem pública de direito material,* entre os princípios e regras à luz dos quais deve aferir-se a validade/tolerabilidade dos atos, contratos e sentenças arbitrais que não põem em jogo interesses do comércio internacional e um núcleo,

acompanhando a maioria da doutrina da especialidade – um núcleo menos compreensivo designado por "ordem pública internacional (de direito material)". Este conceito tem um conteúdo mais restrito (*i.e.*, menos abrangente) do que a 'ordem pública interna', porque as necessidades do comércio internacional impõem que, quando o objeto do litígio tenha ligações com outras ordens jurídicas, o sistema jurídico do Estado da sede da arbitragem seja menos exigente na verificação da não contrariedade da sentença arbitral aos seus princípios basilares, do que seria perante uma situação puramente interna, só determinando a anulação de uma sentença proferida em arbitragem internacional quando ela afronte princípios estabelecidos para proteção de interesses ou valores considerados como absolutamente fundamentais e inderrogáveis[303].

de âmbito mais restrito – que na bem conhecida imagem dos círculos concêntricos corresponde ao círculo de menor diâmetro –, só aplicável no domínio das relações ou litígios internacionais, na aceção do art. 49º da LAV. Caso estes autores aceitem esta distinção, aquilo que por eles é designado por "ordem pública interna" deveria antes denominar-se "ordem pública material", de modo a abranger o conteúdo precetivo de ambos esses círculos concêntricos; sobre esta analogia figurativa, *vide* o meu artigo *A Reforma da Lei da Arbitragem Voluntária, in* Temas de Direito da Arbitragem, pp. 238-239, e António Pedro Pinto Monteiro – *ob. cit.* p. 615.

[303] Segundo Albert van den Berg (*An Overview of The New York Convention of 1958,* Brussels, Belgium 2008, p. 18), "a distinção entre ordem pública doméstica e ordem pública internacional significa que o que se considera como pertencendo à ordem pública nas relações domésticas não pertence necessariamente à ordem pública nas relações internacionais. De acordo com esta distinção, o número de matérias consideradas como cabendo na ordem pública em litígios internacionais é menor do que as em que tal ocorre nos litígios domésticos. A distinção justifica-se por as relações domésticas e internacionais terem finalidades diferentes" – acessível no sítio na Internet do 'International Council for Commercial Arbitration', www.arbitration-icca.org. No mesmo sentido, *vide,* entre muitos outros autores, William W. Park – *National Law and Commercial Justice: Safeguarding Procedural Integrity in International Arbitration,* Tulane Law Review, Volume 63 (1989), Issue 3, New Orleans, p. 705-709, e *Duty and Discretion in International Arbitration,* American Journal of International Law, Volume 93 (1999) Issue 4, Boston, pp. 841-843, Jean-Baptiste Racine – *L'Arbitrage Commercial International* cit., pp. 475-488, Redfern & Hunter – *ob. cit.,* pp. 599-600, Stefan Kröll & Peter Kraft – *Recourse against the award* cit., p. 412, e Jan Paulsson – *The Idea of Arbitration,* Oxford University Press, Oxford, 2013, pp. 207-209. Sobre esta distinção na doutrina portu-

40. Da *ordem pública de direito material* (no interior da qual se recorta o núcleo mais restrito formado pela 'ordem pública internacional de direito material') cumpre distinguir a *exceção ou reserva de ordem pública internacional,* versada pelos cultores do direito internacional privado[304], acerca da qual eles costumam explicar que, dado que as ordens jurídicas, através dos seus sistemas de normas de conflitos, se abrem à aplicação de direito estrangeiro ou transnacional e ao reconhecimento de decisões jurisdicionais proferidas no estrangeiro, não obstante a sua enorme diversidade, é indispensável que esse "salto para o desconhecido" (o *Sprung ins Dundkel* de que falava Leo Raape) seja acompanhado de um dispositivo de segurança que permita ao juiz nacional recusar a aplicação duma norma de direito estrangeiro ou o reconhecimento duma decisão jurisdicional estrangeira, quando dessa aplicação ou reconhecimento resulte uma intolerável ofensa da harmonia jurídico-material interna ou uma contradição flagrante com os princípios fundamentais que informam a sua ordem jurídica[305].

É de notar que a *reserva de ordem pública internacional* que constitui uma barreira ou limite à eficácia no Estado do foro de decisões jurisdicionais (judiciais ou arbitrais) proferidas no estrangeiro não difere, significativamente, no que concerne ao seu conteúdo normativo, da *ordem pública internacional de direito material,* que correspondente ao mais restrito núcleo recortável dentro da "ordem pública de direito material"[306]. Onde essas duas aceções da "ordem pública internacio-

guesa, *vide* Rui de Moura Ramos – *Anotação* cit., p. 291; acolheu-a também o acórdão do Supremo Tribunal de Justiça, proferido em 1.10.2019, no processo 1254/17.9YRLSB.S1.

[304] Cuja paternidade se atribui a Friedrich Carl von Savigny – *System des heutigen römischen Rechts*, vol. 8 (1849, reimp., 1981) § 349 (32 segs.). Sobre esta figura jurídica, *vide*, entre muitos outros, Rui de Moura Ramos – *ob. cit.*, Luís de Lima Pinheiro – *Direito Internacional Privado* cit., Vol. I, 3ª ed., 2015, pp. 658-674, e Vol. III, 2ª ed., 2012, pp. 519-523 e 606-609, e João Baptista Machado – *Lições de Direito Internacional Privado* cit., pp. 253 e segs.

[305] João Baptista Machado – *ob. cit.*, p. 256, Luís de Lima Pinheiro – *ob. cit.*, vol. I, p. 659 e a minha monografia *O Reconhecimento e Execução* cit., pp. 204-205.

[306] Que corresponde ao mais restrito núcleo recortável dentro da "ordem pública de direito material" e que, segundo o entendimento dominante na generalidade das

nal" sobretudo diferem é na maior *relatividade* da atuação da *reserva de ordem pública internacional*, devido ao facto de a sua atuação limitadora do reconhecimento da sentença estrangeira depender da intensidade dos laços que a situação por esta contemplada apresenta com o Estado do reconhecimento (pois será aí que irá produzir efeitos)[307].

Convém frisar que tanto a 'ordem pública interna' como a 'ordem pública internacional' fazem parte de cada ordenamento jurídico, diferindo o seu conteúdo do que estes conceitos têm noutros ordenamentos jurídicos, ainda que pertencentes à mesma família de sistemas jurídicos[308].

ordens jurídicas, é a noção que opera em sede de controlo de anulação das sentenças proferidas em arbitragens internacionais, como explicarei à frente.

[307] *Cf.* Luís de Lima Pinheiro – *Direito Internacional Privado*, vol. I, p. 670, e a minha monografia *Reconhecimento e Execução* cit., pp. 203-205. Tenho em mente a *Binnenbeziehung* ou *Inlandbeziehung* que os cultores alemães e suíços de direito internacional privado consideram ser necessária para a intervenção da 'reserva de ordem pública'; para um exame mais desenvolvido desta figura, *vide* Natalie Joubert – *La notion de liens suffisants avec l'ordre juridique (Inlandsbeziehung) en droit international privé*, LexisNexis Litec, Paris, 2007, Dário Moura Vicente – *Da Responsabilidade Pré-Contratual em Direito Internacional Privado*, Almedina, Coimbra, 2001, pp. 688-692, e João Baptista Machado – *ob. cit.*, pp. 262-265.

[308] Costumava dizer a Professor Isabel Magalhães Collaço, nas suas aulas, que não há nada de mais nacional do que a 'ordem pública internacional'. Esta mesma ideia encontra-se frequentemente realçada na jurisprudência dos tribunais superiores franceses (que, em sede de controlo de anulação ou de reconhecimento de sentenças arbitrais estrangeiras, se reportam invariavelmente à "conceção francesa de ordem pública internacional"), dos tribunais ingleses (para os quais "public order or public policy is inevitably different in each country", como referi em *O Reconhecimento e Execução de Sentenças Arbitrais Estrangeiras* cit., pp. 188-189), dos tribunais suíços (como evidenciou o Tribunal Federal num célebre acórdão proferido em 8.03.2006, em que considerou que a violação do direito europeu da concorrência não ofende a ordem pública do direito suíço, muito embora o oposto seja incontroverso nos Estados que são membros da U.E.; cf. J. F. Poudret & S. Besson – *ob. cit.*, pp. 765-766) e dos tribunais alemães (cf. Stefan Kröll & Peter Kraft – *Recourse against the Award* cit., pp. 412-414). Tem de rejeitar-se, por isso, a ideia, por vezes adiantada, de que o conteúdo a atribuir à noção de "ordem pública internacional", em sede de controlo de anulação da sentença arbitrais no âmbito do direito português, corresponderia ao conjunto de princípios ou valores que são comuns às diversas ordens jurídicas.

Por este traço comum distinguem-se estes conceitos de outro conceito, o de "ordem pública transnacional" ou "ordem pública verdadeiramente internacional", sugerido por alguns autores para designar o conjunto de princípios universais estabelecidos em vários domínios do direito e das relações internacionais, para servir os interesses superiores da comunidade mundial e os valores comuns da humanidade, situados acima e por vezes contra os interesses das nações individualmente consideradas[309]. Esta noção tem valor meramente explicativo, não sendo, por si (*i.e.*, se não tiver sido incorporada na ordem jurídica do Estado do foro), operativa no quadro do controlo de validade de sentenças arbitrais proferidas no nosso país ou do reconhecimento de sentenças arbitrais proferidas no estrangeiro.

41. Nas secções precedentes tive em vista, sobretudo, a dimensão substantiva da ordem pública. No entanto, toda a doutrina, quer nacional quer estrangeira[310], assim como a prática de aplicação dos

[309] Defendeu, vigorosamente, esta noção Pierre Lalive – *Ordre public transnational (ou réellement international) et arbitrage international*, Revue de l'Arbitrage, 1986, Nº 3, CFA, Paris, pp. 353-435; para este autor, a noção abrange a proibição da corrupção, a proteção dos direitos do homem, a proibição dos tráficos de estupefacientes, de seres e órgãos humanos e do tráfico ilícito de armas, bem como a proteção do ambiente natural e cultural (ob. cit., pp. 393-418). Pelo contrário, Michael Reisman – *Law, International Public Policy (so-called) and Arbitral Choice in International Commercial Arbitration*, in Albert van den Berg (ed.) 'International Arbitration 2006: Back to Basics?' ICCA Congress Series Volume 13 (Montreal Congress), Kluwer Law International, 2007, pp. 849-85, dirigiu-lhe críticas fortíssimas. Numa posição de certo modo intermédia, Jan Paulsson – *The Idea of Arbitration*, Oxford University Press, Oxford, 2013, pp. 208-209, viu nessa noção alguma utilidade.

[310] Cf. Luís de Lima Pinheiro – *Direito Internacional Privado* cit., Vol. III, p. 607, António Menezes Cordeiro – *Tratado da Arbitragem* cit., pp. 445 e 454, Poudret & Besson – *Comparative Law* cit. pp. 755-769, Gary Born – *International Commercial Arbitration* cit., pp. 2620-2636, Georgios Pretrochilos – *Procedural Law in International Arbitration*, Oxford University Press, Oxford, 2004, pp. 97-99, Fernando Mantilla-Serrano –*Towards a Transnational Procedural Public Policy*, Arbitration International, LCIA, Vol. 20, No. 4, 2004, Oxford, pp. 333-353, Chr. Seraglini & J. Ortscheidt – *Droit de l'arbitrage* cit., pp. 506-509 e 990-992. Fernando Mantilla-Serrano, no artigo já citado (pp. 334--335), sumariou a distinção entre a *dimensão substantiva* e a *dimensão processual* da ordem pública, do seguinte modo: "In arbitration parlance, the substantive is concerned with

principais instrumentos reguladores da arbitragem internacional consideram que o conceito de ordem pública compreende também princípios e regras de *natureza processual*.

Esta 'bidimensionalidade da ordem pública' aparece, muito claramente, nas *Recomendations* aprovadas na conferência da *International Law Association (ILA)*, realizada em New Dehli, de 2 a 6 de abril de 2002, dedicada ao tema 'Public Policy as a Bar to Enforcement to International Arbitral Awards', cujo nº 1(c) reza assim:

> "The expression 'international public policy' is used in these Recommendations to designate the body of principles and rules recognised by a State, which, by their nature, may bar the recognition or enforcement of an arbitral award rendered in the context of international commercial arbitration when recognition or enforcement of said award would entail their violation on account either of the procedure pursuant to which it was rendered (procedural international public policy) or of its contents (substantive international public policy)".

Também no Relatório da *UNCITRAL Commission on the Model Law on International Commercial Arbitration'* se refere que "it was understood that the term of public policy, which was used in the 1958 New York Convention and many other treaties, covered fundamen-

the merits of the award, while the procedural is concerned with how the arbitral tribunal arrived at the award. In concrete terms, this means that a court of law, called upon to enforce or vacate an arbitral award, would be confronted with an issue of substantive policy if the court found itself concerned, for example, that an award of punitive damages was in violation of domestic public policy. On the other hand, the court would be confronted with an issue of procedural public policy if the respondent complained that the arbitral tribunal decision in favor of the claimants had been based mainly on a piece of evidence that was submitted after the arbitral hearing and to which the respondent had not been invited to respond. To be sure, in the latter case, the court might be called upon to examine tangentially the merits of the case, but its concern as judge would arise nonetheless out of a procedural irregularity and not out of the ultimate correctness of arbitral tribunal's decision".

tal principles of law and justice in substantive as well in procedural respects"[311].

Os princípios processuais fundamentais que, em conjunto, formam o paradigma do "processo equitativo" a que se reporta o art. 6º da Convenção Europeia do Direitos do Homem e dão conteúdo à noção norte-americana de *due process* e à noção inglesa de *natural justice*, são usualmente referidos na doutrina anglo-saxónica como consistindo no igual tratamento das partes e na adequada oportunidade concedida às partes para fazer valerem os seus direitos. Os comentários da doutrina incluem (entre outros) no primeiro desses princípios o direito de cada parte a participar na escolha do árbitro e, no segundo, o direito de produzir prova e de contraditar a prova fornecida pela parte contrária[312].

Entende-se pacificamente, na generalidade dos ordenamentos jurídicos de *common law*, que a sentença proferida numa arbitragem sediada num deles, em que se tivesse violado um dos mencionados princípios, pode ser aí anulada, ou pode ver aí recusado o reconhecimento se tiver sido proferida no estrangeiro, por motivo de violar a ordem pública (internacional) processual. Nesses ordenamentos, considera-se também que o reconhecimento de uma sentença arbitral obtida mediante fraude (*e.g.*, devido a perjúrio ou à apresentação de documentos falsos) ofende, igualmente, a ordem pública internacional desses ordenamentos[313].

Por seu turno, os autores franceses e alemães consideram que ofendem a 'ordem pública processual' as violações do princípio do

[311] Esta passagem desse Relatório foi reproduzida no *Interim Report* apresentado na mencionada Conferência da *ILA* de 2002 (que veio a ser publicado na revista 'Arbitration International', Vol. 19 (2003), nº 2, LCIA, Oxford, pp. 213 e segs., especialmente, a pp. 228 e 238-243) em que se lê também: "Substantive public policy (*ordre public au fond*) goes to the recognition of rights and obligations by a tribunal or enforcement court in connection with the subject matter of the award (as opposed to procedural public policy, which goes to the process by which the dispute was adjudicated)".

[312] F. Mantilla-Serrano – *ob. cit.*, op. 341-349, e G. Petrochilos – *Procedural Law* cit., pp. 97-99.

[313] Cheshire, North & Fawcett – *Private International Law,* 14th ed., Oxford University Press, Oxford, 2008, p. 660.

tratamento igualitário das partes e do princípio que impõe que se lhes conceda adequada oportunidade para defenderem os seus direitos. Entendem esses autores que o primeiro desses princípios compreende o direito de cada parte ser ouvida em processo contraditório bem como o de participar, em plano de igualdade, na constituição do tribunal arbitral, enquanto o segundo compreende o direito de cada parte apresentar as suas razões de facto e direito e de refutar as razões aduzidas pela parte contrária, assim como a proibição de o tribunal decidir com fundamentos de facto ou de direito, sobre os quais as partes não tiveram oportunidade de se pronunciar[314].

[314] *Vide* Chr. Seraglini & J. Ortscheidt – *Droit de l'arbitrage* cit., pp. 506-509 e 990-992; Fouchard, Gaillard Goldman – *On International Commercial Arbitration* cit., p. 986; e Stefan Kröll & Peter Kraft – *Recourse against the Award* cit., pp. 414-417. Vale a pena transcrever o que os últimos autores escreveram sobre o tema: "An award may be set aside for the violation of procedural public policy if the arbitral proceedings were contrary to the most basic concepts of procedural fairness. Although most of these, in particular the right to be heard, are already covered by the various grounds in § 1059 (2) No. 1 ZPO, they may also be reviewed in the context of the public policy defence. The legislative materials explicitly mention the right to be heard and correct representation in the arbitral proceedings (...) as examples which are, under the new law, to be covered by the public policy ground. The frequently alleged violations of the right to be heard are, however, in most cases unsubstantiated. Not every rejection of a submission or an offer or request concerning evidence constitutes a violation of that right. The tribunal is entitled to reject evidence offered for substantive or procedural reasons. In the absence of indications to the contrary, arbitral tribunals are assumed to have taken the submission by the parties into account even if the awards do not specifically deal with them. Only where it is obvious from the remainder of an award or other circumstances that arguments or submissions were not taken into account is the award contrary to public policy. Infringements of the principle of procedural neutrality may constitute violations of procedural public policy. Thus, awards rendered by biased arbitral tribunals may be set aside, as well as awards rendered in breach of the principle that no one should be arbitrator in his own affairs. Consequently, awards in which the arbitral tribunal either directly or indirectly fixes its remuneration are contrary to public policy. The arbitral tribunal may, however, decide upon the distribution and refund of the already paid advance on costs, either under its implied authorization or if it has been explicitly authorized to do so by the parties. Furthermore, awards rendered by an arbitral tribunal that lacks jurisdiction can infringe the guarantee of free access to one's lawful judge, which is one of the most fundamental procedural rights."

Como referi no parágrafo 23. *supra*, para alguma jurisprudência dos tribunais franceses e alemães, a 'ordem pública (internacional) processual' é também ofendida quando o árbitro atue com demonstrada falta de imparcialidade[315]. Tal ofensa, para os referidos tribunais, é absolutamente líquida nos casos em que a sentença arbitral haja sido obtida mediante fraude[316].

Cumpre referir que todos os mencionados princípios integradores da 'ordem pública processual' figuram no nº 1 do art. 30º da LAV portuguesa, que os enunciou de modo mais claro e completo do que o fazem a Convenção de Nova Iorque, a Lei Modelo da UNCITRAL e grande número das legislações nacionais sobre arbitragem[317].

Recordo ainda que constitui também violação da ordem pública processual a preterição de caso julgado anterior– qualificação que é acolhida pela maioria da doutrina e da jurisprudência –, como expliquei no parágrafo 26. *supra*.

42. Adverti atrás (nos parágrafos 18. e 22.) que uma irregularidade verificada na constituição do tribunal arbitral ou no decurso do processo arbitral ou na sentença que lhe põe termo, pode preencher, simultaneamente, as previsões de mais do que uma das disposições contidas nas alíneas *a)* e *b)* do nº 3 do art. 46º da LAV.

Isso também acontecerá nos casos em que se verifique a violação de garantias processuais fundamentais e, do mesmo passo, se violem princípios fundamentais que integram a dimensão processual da ordem pública do sistema jurídico, fazendo com que a sentença arbi-

[315] Cf. as decisões judiciais citadas por Chr. Seraglini & J. Ortscheidt – *Droit de l'arbitrage* cit., pp. 748-749, e por Stefan Kröll & Peter Kraft – *Recourse against the Award* cit., pp. 414-415.

[316] Chr. Seraglini & J. Ortscheidt – *Droit de l'arbitrage* cit., pp. 506-507 e 990-991, e, e Stefan Kröll & Peter Kraft – *Recourse against the Award* cit., p. 414. Em idêntico sentido pronunciou-se a *Cour d'appel* de Bruxelas, em acórdão proferido 16.11.2021, anotado por Julien Fouret e Camille Dupuy – *Note: Enforcement Judge vs Annulment Judge, Gunfight at the Brussels Corral*, b-Arbitra/Belgian Review of Arbitration, 2022, volume 2022, Issue 1, Wolters Kluwer, pp. 132-150.

[317] Recordo o que expus no parágrafo 16. *supra*, sobre este tópico.

tral não seja o desfecho de um 'processo equitativo'[318]. Preenchem-se então tanto a previsão das normas da subalínea *a) ii)* (infração de garantias processuais fundamentais das partes) quanto a da *b) ii)* (violação da 'ordem pública processual') do art. 46º, nº 3, ambas se aplicando nesse caso. Será esse o caso, nomeadamente, quando o tribunal que proferiu a sentença tratou de modo patentemente desigual as partes e/ou violou gravemente o princípio do contraditório e mostrou, ao fazê-lo, falta de independência ou de imparcialidade. Em casos como este, ambas as normas em presença logram aplicar-se, porque cada uma delas tutela um valor ou interesse específico: a primeira protege o interesse de cada parte em ver asseguradas as garantias processuais fundamentais, enquanto a segunda protege o interesse público atinente à integridade e credibilidade do processo jurisdicional arbitral.

Nesse tipo de casos, estar-se-á perante um *concurso real não cumulativo* de normas (gerando um 'concurso ideal' de infrações)[319]. Diferentemente do que expus no parágrafo 22. relativamente ao *concurso aparente* de normas, em que o facto abrangido por duas normas formalmente preenchidas não é objeto da valoração conjunta daquelas (pois se aplica apenas uma, excluindo-se a outra), no *concurso real não cumulativo* de normas, o facto em causa é valorado por mais do que uma norma, mas é sancionado através da que tutela mais eficazmente o valor ou interesse lesado por esse facto.

Aplicando as noções expostas à hipótese acima considerada, em que se preenchem, conjuntamente, as previsões da subalínea *a) ii)* e da subalínea *b) ii)* do nº 3 art. 46º, por não se poder afastar uma delas com recurso aos critérios que operam no 'concurso aparente de normas[320], haverá um *concurso real não cumulativo* ('concurso ideal'), em

[318] O que explica que esses princípios ou valores sejam, invariavelmente, tutelados pelas Constituições dos Estados que se regem pelo 'primado do direito'.

[319] *Vide* os autores referidos na nota 106 *supra*. A hipótese de *concurso real e cumulativo* de normas (geradora de 'concurso real' de infrações), que ocorre quando factos distintos (praticados por um sujeito) preenchem várias normas, aplicando-se cada uma integralmente, não tem pertinência para a análise ensaiada no texto.

[320] *Vide* o que deixei exposto sobre este tema, em 22. e 42. *supra*.

que deve prevalecer a estatuição da norma que mais eficazmente sanciona a irregularidade verificada no processo arbitral, o que conduz à aplicação da que determina que o tribunal de controlo conheça oficiosamente pelo juiz da infração detetada[321].

43. O controlo das sentenças arbitrais pelos tribunais judiciais, com vista a verificar se violam a 'ordem pública' (internacional ou interna/substantiva ou processual), tem lugar, igualmente, nos casos em que as partes confiaram aos árbitros a missão de decidir o litígio segundo a equidade ou mediante 'composição amigável'[322].

A doutrina estrangeira da arbitragem é absolutamente concordante relativamente a este ponto[323]. Não se vê, de resto, como poderia ser de outro modo, atendendo ao primordial papel que a cláusula de ordem pública tem em sede de controlo judicial das sentenças arbitrais.

[321] É deste modo, embora sem o enquadramento que apresentei no texto, que os comentadores da Convenção de Nova Iorque resolvem os 'concursos de normas' com que deparam na aplicação das disposições que integram o seu Artigo V, como expliquei em *O Reconhecimento e Execução de Sentenças Arbitrais Estrangeiras* cit., pp. 157-159.

[322] No meu artigo *Contributo para uma revisão da LAV* cit., pp. 76-80, critiquei, por ser destituída de sentido e alcance no âmbito da ordem jurídica portuguesa, a distinção que na LAV se estabeleceu na LAV entre estes critérios decisórios.

[323] Cf. Pierre Lalive – *Le droit applicable au fond par l'arbitre international* – Droit International et Droit Communautaire (Actes du Colloque de Paris, 5 et 6 Avril 1990), Fondation Calouste Gulbenkian, Paris, pp. 49-50; Fouchard, Gaillard, Goldman – *ob. cit.*, pp. 841; Craig, Park, Paulsson – *International Chamber of Commerce Arbitration*, 3rd edition, Oceana Publications Inc./ICC Publishing, New York, 2000, p. 352; J. F. Poudret & S. Besson – *ob. cit.*, pp. 626; Gabrielle Kaufmann-Kohler & Antonio Rigozzi – *ob. cit.*, p. 374 e 504; Bettina Schmaltz – *Rules Applicable to Substance of the Dispute*, Arbitration in Germany. The Model Law in Practice *cit.*, p. 316; Gary Born – *ob. cit.*, pp. 2775-2776; Christophe Seraglini & Jerôme Ortscheidt – *Droit de l'arbitrage* cit., pp. 797-798. Na vigência da LAV de 1986, Luís de Lima Pinheiro (in *Arbitragem Transnacional* cit., pp. 162-163) reconheceu expressamente este ponto, em relação às arbitragens ancoradas na ordem jurídica portuguesa; António Pedro Pinto Monteiro, Artur Flamínio da Siva, Daniela Mirante (*Manual de Arbitragem* cit., p. 380) defendem opinião idêntica, em face da LAV de 2011.

Como se explicará adiante (no parágrafo 59.), esse controlo não visa apurar se os árbitros erraram na interpretação ou aplicação do direito pertinente, mas apenas se a *situação criada* pela sentença arbitral ofendeu, concreta e gravemente, os objetivos prosseguidos pelas regras e princípios de ordem pública pertinentes ao caso, isto é, se o *resultado* que a sentença produziu ofende aquele reduto normativo absolutamente impreterível. Assim sendo, é indiferente que tal resultado se haja atingido por decisão segundo o direito ou por decisão de equidade.

Onde existe falta de coincidência nas ordens jurídicas que permitem às partes encarregarem os árbitros de decidir segundo a equidade ou mediante *amiable composition*, é em relação à possibilidade de, no exercício dessa missão, serem preteridas regras legais imperativas. Se isso é geralmente admitido no âmbito do direito suíço, o mesmo parece não acontecer no âmbito do direito francês[324].

Entre nós, é frequente contrapor as aceções ou noções de 'equidade em sentido fraco' e de 'equidade em sentido forte'[325]. Segundo a primeira aceção, "a decisão segundo a equidade, partindo da lei positiva, permite corrigir injustiças ocasionadas pela natureza rígida das normas abstratas"[326]; constitui, portanto, um modelo intrassiste-

[324] *Vide* J. F. Poudret & S. Besson – ob. cit., pp. 622-628, Gabrielle Kaufmann-Kohler & Antonio Rigozzi – *ob. cit.*, p. 371, Craig, Park, Paulsson – *ob. cit.*, p. 352, Christophe Seraglini & Jerôme Ortscheidt – *ob. cit.*, p. 878; segundo estes últimos autores, hoje, no âmbito do direito francês, os conceitos de decisão de equidade e de *amiable composition* são tidos como sinónimos.

[325] António Menezes Cordeiro – *Tratado Direito Civil, Parte Geral, I,* cit. pp. 598-600, *A equidade com fonte de Direito,* O Direito, Ano 144º, I, 2012, Almedina, Coimbra, p. 16, e *Tratado da Arbitragem* cit., pp. 363-378; António Pedro Pinto Monteiro, Artur Flamínio da Siva, Daniela Mirante – *Manual de Arbitragem* cit., pp. 380-381; Armindo Ribeiro Mendes – *Equidade e composição amigável na nova Lei de Arbitragem Voluntária* cit., pp. 165-188; Mariana França Gouveia – *Curso de Resolução Alternativa de Litígios* cit., pp. 279-285; Luís de Lima Pinheiro – *Arbitragem Transnacional* cit., pp. 159-163; e o meu artigo *Arbitration in Equity and* Amiable Composition *under Portuguese Law,* Temas de Direito da Arbitragem *cit.*, pp. 133-152.

[326] No seu *Tratado da Arbitragem* (p. 372), António Menezes Cordeiro definiu esta noção de modo um pouco diferente: "A decisão segundo a equidade é uma decisão tomada à luz do Direito e de acordo com as diretrizes jurídicas dimanadas pelas nor-

mático de decisão. De acordo com a segunda aceção, o julgamento de equidade apresenta-se como a solução individualizadora por excelência, não orientada à obtenção de uma solução suscetível de generalização, sem ser, porém, uma decisão arbitrária ou à margem das conceções jurídicas gerais; corresponde, por isso, a um modelo extrassistemático de decisão[327].

Coerentemente com a definição dada acima, quem subscreva a noção fraca de equidade tenderá a considerar que ao decisor de equidade não é permitido afastar normas positivas de natureza imperativas. Ao invés, quem perfilhe a noção forte de equidade terá o entendimento oposto.

Apesar de a determinação do conteúdo da decisão segundo a equidade não ter que ver, diretamente, com os temas versados nesta monografia, julguei necessário fazer uma brevíssima referência a este tema, como introito a algumas precisões que se justificam pelas críticas que Elsa Dias Oliveira fez ao modo como, em edições anteriores desta obra, recortei as noções de ordem pública de direito material, interna ou internacional e de exceção de ordem pública própria do direito internacional privado, bem como à interpretação que defendo para a al. *b) ii)* do nº 3 do art. 46º[328]. Com o devido respeito, penso que as críticas que esta autora me dirigiu não procedem, por o seu raciocínio enfermar de alguns equívocos e por ela atribuir às noções que têm especial relevância neste domínio significados não coincidentes com os que a maioria da doutrina da arbitragem utiliza. Em termos quase telegráficos, passo a expor as precisões que me parecem necessárias neste particular.

Não é correta, tendo em atenção os ensinamentos da melhor doutrina da arbitragem, a equiparação que a autora fez da 'ordem pública interna' ao 'universo das normas positivas imperativas', porque (como acentuei no parágrafo 39.) aquela noção tem conteúdo bastante mais reduzido de que o do conjunto de normas que integram

mas jurídicas estritas. Somente será dispensada a aplicação de normas formais, cuja existência se torna necessária apenas em serviços públicos ou em tribunais do Estado".

[327] Luís de Lima Pinheiro – *Arbitragem Transnacional* cit., p. 160.

[328] Em *Arbitragem Voluntária: Uma Introdução* cit., pp. 185-189.

este universo. A ordem pública interna (de direito material) constitui, tal como a ordem pública internacional (de direito material), um reduto normativo absolutamente inderrogável, distinguindo-se a segunda noção da primeira apenas pelo facto de as necessidades do comércio internacional imporem que, quando o objeto do litígio tem ligações com outras ordens jurídicas, o sistema jurídico do Estado da sede da arbitragem seja menos exigente no controlo da conformidade da sentença arbitral aos princípios basilares daquele.

Como frisei atrás, é a noção de 'ordem pública de direito material'[329] que releva em sede de controlo de anulação de uma sentença arbitral, funcionando como bitola (de valoração) segundo o qual se determina a *legitimidade* da sentença arbitral, em ordem a verificar se ela preenche as condições elementares de justiça material que justificam que o Estado disponibilize o seu aparelho coercitivo para fazer impor o que na sentença se determina. Como também salientei, há que distinguir esta noção da *exceção ou reserva de ordem pública internacional* versada pelos especialistas do direito internacional privado, que constitui um dispositivo de segurança facultado ao juiz nacional para poder recusar a aplicação duma norma de direito estrangeiro ou o reconhecimento duma decisão jurisdicional estrangeira, quando daí resulte uma intolerável ofensa da harmonia jurídico-material interna ou uma contradição flagrante com os princípios fundamentais que informam a sua ordem jurídica[330].

Ao contrário do que a mesma autora sugeriu[331], a decisão proferida pelo árbitro de equidade ou atuando como amigável compositor nunca (qualquer que seja a aceção de equidade que se adote) poderá

[329] Perante a LAV em vigor, é sempre a 'ordem jurídica internacional de direito material que intervém a esse título, mesmo para as sentenças proferidas em arbitragens domésticas; por isso a tenho fortemente criticado.

[330] Com se pode ver, as noções que importa ter em conta no quadro de controlo de anulação de sentenças arbitrais são em maior número do que as tidas em mente por esta autora, que parecem ser, unicamente, o universo das normas positivas imperativas (a que ela, indevidamente, chama 'ordem pública interna') e a reserva de ordem pública específica do direito internacional privado.

[331] *Ob. cit.*, pp. 187-188.

ofender a 'ordem pública'[332] e, se se verificar tal ofensa, tal decisão será anulável.

No que concerne à relação entre a decisão de equidade e as normas positivas de caráter imperativo, quem subscreve a noção fraca de equidade tende a entender que o árbitro que decida nas referidas qualidades tem o *dever* de respeitar as normas positivas de caráter imperativo, embora a sua infração não venha a ser sancionada, por esse facto não constituir fundamento de anulação de tal sentença. Ao invés, para quem perfilhe a noção forte de equidade, o árbitro de equidade ou o compositor amigável não está adstrito a esse dever.

O que deixo exposto confirma o axioma segundo o qual muito dificilmente poderá um debate intelectual ser proveitoso, se os intervenientes não se tiverem posto de acordo acerca dos significados atribuídos aos conceitos basilares com base nos quais irão argumentar.

Terei ocasião de expor, mais à frente, o modo como julgo dever interpretar-se o disposto na al. *b) ii)* do nº 3 do art. 46º da LAV bem como as críticas que me suscitam as propostas interpretativas apresentadas por outros autores para esse fim.

(b) Esboço de concretização da ordem pública

44. No primeiro estudo em que abordei este tema, procurei identificar várias hipóteses de ofensas à ordem pública por sentenças arbitrais, que pudessem conduzir à sua anulação com esse fundamento, tanto no âmbito da ordem jurídica portuguesa como no de outras ordens jurídicas[333]. Continuando a subscrever o essencial o que defendi nesse artigo, tentarei agora aprofundar a concretização desta noção. Neste parágrafo terei apenas em vista a vertente subs-

[332] Recordo que, perante a LAV, a bitola relevante em sede de controlo de anulação de sentenças arbitrais é sempre (mal, a meu ver) a 'ordem pública internacional', ao contrário do que sucede na grande maioria das ordens jurídicas, em que tal bitola é constituída pela 'ordem jurídica interna' ou pela 'ordem jurídica internacional', consoante se trate de sentença proferida em arbitragem doméstica ou de sentença proferida em arbitragem internacional.

[333] *Anulação da Sentença Arbitral Contrária à Ordem Pública* (2011), in 'Temas de Direito da Arbitragem' *cit.*, pp. 304-315.

tantiva da ordem pública, porque da vertente processual já me ocupei no parágrafo 41. *supra*.

Se os árbitros, omitindo um dever que a generalidade da doutrina lhes aponta[334], se recusarem a atender a alegação, suficientemente provada no processo, de que o contrato em que o demandante baseou o seu pedido teve origem em atuação corruptora de uma parte ou teve por objeto tal atuação, a doutrina e a jurisprudência da larguíssima maioria das ordens jurídicas coincidem em que essa decisão ofende a ordem pública do Estado em que foi proferida, pelo que os seus tribunais devem anulá-la. Idêntica solução se impõe quando se haja provado perante o juiz competente, que o contrato que os árbitros consideram válido tinha por objeto ou por fim o branqueamento de capitais, o tráfico de estupefacientes, de armas, de pessoas ou de órgãos humanos ou dava cobertura a outras formas de violação dos direitos humanos ou a atuações gravemente lesivas do património ambiental ou cultural dos Estados, cuja preservação interessa à comunidade internacional.

Na ordem jurídica francesa, a jurisprudência tem considerado que fazem parte da 'ordem pública internacional' deste sistema jurídico princípios fundamentais como os da proibição da corrupção e do branqueamento de capitais, as medidas de sanção emanadas do

[334] Chamaram a atenção para este dever dos árbitros, entre muito outros, Carolyn B. Lamm, Hansel T. Pham, Rahim Moloo, no seguinte excerto: "A tribunal's obligation to render a universally enforceable award encourages it to take into account transnational public policy to facilitate enforcement by avoiding subsequent review by domestic courts for circumvention of public policy. Preemptive consideration of public policy during arbitration can ensure enforcement and expedite the enforcement process. A failure to address issues of transnational public policy on the other hand will likely subject an award to invalidation on domestic public policy grounds. For example, any award that dismisses evidence of fraud or corruption carries a significant risk of subsequently being held in violation of domestic public policy and unenforceable by most courts. In addition to concerns about enforceability, commercial arbitration tribunals have a public responsibility to administer justice and uphold universally accepted principles of law which requires them to address violations of transnational public policy" (*Fraud and Corruption in International Arbitration*, 'Liber Amicorum Bernardo Cremades', edited by M. A. Fernández-Ballesteros and D. Arias, La Ley, Madrid, 2010, p. 708).

Conselho de Segurança da ONU e do Conselho da União Europeia, a proibição do financiamento do terrorismo, as violações dos Direitos do Homem, a proibição de juros e penalidades compensatórias desproporcionadas, a interdição da fraude à lei, os princípios fundamentais do regime das empresas em dificuldade (*e.g.*, aquele que impõe tratamento igualitário dos credores comuns), os respeitantes à proteção do ambiente, e bem assim as *lois de police* (*e.g.* as que integram o direito da concorrência, as visam proteger a parte contratual mais fraca, como o assalariado ou o consumidor)[335].

Pelo seu lado, o Tribunal Federal Suíço tem afirmado, repetidamente, que integram a ordem pública deste ordenamento jurídico os princípios *pacta sunt servanda* (ou princípio da fidelidade ou lealdade contratual, *Vertragstreue*), a proibição do abuso de direito, o princípio da boa fé, a proibição da discriminação e de medidas espoliadoras bem como a proteção dos civilmente incapazes[336]. Contudo, devido à indeterminação de alguns destes princípios, o mesmo Tribunal procurou restringir a sua operatividade em sede de controlo de anulação de sentenças arbitrais. Assim, no que concerne ao princípio *pacta sunt servanda*, este Tribunal determinou que apenas releva para esse efeito a violação desse princípio que ocorre no caso de o árbitro reconhecer a existência do acordo e a vinculação de uma parte a este, mas recusar ordenar o seu cumprimento, por razões não legalmente suportadas ou com base em disposições legais não aplicáveis, ou quando os árbitros tenham negado a existência de um contrato e, apesar disso, admitiram a existência de uma obrigação dele decorrente. Segundo o Tribunal Federal, o processo de interpretação que os árbitros adotaram assim como as suas consequências jurídicas não são cobertos pelo princípio *pacta sunt servanda*, não podendo a violação da ordem

[335] Sobre esta matéria, destaca-se, entre outros estudos, a análise muito detalhada e suportada pelas decisões judiciais pertinentes, feita por Jean-Baptiste Racine – *Le contrôle de la conformité de la sentence à l'ordre public international: un état des lieux* cit., pp. 194-212).

[336] *Vide* J. F. Poudret & S. Besson (*Comparative Law* cit., p. 767, e Gabrielle Kaufmann-Kohler & Antonio Rigozzi – *International Arbitration* cit. pp. 499.

pública ser invocada para este fim[337]. Relativamente a alegadas violações do princípio da boa fé e do princípio do abuso de direito, há que ter presente que esses princípios se aplicam à execução de uma obrigação e ao exercício de um direito, pelo que a apreciação da compatibilidade da sentença arbitral com a ordem pública depende muito das circunstâncias em que é exercido o direito ou executada a obrigação em questão[338].

Na Alemanha, no entender da doutrina e dos tribunais, princípios fundamentais como os de *pacta sunt servanda*, da boa fé e da proporcionalidade, fazem parte da respetiva ordem pública, mas (à semelhança do que acontece na Suíça) a atendibilidade da sua violação para se fundamentar a anulação de uma sentença arbitral, é objeto de importantes restrições[339]. A doutrina e a jurisprudência deste país consideram que formam, igualmente, parte da ordem pública do seu sistema jurídico as regras e princípios dos direitos europeu e alemão visando a defesa da concorrência[340] e a limitação da concentração de empresas, bem como as que estabeleçam controlos de exportações e de importações, a antiga legislação sobre o controlo de câmbios e a atual legislação sobre branqueamento de capitais[341].

[337] J. F. Poudret & S. Besson – *ob. cit.*, p. 767 e G. Kaufman-Kholer & A. Rigozzi – *ob. cit.*, p. 499-500.

[338] G. Kaufman-Kholer & A. Rigozzi – *ob. cit.*, p. 500, e as decisões do Tribunal Federal aí referidas.

[339] No respeitante à violação destes princípios, advertem Stefan Kröll & Peter Kraft (*Recourse against the award*" cit. p. 413), citando decisões dos tribunais alemães: "Only gross violations of the principles of good faith or proportionality leading to an arbitrary decision fall within the narrow public policy ground. Thus, even awards which are obviously wrong may only violate public policy if the infringement of the law has reached a level which would seriously affect the principle of legal certainty and the confidence in arbitration. This was assumed in cases where sanctions ordered by an arbitral tribunal for a minor wrong were completely out of proportion and contrary to the applicable catalogue fixed for such sanctions".

[340] Neste domínio, merece destaque especial a importante decisão preferida pelo Supremo Tribunal Federal alemão (BGH) em 27.09.2022, resumida na nota de rodapé 464 *infra*.

[341] Cf. Stefan Kröll & Peter Kraft – *Recourse against the award* cit. p. 413.

Que dizer relativamente ao conteúdo da ordem pública (ou da 'ordem pública internacional', dado o disposto no art. 46º, nº 3, *b) ii)* da LAV) no ordenamento jurídico português?

A doutrina portuguesa coincide em afirmar que, sendo o direito internacional objeto de receção automática na ordem jurídica portuguesa (por força do art. 8º da CRP), a 'ordem pública' do nosso sistema jurídico é também informada por normas e princípios fundamentais de direito internacional e o mesmo pode dizer-se dos princípios fundamentais do direito europeu[342]. Os princípios e normas constitucionais fazem igualmente parte da ordem pública (internacional ou interna) do sistema jurídico português[343].

Por outro lado, não podem deixar de fazer parte da ordem pública (internacional ou interna) do nosso ordenamento jurídico os princípios e regras que recebem essa caracterização nas ordens jurídicas francesa, suíça e alemã. No que concerne aos princípios fundamentais de direito privado que nos direitos suíço e alemão se considera pertencerem às respetivas 'ordens públicas', admito que a invocação da sua violação para fundamentar, no âmbito da nossa ordem jurídica, pedidos de anulação de sentenças arbitrais fique sujeita a restrições semelhantes às admitidas naquelas[344].

[342] *Vide* Rui de Moura Ramos – *Anotação* cit., pp. 294-296, e Luís de Lima Pinheiro *Direito Internacional Privado,* Volume I, 3ª ed., Almedina, Coimbra, 2015, pp. 660-661, e demais doutrina aí citada.

[343] *Vide,* entre outros, Rui de Moura Ramos – *Anotação* cit., p. 294, Luís de Lima Pinheiro – *ob. cit.* p. 663, e Manuel Carneiro da Frada – A *ordem pública no domínio dos contratos* cit., p. 257.

[344] Expressamente neste sentido, *vide* os acórdãos do STJ proferidos em 7.09.2020 (proc. 1714/18.4YRLSB.S1) e em 1.10.2029 (1254/17.9YRLSB.S1). Especificamente, quanto ao princípio *pacta sunt servanda,* o acórdão da Relação de Lisboa de 13.07.2017 (proc. 1358/16.5YRLSB-7) considerou-o como integrando a 'ordem pública internacional' do nosso ordenamento jurídico, mas entendeu que ele não fora violado no caso apreciado; quanto aos princípios da boa fé e da proibição do abuso de direito e da proporcionalidade, o acórdão do STJ de 14.03.2017 (proc. 103/13.1YRLB.S1) considerou-os como fazendo parte dessa 'ordem pública internacional', pelo que recusou o reconhecimento duma sentença arbitral estrangeira que gravemente os ofendia.

Os princípios e regras basilares do direito da concorrência, quer de fonte comunitária quer de fonte nacional, fazem parte da ordem pública ("interna" e "internacional") tanto do sistema jurídico português como dos sistemas jurídicos dos outros Estados-membros da União Europeia. Relativamente a esses princípios ou regras, o Tribunal de Justiça da União Europeia, no seu o acórdão *Eco Swiss v. Benetton*[345], tornou claro que normas como as que constavam do art. 81º do TCE (e constam agora do art. 101º do Tratado U.E.), por serem indispensáveis ao cumprimento das atribuições da União e, em particular, ao funcionamento do mercado interno, devem considerar-se como fazendo parte da "ordem pública" dos Estados-membros da União. Consequentemente, segundo o Tribunal de Justiça, o direito europeu impõe que a contrariedade da sentença arbitral a tais princípios e regras possa ser examinada pelo tribunal nacional que conheça do pedido de anulação de uma decisão arbitral, com fundamento na violação da ordem pública, devendo, por isso, esse tribunal anular tal sentença, se considerar que ela é efetivamente contrária ao artigo 81º do TCE (ou a outras normas de direito comunitário dotadas de idêntica imperatividade).

Ora, se as normas e princípios pertencentes ao direito europeu da concorrência integram a 'ordem pública' (interna e internacional) dos ordenamentos jurídicos dos Estados membros da União e se não cabe dúvida de que questões relativas à aplicação de tais normas podem suscitar-se em arbitragens internas (*i.e.*, que não "põem em jogo interesses do comércio internacional"), tem de admitir-se que os tribunais portugueses possam controlar e anular as sentenças nelas proferidas, caso verifiquem que a desaplicação ou errada aplicação dessas normas ou princípios pelos árbitros produziu um resultado violador daqueles. O mesmo vale em relação às normas do direito da concorrência interno que tutelam valores e interesses idênticos aos protegidos por aquelas normas de direito comunitário.

[345] Caso 126/97, *Eco Swiss China Time Ltd v. Benetton International NV* [1999], ECR I – 3055.

Outras normas inderrogáveis do direito europeu devem, igualmente, ser consideradas como parte da ordem pública dos Estados-membros da União, podendo as decisões arbitrais que as infrinjam ser anuladas com esse fundamento pelos tribunais estaduais competentes. É o que sucede com as normas destinadas à proteção dos consumidores, como passo a exemplificar.

No acórdão proferido no caso *Elisa Maria Mostaza Claro v. Centro Móvil Milenium*[346], o Tribunal de Justiça da União Europeia entendeu que o tribunal nacional competente para apreciar a validade duma convenção de arbitragem e da decisão arbitral proferida com base nela, deve poder suscitar, oficiosamente, a questão da sua compatibilidade com as normas comunitárias[347] que visam proteger os consumidores, como 'parte contratual mais fraca', mesmo que tal questão não tenha sido suscitada perante os árbitros[348], se verificar que essa convenção infringiu aquelas normas, por, em face destas, tal convenção ser de considerar como abusiva, devendo poder, por isso, o tribunal estadual competente anular a decisão arbitral, com fundamento na nulidade da convenção de arbitragem em que a arbitragem se fundou[349].

Centrando agora a atenção nas violações da 'ordem pública interna', merecem referência os exemplos revelados pelas jurisprudências dos sistemas jurídicos que têm maiores afinidades com o nosso, de anulação de decisões arbitrais tidas por violadoras de

346 Caso 168/05, *Elisa Maria Mostaza Claro v. Centro Móvil Milenium SL* [2006] ECR I-10421.

347 No caso decidido por este acórdão, tratava-se da Diretiva do Conselho 93/13/EEC de Abril de 1993, J.O., 1993 L 95/29.

348 Este segmento do acórdão do Tribunal de Justiça foi fortemente criticado por numerosos comentadores que realçaram que a generalidade das leis de arbitragem coloca sobre as partes o ónus de suscitarem atempadamente, no processo arbitral, as questões que queiram vir a invocar posteriormente para impugnar a sentença arbitral, sob pena de ficar precludido o direito de o fazerem mais tarde.

349 Sobre este acórdão e o apoio que ele confere à ideia, que enfatizo mais à frente, de que o respeito pela ordem pública (neste caso, a ordem pública comunitária) deve ser objeto de 'controlo efetivo', *vide* Laurence Idot – *Note de Jurisprudence,* Revue de l'Arbitrage, 2007, Nº 1, CFA, Paris, p. 115-121.

princípios ou regras integrantes das suas 'ordens públicas internas', nomeadamente, algumas das pertencentes aos regimes de insolvência. Neste sentido, a jurisprudência da *Cour de cassation* francesa tem repetidamente anulado sentenças arbitrais que violam regras que impõem *(i)* que, sempre que seja declarada a falência do demandado numa arbitragem em curso, esta seja suspensa até que o demandante haja reclamado o seu crédito junto do tribunal estadual competente, só após isso podendo continuar o processo arbitral, e *(ii)* que a sentença dos árbitros se limite a reconhecer o crédito da contraparte sobre a parte declarada insolvente, sem condenar esta no pagamento do montante correspondente[350].

As razões justificativas das sobreditas regras do direito francês, valem também no âmbito do direito português da insolvência, ainda que não tenham correspondência explícita na nossa legislação. Entendo, por isso, que deverá também ser anulada, com idêntico fundamento, a sentença arbitral proferida em Portugal que tenha deixado seguir a arbitragem[351], sem se assegurar de que a parte declarada insolvente passou a ser representada pelo administrador da insolvência ou de que a contraparte do insolvente reclamou atempadamente o seu crédito no processo de insolvência, ou que tenha condenado o insolvente a pagar certa quantia à sua contraparte na arbitragem, não se limitando a reconhecer a existência do crédito[352].

[350] Estas regras são qualificadas como integrando tanto a 'ordem pública interna' quanto a 'ordem pública internacional' do sistema jurídico francês; *vide,* sobre esta matéria, Fouchard, Gaillard, Goldman – *On International Commercial Arbitration* cit., p. 961; Bernard Hanotiau – *L'arbitrabilité* , Recueil des Cours de l'Académie de Droit International, T. 296 (2002), The Hague, p. 183; Philippe Fouchard – *Arbitrage et faillite,* Revue de l'Arbitrage, 1998, Nº 3, CFA, Paris,pp. 471-494; J. F. Poudret & S. Besson – *ob. cit.,* p. 308; cf. também, entre muitos outros, a *Note de jurisprudence – Arrêt de la Cour de cassation de 6.05.2009,* de Daniel Cohen, Revue de l'Arbitrage, 2010, Nº 2, CFA, Paris, p. 298 e segs.

[351] Contrariando as normas estabelecidas, expressa ou implicitamente, nos arts. 85º, nº 3, 87º, nº 2 *(in fine),* 88º, nº 1, e 128º, nº 3, do C.I.R.E.

[352] Pois é só isso que, num caso desses, os árbitros podem fazer, sem infringirem normas absolutamente inderrogáveis do regime da insolvência. Tal como entende em França, também entre nós se deve concluir que uma condenação com esse teor rom-

Por último, tendo em atenção as decisões dos tribunais franceses e alemães atrás mencionadas, considero que fazem parte da 'ordem pública internacional' do nosso sistema jurídico, em razão da primacial relevância dos interesses que protegem, as regras legais que *(i)* criem controlos de importações, de exportações ou de movimentos de capitais, por razões de superior interesse público[353], ou *(ii)* visem regular os mercados financeiros, impedindo operações perturbadoras do seu regular funcionamento, ou *(iii)* se proponham assegurar a estabilidade e solvabilidade das instituições financeiras (*e.g.*, fixando limites ao levantamento de depósitos ou proibindo algumas modalidades de crédito), ou *(iv)* introduzam alterações radicais no regime monetário vigente. Não cabe dúvida, em meu entender, de que regras com este tipo de objetivos – homólogas das que no direito francês se designam por *lois de police* – fazem parte da ordem pública (interna ou internacional consoante os casos) do sistema jurídico português[354], sendo anuláveis as sentenças arbitrais que produzam um resultado que as violem.

peria a igualdade de tratamento dos credores, que constitui um princípio basilar do direito português, uma vez que, mesmo após a confirmação da existência e montante do crédito (que pode ser feita por um tribunal arbitral), o respetivo pagamento só pode ter lugar no quadro do processo coletivo de insolvência, sem favorecimento de um credor relativamente aos outros da mesma categoria.

353 Embora a admissibilidade destes controlos seja atualmente muito limitada, em virtude das normas de direito europeu e também das regras resultantes da Organização Mundial do Comércio, a legitimidade desses controlos mantém-se quando estejam em causa os interesses da saúde pública, da segurança pública, da defesa nacional ou da proteção do património nacional com valor artístico, histórico ou arqueológico, ou ainda quando se trate de produtos ou equipamentos de natureza militar.

354 Também para Rui de Moura Ramos (*Anotação* cit., p. 296) as *lois de police* fazem parte da ordem pública (interna ou internacional) de um sistema jurídico como o nosso. Pelo seu lado, António Menezes Cordeiro, no seu *Tratado da Arbitragem*, ensaiou igualmente uma concretização, não apenas no âmbito da ordem jurídica portuguesa mas também no doutras ordens jurídicas, das violações da ordem pública que podem gerar a anulabilidade das sentenças arbitrais que as cometam, apresentando a casuística recolhida sob as seguintes epígrafes: *(a)* disposição de bens futuros; *(b)* a violação da proporcionalidade; *(c)* as expropriações ou nacionalizações sem indemnização; *(d)* os *punitive damages*.

(c) Conteúdo da 'ordem pública internacional' referida no art. 46º, nº 3, *b) ii)*

45. Feitas as distinções que eram indispensáveis para correta análise deste fundamento de anulação da sentença arbitral, surgem naturalmente algumas questões. A primeira é esta: por que razão determinou o legislador português que, relativamente a sentenças proferidas em arbitragens internas, o juiz verifique a sua conformidade com a bitola normativa da 'ordem pública internacional'? A essa questão segue-se outra: que conteúdo deve atribuir-se à 'ordem pública internacional' prevista no art. 46º, nº 3, *b), ii)* da LAV?

Uma coisa parece clara: não é da *exceção ou reserva de ordem pública internacional* que se trata aqui, porque, tendo a maioria das sentenças arbitrais proferidas em Portugal e abrangidas por essa disposição aplicado direito português, falta nesses casos, por completo, o 'salto para o desconhecido' (segundo a conhecida expressão de Leo Raape) que é inerente à remissão para uma lei estrangeira e que também existe, de algum modo, quando uma ordem jurídica se dispõe a reconhecer efeitos a uma decisão jurisdicional estrangeira[355]. Parece, pois, poder concluir-se que aquela disposição da LAV tem em a vista a *ordem pública de direito material* acima definida.

Mantém-se, no entanto, a pergunta: por que razão impôs o legislador português, mesmo quando se trate de ajuizar sobre a tolerabilidade pelo nosso sistema jurídico do conteúdo de sentenças proferidas em arbitragens internas, que o juiz do controlo tenha em atenção a 'ordem pública (material) internacional'? Por que é que o legislador não se limitou a dispor que a ofensa à ordem pública constitui fundamento de anulação da sentença arbitral, deixando que o juiz competente se reportasse à 'ordem pública interna' ou à 'ordem pública

[355] Esta conclusão é partilhada pela maioria dos estudiosos desta matéria: *vide*, além do disse atrás no texto e no estudo *Anulação da Sentença Arbitral Perante a Nova LAV*, 'Temas de Direito da Arbitragem' *cit.*, p. 298; Mariana França Gouveia – *Curso cit.*, 3ª ed., pp. 310-311; e António Pedro Pinto Monteiro – *ob. cit.*, p. 649 e segs. Em face dessa conclusão, este último autor manifesta-se "estupefacto" por o legislador, no art. 46º, nº 3, *b), ii)* da LAV, ter tido, aparentemente, em vista a figura da *excepção da ordem pública internacional e* (*ob. cit.*, p. 649).

internacional', consoante se tratasse de arbitragens internas ou de arbitragens internacionais, como fazem os tribunais e a doutrina dos países cujas leis de arbitragem se limitam a prever como causa de anulação de sentença arbitrais 'a violação da ordem pública', sem fazerem aquela distinção[356]?

Não é difícil identificar o que esteve na origem desta censurável opção legislativa. No começo de tudo, esteve o absurdo propósito[357], por cuja consecução a maioria dos membros da direção da A.P.A. pugnou, reiteradamente (nos anos de 2009, 2010 e 2011), de fazer eliminar na lei da arbitragem em preparação, a ofensa à ordem pública como fundamento de anulação de sentenças arbitrais. Essa iniciativa foi (bem) recusada pelos Ministros da Justiça dos XVIII e do XIX Governos Constitucionais que, perante a controvérsia instalada e com o intuito de a superar, adotaram no texto das Propostas de

[356] Como faz o art. 34 (2), *b),* ii) da Lei Modelo da UNCITRAL; quanto ao direito alemão, *vide* S. Kröll & P. Kraft – *ob. cit.,* p. 412. O mesmo acontece no âmbito de quase todas as leis que admitem a impugnação das sentenças arbitrais com este fundamento, sem distinguirem entre 'ordem pública interna' e 'ordem pública internacional', como é o caso da larguíssima maioria das leis de arbitragem de outros países, baseadas ou não na Lei Modelo da UNCITRAL. A única excepção que conheço é constituída pelo direito francês, cujo *Code de procédure civile* (tanto na versão resultante da reforma de 1981 quanto na que resultou da reforma de 13 de janeiro de 2011) distingue, para este efeito, entre a "ordem pública interna" e a "ordem pública internacional", consoante se trate, respetivamente de arbitragens internas ou de arbitragens internacionais (segundo o critério de distinção adotado na lei francesa, que é idêntico ao da lei portuguesa).

[357] Não me parece excessivo qualificar assim a solução que a maioria dos membros da direção da A.P.A. se esforçou, insistentemente, por que fosse consagrada na futura LAV, ignorando com isso as indicações do direito comparado e os ensinamentos da esmagadora maioria da doutrina da arbitragem (nacional e estrangeira), nomeadamente os baseados na correlação entre a extensão do domínio da arbitrabilidade e a extensão do controlo das sentenças arbitrais, sob o ângulo da seu eventual contrariedade à ordem pública, como que salientei no parágrafo 36. *supra.* Nos meus escritos *Reforma da Lei da Arbitragem Voluntária,* Revista Internacional de Arbitragem e Conciliação, Nº 2, 2009, pp. 42-56, e *Anulação de Sentença Arbitral Contrária à Ordem Pública,* Revista do Ministério Publico, Ano 32, Nº 126, Abril Junho 2011, depois incluídos em 'Tema de Direito da Arbitragem' *cit.,* procurei evidenciar o grave erro que tal solução constituiria.

Lei que elaboraram, a defeituosa via de compromisso que ficou vertida na al. *b) ii)* do nº 3 do art. 46º da LAV.

Parece clara que a intenção que moveu os competentes membros daqueles Governos, ao darem a esta disposição a redação com que ficou na Lei, foi a de restringirem o critério em função do qual se pode apreciar o preenchimento deste fundamento de anulação de sentenças arbitrais ou, dito de outro modo, de se estreitar a margem de controlo, sob este ângulo, das sentenças arbitrais pelos tribunais estaduais, através da convocação de um reduto normativo menos compreensivo, representado pela "ordem pública internacional"[358].

A verdade é que são vários os defeitos que mostra a formulação adotada na al. *b) ii)* do nº 3 do art. 46º da Lei. Em primeiro lugar, como sublinhei no parágrafo 39. *supra*, para a grande maioria dos autores portugueses e estrangeiros que têm escrito sobre esta matéria, a 'ordem pública' enquanto bitola de determinação da *legitimidade* da sentença arbitral, é composta não só por 'princípios', mas também por 'regras jurídicas' dotadas de maior ou menor precisão.

Em segundo lugar, o art. 46º, nº 3, *b), ii)*, ao reportar-se ao conceito de 'ordem pública' na sua vertente de 'ordem pública internacional', merece as críticas que boa parte da doutrina portuguesa lhe tem dirigido[359], por não ser curial nem tecnicamente correto que o reduto axiológico-normativo inderrogável que se pretende salvaguardar, quando se trate de sentenças proferidas em arbitragens *internas* (que têm por objeto litígios sem contactos com outras ordens jurídicas, além da portuguesa, e que não põem em jogo interesses do

[358] Cf. o que expus no parágrafo 39. *supra*. O receio que então terá havido de que os tribunais estaduais portugueses pudessem vir a anular, com excessiva largueza, sentenças arbitrais impugnadas com este fundamento, era manifestamente injustificado, tendo em conta o grande equilíbrio e judiciosidade com que esses tribunais têm aplicado os conceitos indeterminados a que a lei frequentemente recorre e, em particular, o de 'ordem pública'.

[359] Criticaram a utilização dessa formulação no art. 46º, nº 3, *b) ii)*, da LAV, entre outros autores, António Pedro Pinto Monteiro (*Da Ordem Pública* cit., pp. 649-660), e António Menezes Cordeiro (*Tratado da Arbitragem cit.*, pp. 444) que a qualificou como "surrealista"; *vide* também, mais desenvolvidamente, a minha monografia *A Impugnação* cit. pp. 119-126).

comércio internacional), seja formado pelos princípios e regras que integram a ordem pública *internacional*. Este erro técnico-legislativo gera, quando se trate de aplicar esta disposição legal a sentenças proferidas em arbitragens internas, resultados muito nocivos que detalharei no parágrafo seguinte.

Em terceiro lugar, o uso da expressão 'ordem pública internacional' na al. *b) ii)* do nº 3 do art. 46º dá azo à confusão verificada nalguns acórdãos de tribunais da relação[360] que, chamados a apreciar a impugnação de sentenças proferidas em arbitragens respeitantes a litígios puramente internos, em que ambas as partes tinham nacionalidade portuguesa, a obrigação cujo incumprimento se discutiu fora constituída e inexecutada em Portugal e o litígio resultante fora decidido por um tribunal arbitral aqui sediado, aplicando direito substantivo português, buscaram o significado da expressão 'ordem pública internacional' constante da al. *b) ii)* do nº 3 do art. 46º em obras de direito internacional privado, sem se aperceberem de que os institutos deste ramo do direito nenhuma aplicação podem ter relativamente a litígios puramente internos. E tendo enveredado por caminho tão errado, vieram tais acórdãos a concluir que a sentença arbitral impugnada não podia ser anulada ao abrigo al. *b) ii)* do nº 3 do art. 46º, por não ter sido proferida no estrangeiro nem ter aplicado direito estrangeiro ao fundo da causa, o que constitui um inexcedível absurdo.

É, além disso, incorreta a referência feita na al. *b) ii)* do nº 3 do art. 46º à contrariedade do "conteúdo da sentença" à ordem pública internacional do Estado Português, porque, como explicarei adiante (nos parágrafos 59. e 61.), o que, neste contexto, deve confrontar-se com os princípios e as regras que integram a ordem pública (interna ou internacional), não é o 'conteúdo' da sentença (aquilo que se pode ler-se na sua parte dispositiva ou na respetiva fundamentação), mas sim o *resultado material* que ela produziu ou, para usar a formulação

[360] Nomeadamente, o acórdão da Relação de Lisboa, de 20.01.2022 (proc.1445/20.5YRLSB), e o acórdão da Relação de Coimbra, de 26.11.2019 (proc. 100/19.3YRCBR.C1).

muito frequentemente usada pela doutrina e jurisprudência francesas, a *solução* por ela dada ao litígio.

Por último, não parece feliz a referência aqui feita à "ordem pública (internacional) do Estado português". Por se estar perante uma *cláusula geral do sistema jurídico*" – a ordem pública, interna ou internacional, é um reduto normativo inderrogável que faz parte deste sistema –, seria mais correto que a esta bitola de valoração fosse denominada de 'ordem pública do sistema português' ou simplesmente 'ordem pública', como sucede na generalidade das leis de arbitragens doutros países, baseadas ou não na Lei Modelo da UNCITRAL[361].

Postas a nu as várias deficiências de que padece a formulação adotada no art. 46º, nº 3, *b), ii)*, tem cabimento perguntar se os defeitos apontados a essa formulação alguma têm importância prática? Dito por outras palavras, haverá reais diferenças entre a 'ordem pública (material) interna' e a 'ordem pública (material) internacional' que

[361] Vale a pena tentar reconstituir o percurso que levou à inclusão desta expressão na al. *b) ii)* do nº 3 do art 46º. É patente que se foi buscar esta formulação à al. *b) ii)* do nº 1 do art. 56º da LAV, a qual, por seu turno, proveio da al. *f)* do art. 1096 do CPC de 1951, com a redação dada pela reforma que este sofreu em 1995. Ora, antes desta reforma, estabelecia a al. *f)* do art. 1096º, como requisito necessário para a confirmação da sentença emanada por um órgão jurisdicional estrangeiro, que ela não contivesse "decisões contrária aos princípios de ordem pública portuguesa". A formulação que veio a figurar na al. *f)* do art. 1096º do CPC de 1961 (reproduzida mais tarde, sem alterações, pelo art. 980º *f)* do CPC de 2013), seguiu a proposta apresentada, em 1995, pelo Professor António Ferrer Correia e pelo Dr. Fernando Ferreira Pinto, que, relativamente a este ponto, não continha justificação precisa. Sabe-se, no entanto, como aquele professor definia a função que a ordem pública internacional desempenha neste âmbito: "A ordem pública internacional reveste neste domínio a mesma natureza que em matéria de conflito de leis: é uma exceção, uma barreira, um limite à eficácia no Estado do foro das decisões proferidas em pais estrangeiro". Encontra-se aqui, segundo creio, a origem da ligação da noção de 'ordem pública internacional' ao 'Estado português'. A verdade é que, como observou, António Marques do Santos, aquilo que nesta noção está em causa são os *princípios fundamentais da ordem jurídica portuguesa*. Sobre a história da reforma de que o art. 1096º do CPC foi objeto em 1995, *vide* o estudo deste último autor – *Revisão e Confirmação de Sentenças Estrangeiras no Novo Código do Processo Civil de 1997 (Alterações ao Regime Anterior)*, incluído na obra coletiva 'Aspectos do Novo Processo Civil', Lex, Lisboa 1997, pp. 105-156.

podem ser chamadas à colação em sede de impugnação de sentenças arbitrais?

A circunstância de essa distinção se achar em praticamente todos os comentários da doutrina especializada e na jurisprudência da grande maioria dos países, nomeadamente daqueles em que se estuda, mais aprofundadamente, a temática da arbitragem voluntária (ou comercial), demonstra que essa não é uma distinção bizantina. No entanto, julgo conveniente suportar, com alguns exemplos, a minha convicção de que tal distinção tem efetiva projeção prática.

46. Para o efeito indicado no parágrafo antecedente, parece útil partir dos conceitos que se encontram, frequentemente, na literatura jurídica francesa[362], quando aí se distingue, dentro da *ordem pública económica*[363], a "ordem pública de proteção" e a "ordem pública de direção".

A "ordem pública de proteção" tem por finalidade proteger a parte considerada como mais fraca: a sua função é restabelecer o equilíbrio contratual que a autonomia da vontade, por si só, seria incapaz de assegurar. Inscrevem-se nesta categoria algumas regras e

362 *Vide*, por exemplo, Jean Carbonnier – *Droit Civil, Tome 4, Les Obligations*, PUF, Paris, 1992, pp. 146-147, Gérard Farjat – *Droit Économique*, PUF, Paris, 1982, pp. 50-51, e Jean-Baptiste Racine – *L'Arbitrage Commercial International et L'Ordre Public* cit., pp. 9-11.

363 A essa *ordem pública económica* alguns autores, como Jean Carbonnier e Jean-Baptiste Racine, opõem à *ordem pública política e moral* (que teria por objetivo proteger o Estado, a família e os valores morais fundamentais), enquanto outros autores, como Gérard Farjat, a contrapõem à *ordem pública clássica* (que seria constituída pelos princípios fundamentais sobre os quais assenta a sociedade). Acerca desta matéria, há que fazer duas anotações: a primeira é a de que, para a demonstração ensaiada no texto, são mais ilustrativos os exemplos extraídos da 'ordem pública económica' do que os que se encontrariam na 'ordem pública política e moral'; a segunda é a de que, a 'ordem pública económica' foi, sucessivamente, animada por duas lógicas: uma lógica dirigista, que nasceu no período entre as duas guerras mundiais e se acentuou após a segunda grande guerra, tendo começado a esbater-se em meados do anos oitenta até quase desaparecer no presente, e uma lógica neoliberal, atualmente prevalecente, que tem visado combater os abusos da liberdade contratual, proibindo os comportamentos nocivos ao bom funcionamento dos mercados e à sã concorrência ou disruptivos dos equilíbrios em que deve assentar a sociedade.

princípios de direito positivo destinadas a proteger o consumidor, o assalariado, o arrendatário, o segurado e o agente comercial.

Quanto à 'ordem pública de direção', ultrapassada como está, na maioria dos países desenvolvidos, a feição dirigista que assumiu até meados dos anos oitenta do século passado, ela tem, atualmente, expressão principal nos direitos da concorrência e da regulação económica, bem como na reação legislativa a que se tem assistido contra os excessos do funcionamento dos mercados financeiros, sem quaisquer peias ou disciplina.

Começando com exemplos de regras ou princípios pertencentes à *ordem pública de proteção*, consideremos, entre outras que poderia citar, as seguintes disposições que fazem parte do Novo Regime do Arrendamento Urbano (NRAU): os artigos 15º-N, 35º e 36º da Lei nº 6/2006, de 27 de fevereiro, que aprovou este regime, alterado como veio a ser pela Lei nº 31/2012, de 14 de agosto, pela Lei nº 43/2017, de 14 de junho, e pela Lei nº 13/2019, de 12 de fevereiro.

Embora a componente vinculística do regime do arrendamento urbano vigente seja mais reduzida do que era antes da publicação do NRAU, em 2006 – apesar de essa componente vinculística ter voltado a ser reforçada, significativamente, com as alterações feitas, em 2012, 2017 e 2019, nalguns artigos do Código Civil sobre o arrendamento urbano e em várias disposições daquele Regime –, continuam a existir nessa legislação algumas disposições que, visando proteger inquilinos economicamente carenciados ou fragilizados por razões de saúde ou de idade, têm natureza vincadamente imperativa, não podendo, em caso algum, ser ignoradas ou preteridas por uma sentença arbitral que decida um litígio por elas abrangidas.

Não deveria, por isso, existir dúvida de que uma sentença arbitral cujo resultado colidisse com o escopo protetor daquelas disposições ofenderia a ordem pública material do ordenamento jurídico português. Mas cabem essas disposições na 'ordem pública internacional' referida no art. 46º, nº 3, *b) ii)* da LAV? A esta pergunta não hesito em responder pela negativa, embora discordando completamente da solução que decorre da Lei. As normas acima mencionadas (e outras com objetivo semelhante) só são aplicáveis a relações de arrendamento de prédios urbanos situados em Portugal, e destina-se a proteger inquilinos residentes no nosso país, sendo literal e finalisticamente inadequadas para reger relações locativas em prédios situados no estrangeiro, habitados por não residentes no nosso país. Com efeito, as pessoas e os valores protegidos por tais normas estão, por natureza, confinados ao território português, não sendo suscetíveis de 'pôr em jogo interesses do comércio internacional' (segundo o critério definidor das 'arbitragens internacionais' adotado no art. 49º da LAV[364]).

Mas, se assim é, por absurda e chocante que seja a conclusão, parece que, face ao disposto no art. 46º, nº 3, *b), ii)* da LAV, não poderá ser anulada uma sentença arbitral que infrinja ou desaplique tais normas imperativas, produzindo isso um resultado manifestamente contrário à ordem pública interna do nosso sistema jurídico, porque tal sentença não ofende a 'ordem pública internacional', que é o reduto axiológico-normativo que releva para os efeitos dessa disposição da LAV, visto que é para tal conceito que ela remete.

47. Voltando agora a atenção para normas imperativas que, integrando também a *ordem pública de proteção,* cabem, patentemente, na 'ordem pública internacional' referida no art. 46º, nº 3, *b), ii)* da LAV. É o caso dos arts. 21º e 22º do Regime Legal das Cláusulas Contratuais Gerais (o RLCCG, criado pelo Decreto-Lei nº 446/85, de 25 de outubro, e alterado por diversas leis posteriores).

É sabido que a componente do RLCCG que diz respeito às relações entre empresários (ou entidades equiparadas) e consumidores finais corresponde, na sua maior parte, ao estabelecido em diretivas da Comunidade Europeia, tendo sido alterado, em 1995, para melhor se conformar, nesta sua vertente, com o disposto na Diretiva nº 93/13/CEE, do Conselho, de 5 de abril.

[364] Sobre a interpretação deste critério distintivo das arbitragens internacionais, *vide* o nosso estudo *Quando é que uma arbitragem é internacional ?,* Revista de Direito Civil, Ano IV(2019), nº 3, Almedina, Coimbra, pp. 583-601

Acresce a isso que o Tribunal de Justiça da U.E., no acórdão que proferiu, em 26 de outubro de 2006, no caso *Elisa María Mostaza Claro v. Centro Móvil Milenium SL*[365] – em decisão proferida sobre o reenvio prejudicial efetuado pela *Audiencia Provincial* de Madrid, no âmbito da impugnação que perante esta foi deduzida por *Elisa M. Mostaza Claro* relativamente a um laudo arbitral que decidira, em seu detrimento, um litígio que a opunha ao operador de telefonia móvel *Centro Móvil Milenium* –, citando um princípio enunciado no anterior acórdão do T.J. de 1 de Junho de 1999 (no caso *Eco Swiss v. Benetton*), afirmou que "na medida em que um órgão jurisdicional nacional deva, segundo as suas regras processuais internas, deferir um pedido de anulação de uma decisão arbitral, baseado na violação das normas nacionais de ordem pública, deve igualmente deferir um tal pedido baseado na violação de normas comunitárias deste tipo", esclarecendo ainda que as disposições dos direitos do Estados membros da U.E. que sejam uma transposição dos (ou conformes aos) artigos 3º, nº 1, e 6º, nº 1, da Diretiva nº 93/13/CEE, fazem parte da 'ordem pública comunitária', dado que "esta diretiva constitui uma medida indispensável para o cumprimento das missões confiadas à Comunidade, em particular para o aumento do nível e qualidade de vida em tido o seu território". Entendeu ademais o T.J. da UE que "a natureza e importância do interesse público no qual assenta a proteção que a diretiva garante aos consumidores, justifica que o juiz nacional deva apreciar oficiosamente o carácter abusivo de uma cláusula contratual e, deste modo, atenuar o desequilíbrio que existe entre o consumidor e o profissional ... mesmo que o consumidor não tenha invocado essa a nulidade no âmbito do processo arbitral, mas apenas no recurso de anulação [do laudo aí proferido]".

Resulta, portanto, do conteúdo dispositivo deste acórdão que, pelo menos, as disposições do RLCCG que se destinam a tutelar a posição dos consumidores que contratem com predisponentes de cláusulas contratuais gerais, devem ser consideradas como inte-

[365] Caso 168/05, *Elisa María Mostaza Claro v. Centro Móvil Milenium SL* [2006] ECR I-10421.

grando a 'ordem pública internacional' referida no art. 46º, nº 3, *b) ii)* da LAV[366].

48. Passando agora a um exemplo de regras que podem considerar-se como fazendo parte da chamada *ordem pública de direção*, examinemos as regras contidas no art. 25º, nº 5, alíneas *a)* e *b*, Decreto-Lei nº 133/2013, de 3 de outubro, que vedam às empresas públicas a realização, sem prévia autorização do Ministro da Finanças, de operações de financiamento com prazo superior a um ano, assim como de todas as operações referentes a derivados financeiros sobre taxa de juro ou de câmbio. É fora de dúvida que a história relativamente recente relativa à contratação ocorrida, há alguns anos, em termos assaz imprudentes, de contratos de *swap* de taxa de juro, por parte de algumas empresas públicas e da Região Autónoma da Madeira, com efeitos muito perniciosos na situação financeira do Estado português, terá sido a causa próxima da publicação destas interdições em letra de lei. Por outro lado, ninguém negará, por certo, que as interdições estabelecidas no citado diploma legal têm uma imperatividade tão forte, dado o carácter de 'medida de salvação pública' que assumiram, que passaram a ser parte integrante da 'ordem pública' do Estado Português. Mas pertencerão as referidas interdições legais à 'ordem pública interna' ou antes à 'ordem pública internacional', que é única a que o art. 46º, nº 3, *b) ii)* da LAV confere relevância para efeito de anulação de sentenças arbitrais?

A circunstância de as sobreditas interdições serem estabelecidas por razões puramente 'domésticas', para evitar a repetição de práticas passadas das administrações de diversas empresas públicas portuguesas, ao contratarem operações desse tipo com grave infração do seu dever de diligência (em particular, do 'dever de cuidado' enunciado

[366] Na falta deste acórdão do Tribunal de Justiça da UE, poderia chegar-se a conclusão idêntica. Com efeito, os produtores de bens e os prestadores de serviços que elaborem e apresentem clausulados contratuais gerais à subscrição dos consumidores, devem ter presente de que a subscrição dos mesmos pode, com grande probabilidade, pôr em jogo interesses do comércio internacional, porque podem facilmente ser subscritos por entidades baseadas noutros países.

no art. 64º, nº 1, a) do Código das Sociedades Comerciais) e com efeitos cuja danosidade resultou agravada na fase bastante crítica que, há alguns anos, atravessaram as finanças públicas portuguesas, leva-me a concluir que estas interdições fazem parte da "ordem pública interna do Estado Português", mas não da sua 'ordem pública internacional'[367] que é a única que releva para efeito do disposto no art. 46º, nº 3, *b) ii)* da LAV.

Se assim é, a sentença arbitral que em litígio que opusesse uma empresa pública a uma instituição financeira com a qual a primeira tivesse celebrado um contrato desse tipo, sem se munir previamente de autorização do Ministro das Finanças ou do órgão em quem este delegue tal competência tutelar, reconhecesse a validade e eficácia de tal operação, apesar de tal decisão ter como resultado ofender a ordem pública interna do Estado português, não poderia ser anulada ao abrigo da LAV em vigor[368]. Ora, em meu entender, deveria poder sê-lo[369]. Conclusões semelhantes poderiam ser extraídas relativa-

[367] Repare-se que, podendo as mencionadas operações em causa ser contratadas com instituições financeiras estrangeiras (como foram, nalguns casos pertencentes ao historial recente referido no texto), não se descortina relativamente às disposições das als. *a)* e *b)* do nº 5 do art. 25º do Decreto-Lei nº 133/2013, nenhum juízo de valor ou de desvalor especificamente dirigido à celebração de tais operações por entidades públicas portuguesas com instituições financeiras estrangeiras, em vez de serem contratadas com instituições financeiras baseadas no nosso país. Pelo contrário, o que legislador considerou decisivo foi o conteúdo e os efeitos das operações em questão, não a nacionalidade dos cocontratantes das referidas entidades públicas. Não parece, portanto, que o legislador português, ao estabelecer essas regras, tenha pretendido tutelar interesses usualmente 'postos em jogo no comércio intencional' e que tenha tido em atenção, especificamente, a estraneidade das instituições financeiras que haviam contratado tais operações com as ditas entidade públicas.

[368] Embora pudesse sê-lo à luz da LAV de 1986, de acordo com o entendimento que, na sua vigência, tinha grande parte da doutrina sobre a relevância da 'ofensa da ordem pública interna' como fundamento de anulabilidade das sentenças arbitrais.

[369] Em meu entender, não se poderá invocar aqui o disposto no art. 50º da LAV (que teve origem em normas semelhantes contidas no art. 177(2) da *LDIP* Suíça e no art. 2(2) da Lei Espanhola). À eventual invocação daquele artigo, devem contrapor-se os argumentos aduzidos por Eduardo Silva Romero, no artigo intitulado *Requiem for the Rule of Article 177 (2) of the Swiss Private International Law?* in Liber Amicorum in Honour of Robert Brinner', ICC Publishing, Paris, 2005, pp. 825-840. Em primeiro lugar, consti-

mente à aplicação por tribunais arbitrais de legislação com conteúdo e âmbito de aplicação semelhantes aos da legislação acima citada.

Tais conclusões demonstram, uma vez mais, a flagrante inadequação da formulação adotada naquele artigo da LAV e a manifesta irreflexão de quem preparou e, na sua fase final, fez aprovar pela Assembleia da República a atual LAV.

49. Considerem-se, por último, casos de aplicação normas do ordenamento jurídico português sobre as quais pode caber dúvida de que fazem parte da "ordem pública (material) internacional do Estado Português". É o caso das disposições dos arts. 187º a 192º do Código dos Valores Mobiliários (CVM), conjugadas, como devem ser, com o disposto no art. 20º do mesmo diploma. Estas disposições, como muitas outras deste Código, integram a 'ordem pública do mercado de valores mobiliários' que deve ser escrupulosamente observada pelos árbitros confrontados com a aplicação de tais disposições. fazendo parte, a meu ver, da 'ordem pública internacional do Estado português' a que se refere o art. 46º, nº 1, nº 3, *b), ii)* da LAV.

Na verdade, os interesses protegidos por estas regras jurídicas e pelos princípios que lhes subjazem não dizem respeito a entidades portuguesas sujeitas a regimes legais dirigidos à proteção de interesses de caráter sobretudo doméstico, ao invés do que acontecia com as disposições examinadas no parágrafo anterior. Com efeito, é fácil compreender que investidores sediados no estrangeiro, ao adquirirem participações em 'sociedades abertas' portuguesas, devam ser

tuindo princípio basilar da 'lex mercatoria' o de que os operadores do comércio internacional se presumem ser profissionais competentes, não se pode admitir que eles possam tirar vantagem da sua própria negligência (*turpitudinem suam allegans nemo auditur*). Dada a relevância financeira destas operações, as instituições financeiras estrangeiras que contratem com empresas públicas portuguesas, têm o dever, enquanto profissionais que se presumem competentes, de verificar se estas podem, de acordo com a lei que rege, celebrar, por si só, os contratos em causa. Em segundo lugar, o princípio da boa fé (generalizadamente considerado como fazendo parte da *lex mercatoria*), compreendendo os deveres de cooperação e de revelação que incidem sobre ambas as partes, obriga também as instituições financeiras que contratem com empresas públicas portuguesas, a informarem-se sobre o regime legal a que estas estão sujeitas.

abrangidos por essas e outras regras do CMV, não cabendo dúvida de que a sua aplicação pode 'pôr em jogo interesses do comércio internacional' (segundo o art. 49º da LAV). Assim sendo, a violação de tais regras em resultado de uma sentença arbitral que as ignore ou aplique erradamente, no todo ou em parte, constituirá fundamento da anulação dessa sentença abrigo da alínea *b), ii)* do nº 3 do art. 46º LAV em vigor.

O que se deixa exposto mostra bem, parece-me, a dimensão e gravidade do erro cometido pelo legislador português, ao escolher, na subalínea *b), ii)* do nº 3 do art. 46º, a "ofensa à ordem pública internacional" como fundamento de anulabilidade de todas as sentenças arbitrais proferidas em território português (cf. o art. 61º), incluindo as que respeitem a arbitragens internas[370].

50. Posto isto, há que fazer uma observação. A opção do legislador português que critiquei nos parágrafos antecedentes não implica que sempre que a LAV se reporte à ordem pública, sem adjetivar a noção, se deva entender que é a 'ordem pública internacional' que é convocada, porque uma análise atenta poderá mostrar ser a 'ordem pública

[370] Criticaram também, vigorosamente, esta solução legislativa, entre outros, António Pedro Pinto Monteiro (*Da Ordem Pública* cit., pp. 649-660), e António Menezes Cordeiro (*Tratado da Arbitragem cit.*, pp. 444). É de referir que este último autor, com objetivo de ultrapassar as soluções aberrantes que critico no texto, propôs a cunhagem de um novo conceito, que apelidou de "ordem pública internacional-interna" – através do qual visou reintroduzir a noção que atrás recortámos sob o nome de "ordem pública material interna" – para constituir bitola ou padrão de aferição da *legitimidade/validade* da sentença arbitral, correspondente à sua tolerabilidade pelo sistema jurídico no âmbito do qual ela foi proferida. Embora seja louvável o propósito deste ilustre comentador, não me parece que essa sua proposta possa alcançar sucesso, porque tem contra ela a letra e a história do art. 46º, nº 3, *b) ii)* da LAV, que mostram, claramente, que se quis restringir, ao máximo, a medida da intervenção do conceito de ordem pública, em sede de controlo de anulação das sentenças arbitrais. Por essa razão, julgo que o intérprete não poderá fazer outra coisa que não seja acatar aquilo que ficou vertido tanto nessa disposição como na contida no art. 54º da LAV e, simultaneamente, esperar que, em futura revisão da LAV, o Capítulo VII desta seja repensado, por completo, reformulando-se as desastradas soluções que, com manifesta falta de ponderação, se plasmou nesses artigos.

interna' que deve operar no caso em exame. É o que acontecerá nas situações previstas no nº 1 do art. 41º da LAV, que determina que, se as partes terminarem o litígio mediante transação e solicitarem aos árbitros que a homologuem, estes deverão fazê-lo mediante sentença proferida nos termos acordados entre as partes, a menos que o seu conteúdo infrinja algum "princípio de ordem pública". Vejamos que noção ou noções de 'ordem pública' poderão ser convocadas nessas situações.

Não cabe dúvida de que, quando se trate de arbitragem sobre um litígio nascido e desenvolvido inteiramente no âmbito da ordem jurídica portuguesa, os árbitros estão obrigados a aplicar o direito português à relação litigiosa. Mesmo que as partes hajam estipulado a aplicação de um direito estrangeiro a situação ou situações puramente internas, os árbitros não podem permitir que as partes se furtem à aplicação das pertinentes normas imperativas portuguesas, nem podem ser coniventes com uma "internacionalização fictícia" da situação em causa, mediante conexões ficticiamente criadas com ordens jurídicas estrangeiras[371]. Por conseguinte, são os princípios e regras que integram a "ordem pública interna" do sistema jurídico português que os árbitros têm o dever de preservar, quando lhes for pedido que homologuem a transação celebrada em contexto como o descrito.

Por sua vez, quando se trate de uma relação plurilocalizada, mas submetida ao direito português[372] por escolha das partes ou remissão conflitual acolhida pelo tribunal arbitral, os árbitros têm o dever de aplicar as normas imperativas deste direito e, portanto, o dever de verificar, ao homologarem a transação que lhes é apresentada, se o que nela se estipulou viola regras e princípios que integram a "ordem

[371] A doutrina é unânime em relação a este tópico; *vide*, sobre o tema, Luís de Lima Pinheiro – *Direito Internacional Privado, volume I* cit., pp. 564-567, e também o meu artigo *Quando é que uma arbitragem é internacional?* cit., p. 591.

[372] Segundo o art. 52º, nºs 1 e 2, da LAV, o direito aplicável ao fundo da causa é o escolhido pelas partes ou, na falta dessa escolha, o do Estado com o qual o objeto do litígio apresente a conexão mais estreita, o que também pode conduzir à aplicação do direito português.

pública interna" do sistema jurídico português, tal como no caso antecedente.

Continuando a figurar hipóteses que podem ocorrer em arbitragens sediadas em Portugal, que versem sobre relações jurídicas que põem interesses do comércio internacional (*i.e.*, 'arbitragens internacionais', de acordo com o critério adotado no art. 49º da LAV[373]) e que sejam regidas por um direito estrangeiro, mas que, apesar disso, apresentem relevantes conexões com a ordem jurídica portuguesa (por exemplo, por a execução do contrato se situar em território português), os tribunais arbitrais competentes para as decidir, deverão observar as "normas de aplicação necessária" da ordem jurídica portuguesa (*i.e.*, que tenham uma pretensão de aplicação a todas as relações por elas abrangidas e que exclusiva ou preponderantemente se desenvolvam em território português), apesar de a relação jurídica litigiosa ser regida por um direito estrangeiro[374]. A meu ver, os árbi-

[373] Cf. o meu artigo *Quando é que uma arbitragem é internacional?*

[374] Durante algum tempo, sobretudo após o acórdão *Ingmar GB Ltd* proferido em 9.11.2000 pelo Tribunal de Justiça da Comunidade Europeia, entendeu-se que normas legais como a do art. 38º da Lei do Contrato de Agência (LCA), eram de qualificar com "normas de aplicação imediata" para efeito do disposto no art. 7º, nº 2, da Convenção de Roma de 1980 e no art. 9º, nºs 1 e 3, do Regulamento(CE) nº 593/2008, de 17 de Junho de 2008, sobre a lei aplicável às obrigações contratuais (Roma I), devendo por isso prevalecer sobre a lei escolhida pelas parte contraentes. O Tribunal da Justiça da União Europeia veio, contudo, através do acórdão *Unamar* de 17.10.2013, a decidir que a noção de "normas de aplicação imediata" (também designadas por *lois de police*) para os efeitos supramencionados, deveria ser entendida restritivamente, só nela cabendo as normas cujo respeito o legislador do Estado do foro considere como exigência crucial da sua organização política, social ou económica. Caberá agora aos tribunais portugueses determinar, no âmbito da nossa ordem jurídica, se as normas contidas nos arts. 31º a 35º e 38º da Lei do Contrato de Agência (LCA) se podem, ou não, subsumir-se àquela noção mais restrita de normas de aplicação imediata recortada pelo acórdão *Unamar* do TJUE. É provável que os nossos tribunais venham a entender que não podem, por razões idênticas às que levaram parte da doutrina belga a recusar tal caraterização ao regime correspondente no direito belga aos arts. 31º a 35º e 38º da LCA, a saber, o facto de esse direitos conferidos ao agente comercial serem renunciáveis por este, após se terem constituído na sua esfera jurídica, e o facto de aí estarem em causa interesses particulares que não se podem confundir com interesse públicos cruciais ou fundamentais para a organização política, social ou económica

tros têm o dever de aplicar tais "normas de aplicação necessária"[375], independentemente de se preferir incluir, ou não, as mesmas na ordem pública (interna ou internacional) do sistema jurídico português.

Por último, em arbitragens internacionais em que seja estrangeiro o direito aplicável ao fundo da causa e esta não tenha conexões relevantes com a nossa ordem jurídica, os árbitros sediados em território português, quando chamados a exercer a função prevista no art. 41º nº 1, da LAV, deverão assegurar-se de que o conteúdo da transação não ofende as regras ou princípios da "ordem pública internacional do Estado Português", por ser esse o padrão de aferição de validade mais correto e adequado às transações celebradas em arbitragens que versem sobre de relações jurídicas plurilocalizadas e sem conexões relevantes com a nossa ordem jurídica.

de um Estado; sobre esta matéria, *vide* Manuel Barrocas – *Acordão* Unamar *do Tribunal de Justiça da União Europeia,* Revista da Ordem do Advogados, Ano 77, III/IV, (Jul./Dez. 2017), Lisboa, pp. 999-1014. De qualquer modo, num plano mais geral situado para lá do específico regime de proteção do agente comercial e doutros operadores a ele equiparáveis, parece-me líquido que as normas de aplicação imediata *stricto sensu* (isto é, as verdadeiras *lois de police*) integram a 'ordem pública internacional' do sistema jurídico português (nomeadamente, para os efeitos previstos no art. 46º, nº 3, *b) ii)*, da LAV), não podendo, portanto, o que elas dispõem ser contrariado ou violado por contratos privados ou por decisões jurisdicionais regidas por uma lei estrangeira escolhida pelas partes. Entendem, igualmente, que a desaplicação ou errada aplicação, com consequências graves, das verdadeiras 'lois de police' faz operar a cláusula de salvaguarda constituída pela ordem pública internacional, entre outros autores, Rui de Moura Ramos – *Anotação ao acórdão do Supremo Tribunal de Justiça* cit., pp. 296-297, e Jean-Baptiste Racine– *Le contrôle de la conformité de la sentence à l'ordre public international: un état des lieux* cit., pp. 203-212 ; cf. também a *Recomendation 3 on Public Policy as Bar to Enforcement of International Awards,* aprovada na Conferência da *International Law Association*, realizada em New Dehli, em 2-6 de Abril de 2002. Em sentido oposto, pronunciou-se Luís de Lima Pinheiro – *Tendências de desenvolvimento no reconhecimento de decisões arbitrais estrangeiras ao abrigo da Convenção de Nova Iorque,* Revista de Direito Civil, Ano IV (2019) Nº 3, Almedina, Coimbra, pp. 441-442.

[375] Não por força da extensão analógica do conceito usado no art. 46º, nº 3, *b), ii)* da LAV à situação prevista no art. 41º nº 1, como alguns autores (erradamente) defenderam, mas sim por força da inderrogável aplicabilidade das ditas 'normas de aplicação necessária'.

Decorre do que fica exposto que, em minha opinião, a "ordem pública" mencionada no art. 41º, nº 1, da LAV, tanto pode ser a 'ordem pública interna' como a 'ordem pública internacional'. A escolha de qual delas será chamada a intervir, em concreto, dependerá da natureza da relação jurídica litigiosa e do direito material selecionado para a reger[376].

Na sua anotação ao art. 41º da LAV, publicada em 2015, José Robin de Andrade defendeu que "os princípios de ordem pública aqui referidos são unicamente os de ordem pública internacional", justificando tal opinião, "por identidade de razão e interpretação sistemática" (tendo em conta o art. 46º, nº 3, *b), ii)* da mesma lei)[377]. Esta conclusão assentava num equívoco que tive ocasião de evidenciar noutro estudo, sumariando aqui os fundamentos da crítica que aí fiz à opinião daquele autor[378].

Na al. *b) ii)* do nº 3 do art. 46º, em que se elencaram os fundamentos cuja verificação pode determinar a anulação a sentença arbitral, o legislador, com o intuito de dificultar a anulação baseada em ofensa à ordem pública, erigiu em bitola de aferição da validade da sentença impugnada com este fundamento, o reduto normativo mais restrito da 'ordem pública internacional'. Por muito criticável que seja a opção do legislador, compreende-se a sua intenção. Ora, nada de semelhante se encontra na hipótese prevista no art. 41º, nº 1, em que não está, de todo, em causa manter ou anular uma sentença arbitral. Trata-se aqui, unicamente, de apreciar se um ato das partes (a transação celebrada) merece o "selo de conformidade" que a sua homologação pelos árbitros traduz, à luz dos parâmetros normativos que

[376] Relativamente a este ponto, divirjo, em parte, de António Pedro Pinto Monteiro – *Da Ordem Pública no Processo Arbitral* cit., p. 651, Mário Esteves de Oliveira – *Lei da Arbitragem Voluntária Comentada* cit. p. 493, e de António Menezes Cordeiro – *Tratado da Arbitragem* cit., pp. 391-392, que defendem, aparentemente, que é a 'ordem pública interna' que deve ser convocada em todos os casos em que se há que aplicar esta disposição da LAV.

[377] José Robim de Andrade, *in* Dário Moura Vicente (coordenador) – *Lei de Arbitragem Voluntaria Anotada,* 1ª ed., Almedina, Coimbra, 2012, p. 81, e *ob. cit.*, 2ª ed., pp. 108-109.

[378] Cf. o meu livro *Direito da Arbitragem – Ensaios* cit., pp. 39-42.

os árbitros devem acatar e fazer respeitar, dever esse que faz parte do múnus dos árbitros, na generalidade das ordens jurídicas. Não tem, por isso, sentido invocar-se uma "identidade de razão" (inexistente) e uma "interpretação sistemática" (sem cabimento) para transpor para o art. 41º, nº 1, da LAV, a noção utilizada no art. 46º, nº 3, *b), ii)* da mesma lei.

Na anotação ao mesmo artigo incluída nas 3ª e 4ª e 5ª edições da obra em que essa anotação, foi publicada, o referido autor alterou a sua posição, passando a defender que é sempre a "ordem pública interna" que os árbitros devem ter em atenção, quando sejam solicitados a homologar uma transação, ao abrigo do nº 1 do art. 41º da LAV[379]. Com o devido respeito, parece-me que esta segunda opinião defendida por este autor bem como a sua fundamentação continuam a padecer de equívoco semelhante ao que viciava a opinião por ele anteriormente defendida. Com efeito – saliento-o de novo – na situação prevista no art. 41º, nº 1, não está em causa a apreciação da validade de uma sentença arbitral, enquanto decisão jurisdicional. Do que se trata aí é, unicamente, de apreciar se a transação celebrada pelas partes merece que o tribunal arbitral nela aponha uma menção de "*nihil obstat*", à luz do conjunto de princípios e regras jurídicos que, por serem absolutamente inderrogáveis, os árbitros têm o dever de acatar e fazer respeitar, regras e princípios esses que, nuns casos, pertencem à ordem pública interna e, noutros casos, à ordem pública internacional, como expliquei.

j) Ofensa da ordem pública internacional em arbitragens internacionais

(a) A história do preceito

51. Nas leis nacionais que disciplinaram a arbitragem voluntária, com regras diferentes para as arbitragens internas e para as arbitra-

[379] José Robim de Andrade, *in* Dário Moura Vicente (coordenador) – *Lei da Arbitragem Voluntária Anotada,* 3ª ed., 2017, p. 130, a 4ª ed., de 2019, pp. 144-145, e 5ª ed. de 2021, pp. 156-157.

gens internacionais[380], adotando regimes de dualismo mitigado ou fraco (e.g., as leis francesa e portuguesa)[381], a inclusão de uma norma especificamente dirigida a definir qual é a noção de ordem pública à luz da qual os tribunais estaduais deverão apreciar se as sentenças arbitrais ofendem aquele inderrogável reduto axiológico-normativo, justifica-se pelo propósito de esclarecer que o que para esse fim deve relevar no que concerne às arbitragens internacionais, é o núcleo preceptivo mais restrito e menos compreensivo formado pela 'ordem púbica internacional'[382].

Foi o que fez a Lei Francesa (tanto na versão de 1981 como na de 2011) e foi isso que procurei fazer no anteprojeto de nova LAV que, em 2009, elaborei e apresentei aos outros membros da Direção da A.P.A. Quando estes decidiram eliminar a possibilidade da anulação da sentença arbitral com base em ofensa à ordem pública, sentiram a necessidade de incluir no Capítulo do Projeto da nova Lei uma disposição definidora dos termos em que se mantinha aquela possibilidade da anulação da sentença arbitral, 'afinando', porém, a respetiva redação, em conformidade com a visão da matéria preferida por quem redigiu essa disposição nas sucessivas versões que foi tendo o art. 54º do Projeto de nova LAV elaborado pelo APA[383].

A eliminação da possibilidade da anulação da sentença arbitral com base em ofensa à ordem pública foi, contudo, recusada pelo Secretário de Estado da Justiça do XVIII Governo Constitucional, cujo 'Projeto de Proposta de Lei'[384] então divulgado, determinava (no seu art. 46º, nº 3, *b), (ii)*) que a sentença proferida em arbitragem interna ou em arbitragem internacional poderia ser anulada pelos tribunais competentes se estes verificassem que "o conteúdo da sen-

[380] Seja qual for o critério adotado para distinguir umas das outras; sobre este tema, cf. o meu artigo *Quando é que uma arbitragem é internacional?* Revista de Direito Civil, Ano IV (2019), Nº 3, Almedina, Coimbra, pp. 583-601

[381] Sobre esta noções, *vide* o meu artigo citado na nota antecedente, a pp. 584-589.

[382] Pela razão mencionada no parágrafo 39. *supra*.

[383] Esse redator foi Dário Moura Vicente.

[384] Apelido-o de 'Projeto de Proposta de Lei', porque não chegou a ser aprovado pelo Conselho de Ministros para ser submetido à aprovação da Assembleia da República.

tença ofende os princípios da ordem pública internacional do Estado Português". Perante esta decisão política e congruentemente com o âmbito universal daquela norma, eliminou-se nesse 'Projeto de Proposta de Lei' o art. 54º do Projeto da A.P.A. que, por causa daquela decisão, se tornara inquestionavelmente redundante[385].

Era precisamente isto que a Direção da A.P.A. deveria ter feito, novamente, em 2011, quando a Ministra da Justiça do XIX Governo Constitucional, voltando a recusar a solução por que aquela entidade insistentemente pugnava, fez inscrever no art. 46º, nº 3, *b), (ii)*, do respetivo Projeto de Proposta de Lei uma norma precisamente idêntica à que, em 2010, o então Secretário de Estado da Justiça fizera inscrever naquele[386]. Infelizmente, tal não foi feito, por haver então faltado uma revisão cuidada do texto final da Proposta de Lei de nova LAV, aprovada pelo Conselho de Ministros e por este remetida à Assembleia da República[387]. Tendo o art. 54º permanecido no texto final da Lei, a disposição nele contida ficou irremediavelmente redundante ou incompreensível, não logrando êxito as propostas interpretativas[388] que tem sido apresentada para lhe conferir um conteúdo que seja juridicamente operativo e logicamente conciliável com as demais normas da lei. Por essa razão tenho defendido, desde em 2012[389], que este artigo fosse objeto de interpretação abrogante,

[385] A eliminação do art. 54º do Projeto da A.P.A. no texto definitivo deste "Projeto de Proposta de Lei' foi feita por minha iniciativa, aprovada pelos restantes membros da Direção desta associação, após o que fiz a renumeração de parte dos artigos subsequentes e à alteração de algumas remissões, tornadas necessárias por causa do aditamento da subalínea *(ii)* à alínea *b)* do nº 3 do 46º, nº 3, também com o acordo dos restantes membros da Direção da A.P.A.

[386] O Dr. João Correia que (como é sabido) veio, depois, a assessorar, como consultor externo, a Ministra da Justiça do XIX Governo Constitucional, em várias reformas legislativas por esta empreendidas.

[387] Em 2011, eu já não fazia parte da Direção da APA. Em diversos escritos em que comentei disposições da atual LAV, tenho chamado a atenção para as deficiências que se detetam no articulado da Lei resultantes da referida falta de revisão cuidada do seu texto final.

[388] Que adiante apreciarei criticamente.

[389] *A sentença arbitral contrária à ordem pública*, in 'Direito da Arbitragem-Ensaios' *cit.*, pp. 29-35.

posição que mantenho. Melhor será, porém, que em sede de futura revisão da LAV, este artigo seja eliminado, pura e simplesmente[390].

(b) O equívoco conceitual subjacente

54. Mas a disposição contida no art. 54º da LAV, com a redação com que ficou, é criticável por outras razões.

É merecedora de crítica, em primeiro lugar, pelo equívoco que subjaz ao seu teor. Como tenho procurado mostrar em obras anteriores[391], é patente que aquilo que esteve na mente de quem redigiu esta disposição foi a noção de *reserva ou exceção de ordem pública* que atrás procurei caraterizar[392]. A demonstrá-lo está *(i)* o facto de a 'ordem pública internacional' aparecer configurada neste artigo como barreira à aplicação do direito estrangeiro (ou do 'direito não português') e *(ii)* o de se ter restringido o controlo de anulação, pelos tribunais portugueses, às sentenças proferidas em arbitragens internacionais (mas sediadas em Portugal[393]) que 'devam ser executadas em território nacional', restrição que é descabida em sede de controlo de *legitimidade* das sentenças arbitrais proferidas em Portugal, só fazendo sentido no âmbito do reconhecimento de sentenças estrangeiras (ao abrigo do art. 56º, nº 1, *b) ii)*).

Ora, procurar-se construir sobre esta particular aceção da 'ordem pública internacional' a definição do âmbito do controlo de anulação de sentenças proferida em arbitragens internacionais, constituiu uma opção redutora, perniciosa e dogmaticamente incorreta.

Foi redutora, porque não sendo raras as arbitragens internacionais[394] em que se aplica o direito português ao fundo da causa, a redação dada ao art. 54º isentou, sem justificação válida, de controlo sob o

[390] Como preconizei no artigo *Contributo para uma revisão da LAV* cit., pp. 115-116.

[391] Em *A sentença arbitral contrária à ordem pública* cit., pp. 31-33, em edições anteriores da presente monografia e no artigo *Contributo para uma revisão da LAV* cit., pp. 110-113.

[392] Sobre esta noção, cf. o que deixou exposto no parágrafo 40. *supra*.

[393] Pois só a estas é aplicável a LAV (com exceção das disposições do seu Capítulo X).

[394] Que, segundo o art. 49º da LAV, são aquelas que, tendo sede em Portugal, "põem em jogo interesses do comércio internacional" e às quais é aplicável o Capítulo IX da Lei.

ângulo da sua conformidade à ordem pública internacional do Estado Português, as sentenças proferidas em arbitragens internacionais que decidiram o mérito da causa de acordo com o direito português. Essa isenção não faz aqui qualquer sentido, por ser indiferente para a apreciação do pedido de anulação de sentença arbitral proferida em Portugal, fundado em alegada desconformidade com a ordem pública do nosso sistema jurídico, que essa sentença tenha decidido o fundo da causa por aplicação do direito português ou dc outro direito qualquer.

Com efeito, em sede de controlo de anulação da sentença arbitral não se trata de permitir que uma decisão jurisdicional estrangeira que constituiu situações jurídicas na esfera duma ordem jurídica estrangeira produza efeitos na ordem jurídica nacional – que é o que, em regra, está em causa na ação de reconhecimento de sentenças proferidas por tribunais (judiciais ou arbitrais) estrangeiros[395]. No controlo de anulação de uma sentença arbitral proferida em Portugal, cuida-se, isso sim, de apreciar se uma sentença ancorada na ordem jurídica portuguesa (que foi a *lex arbitri* dessa arbitragem) afronta ou não, pelo resultado que produz, algum princípio estruturante deste ordenamento jurídico, a ponto de este não poder *tolerar* que tal sentença crie uma solução válida e coercivamente efetivável para o litígio por ela decidido. Ora, atendendo à finalidade desta apreciação, é totalmente indiferente que o direito aplicado ao fundo da causa haja sido o português ou um direito estrangeiro qualquer.

Não vale objetar que a colisão com princípios e regras integrantes ordem pública do sistema jurídico português é mais frequente ocorrer nos casos em que a sentença a sindicar tenha aplicado ao fundo da causa um direito estrangeiro, porque também as sentenças proferidas em arbitragens internas que aplicam direito português ao fundo

[395] Cf. o art. 980º, *f)* do CPC (correspondente ao art 1096º, *f)* do CPC de 1961) e o art. 56º, nº 1, *b), ii)*. Note-se que a questão do reconhecimento de sentenças proferida por tribunais judiciais ou arbitrais localizados no estrangeiro se coloca também no caso de o mérito da causa ter sido aí decidido de acordo com o direito português, não sendo raras as ações (arbitrais e, menos frequentemente, judiciais) instauradas no estrangeiro, em que o mérito da causa é decidido por aplicação do direito português.

da causa, podem ser anuladas por contrariarem a ordem pública do nosso sistema jurídico.

Além disso, a restrição feita na previsão do art. 54º à *"sentença proferida em Portugal, numa arbitragem internacional em que haja sido aplicado direito não português ao fundo da causa"* foi perniciosa, por dispensar do controlo judicial instituído no nosso país um elevado número de sentenças proferidas em arbitragens internacionais (sediadas no nosso país), que careceriam desse controlo tanto quanto as demais sentenças proferidas em arbitragens dessa natureza[396].

Por último, a noção subjacente ao art. 54º é incorreta no plano dogmático, porque, tratando-se de regular a impugnação de sentenças arbitrais proferidas em Portugal, sobre litígios de caráter internacional, devia ser outro o escopo deste artigo, que não o de mitigar o risco inerente à remissão das normas de conflito portuguesas para leis materiais estrangeiras. Relativamente à regulação da impugnação de sentenças arbitrais proferidas em Portugal e que versaram sobre litígios que põem em jogo os interesses do comércio internacional, o escopo da lei não pode ser o de mitigar o risco do "salto no desconhecido" que é inerente à remissão das normas de conflito nacionais para leis materiais estrangeiras ou à abertura da nossa ordem jurídica para reconhecer eficácia, no seu âmbito, a decisões jurisdicionais estrangeiras[397].

A restrição, feita no art 54º, do controlo de anulação aí previsto às sentenças proferidas em arbitragens internacionais e sediadas em

[396] Com inteira razão observou, a este propósito, António Menezes Cordeiro (*Tratado da Arbitragem* cit., p. 528): "A hipótese de haver, para arbitragens internacionais, um regime mais permissivo do que para as arbitragens internas é disfuncional. Ambas são legitimadas pela ordem jurídica portuguesa, não se entendendo a razão de tais privilégios. E a disfunção surge tanto maior que é certo que as arbitragens internacionais em causa podem reger-se pelo Direito português e ser materialmente similares às internas."

[397] Cf. o que expus no parágrafo 40. Em sentido substancialmente convergente com o que defendo no texto, *vide* António Menezes Cordeiro (*Tratado cit.*, pp. 446-447e 27-528), Mariana França Gouveia (*Curso* cit. pp. 310-311) e António Pedro Pinto Monteiro (*Da Ordem Pública no Processo Arbitral* cit., pp. 601-615 649-642).

Portugal, que 'devam ser executadas em território nacional', será adiante objeto de apreciação crítica mais pormenorizada.

(c) A incongruência e inutilidade desta disposição

53. A manutenção do art 54º na LAV (devido à referida inadvertência do legislador), a par da alínea *b) ii)* do art. 46º, tornou esta disposição irremediavelmente incongruente, por ser inapta para receber um conteúdo juridicamente operativo e coerente com as demais normas da lei.

Em escritos anteriores, tenho salientado a inutilidade desse artigo, mostrando ser impercetível, na prática, a diferença entre o regime nele estatuído para a muito limitada categoria de sentenças arbitrais aí contemplada, e o regime geral aplicável à generalidade das sentenças arbitrais que ofendem a ordem pública internacional, que resulta do art. 46º, nº 3, *b) (ii)* da mesma lei.

A quem aponte como diferença entre as estatuições dos sobreditos artigos, o facto de o tribunal estadual chamado a escrutinar, à luz da sua conformidade com os princípios da ordem pública, a sentença arbitral que haja aplicado direito estrangeiro ao fundo da causa e deva ser executada ou produzir efeitos em território nacional, dever principalmente averiguar se, tendo em atenção uma eventual ligação da sua parte decisória com o território português, o *resultado* da respetiva aplicação é ostensivamente incompatível com os princípios da ordem pública internacional do Estado português, retorquirei que a tal resultado cumpre também atender em sede de aplicação do art. 46º, nº 3, *b), ii)*[398].

O art. 54º da LAV, pelo seu teor e pela relação que há que estabelecer entre o que nele se dispõe e o preceituado no art 46º, nº 3, *b), ii)*, tem suscitado estranheza e críticas doutros estudiosos da temática

[398] Como expliquei em estudo anterior, mesmo no âmbito do regime geral de anulação da sentença arbitral (hoje estabelecido no art. 46º, nº 3, *b), ii)*, "é o conteúdo da sentença que é controlado pelo juiz, mas é em função do seu resultado que ela será sancionada", como salientei nos meus estudos *Anulação da Sentença Arbitral* cit., *in* Temas de Direito da Arbitragem *cit.* pp. 331-332, *A sentença arbitral contrária à ordem pública* cit., p. 68. Este ponto será melhor explicado adiante.

da arbitragem voluntária[399]. Por outro lado, não têm sido, em minha opinião, bem-sucedidos os esforços de alguns autores para atribuir um sentido útil à primeira daquelas disposições.

54. Relativamente a este tema, merece atenta análise a proposta interpretativa apresentada por Dário Moura Vicente. Para este ilustre especialista de direito internacional privado[400], a função do art. 54º seria a que passo a descrever.

Dado que as sentenças proferidas em 'arbitragens internacionais' (segundo o critério do art. 49º da LAV) que tenham lugar em Portugal, estão subtraídas à exigência de reconhecimento ao abrigo do estatuído nos arts. 55º e 58º, não poderia atuar em relação a elas o controlo da conformidade com a ordem pública internacional do Estado Português, possibilitado pelo art. 56º no âmbito do processo de reconhecimento de sentenças arbitrais estrangeiras. Havia, contudo, que acautelar o risco de essas sentenças "nacionais", quando se baseiam em normas de direito estrangeiro, consuetudinário ou religioso, conduzirem a resultado chocantes à luz do sentimento ético-jurídico nacional, *v.g.* por violarem direitos fundamentais. Seria isso

[399] Maria Helena Brito –*As novas regras sobre a arbitragem internacional. Primeiras reflexões,* Estudos em Homenagem a Miguel Galvão Teles, vol. II, Almedina, Coimbra, 2012, pp. 48-49; Luís de Lima Pinheiro – *Ordem pública internacional, ordem pública transnacional e normas imperativas que reclamam aplicação ao mérito da causa*, Revista Internacional de Arbitragem e Conciliação, Ano 5, 2012, p. 126, notam 10; António Pedro Pinto Monteiro – *Da Ordem Pública no Processo Arbitral* cit., pp. 652-653; António Menezes Cordeiro – *Tratado da Arbitragem* cit., p. 528. O próprio Dário Moura Vicente, ao analisar o conteúdo e função do art. 54º reconheceu (em *Impugnação da Sentença Arbitral e Ordem Pública,* Estudos em Homenagem a Miguel Galvão Teles, Vol. II, Almedina, Coimbra, 2012, p. 338), que o teor com que este artigo ficou na LAV "resulta de uma manifesta inadvertência do legislador".

[400] No ensaio *Impugnação da Sentença Arbitral e Ordem Pública,* Estudos em Homenagem a Miguel Galvão Teles, Vol. II, Almedina, Coimbra, 2012, p. 327-338, e, posteriormente, com algumas alterações, na anotação ao art. 54º da LAV, subscrita pelo autor incluída obra coletiva por ele coordenada – *Lei da Arbitragem Voluntária Anotada,* 5ª ed., Almedina, Coimbra, 2021, pp. 206-207.

que, segundo o autor, se teria procurado fazer através do disposto no art. 54º[401].

Não podendo este autor ignorar que essa explicação da função do art. 54º colidia com a evidente sobreposição existente entre ele e o disposto no art. 46º, nº 3, *b), ii)*, veio ele defender que a previsão da norma contida nesta subalínea deve ser objeto de interpretação restritiva, de modo a excluir da respetiva previsão as sentenças proferidas em arbitragens internacionais (segundo o critério da LAV) localizadas em território português.

A par disso, Dário Moura Vicente defendeu uma segunda restrição para a previsão do art. 46º, nº 3, *b), ii)*. Segundo ele, "se a sentença arbitral, proferida por hipótese numa lide cujas partes são ambas estrangeiras, não se destina a ser executada ou a produzir quaisquer efeitos em Portugal, também não poderá ser anulada com fundamento neste preceito pelos tribunais portugueses".

Com todo o respeito que este autor merece, o entendimento que ele defende suscita várias críticas. Não tem qualquer suporte literal nos preceitos em questão, enferma de patente circularidade e assenta em inadequada conceção da função da ordem pública em matéria de anulação de sentenças arbitrais, sobretudo das proferidas em arbitragens internacionais. Examinemos cada um destes aspetos.

A leitura atenta do art. 46º, nº 3, *b), ii)* mostra não ser possível encontrar na sua letra qualquer suporte para se fazer uma interpretação restritiva da suas previsão e estatuição, seja por causa das razões sugeridas por Dário Moura Vicente, seja por força de uma relação de especialidade que se procurasse estabelecer entre as normas suprarreferidas, em situação de possível *concurso aparente de normas*, como cheguei a aventar, a benefício de raciocínio, em escrito anterior. Ora, segundo o princípio basilar consagrado no art. 9º, nº 2, do Código Civil, "não pode ser considerado pelo intérprete o pensamento legis-

[401] Como já referi, devem-se a este autor as redações dadas ao art. 54º nos Projetos apresentados pela Direção da A.P.A., em 2009, 2010 e 2011, donde passou para a Proposta de Lei que deu origem à LAV em vigor.

lativo que não tenha na letra da lei um mínimo de correspondência verbal, ainda que imperfeitamente expresso"[402].

Por outro lado, a proposta interpretativa de Dário Moura Vicente enferma de manifesta circularidade. Com efeito, o autor tomou como premissa do seu raciocínio precisamente aquilo que, não decorrendo minimamente da al. *b) ii)* do nº 3 do art. 46º, tão pouco começara ele por demonstrar, a saber, que em relação às sentenças proferidas em 'arbitragens internacionais' (segundo o critério consagrado no art. 49º) e proferidas em território português, não poderia operar o controlo da conformidade com a 'ordem pública internacional do Estado Português', no caso não existir o art. 54º. A verdade, porém, é que tal controlo está assegurado, sem nenhuma restrição, pela simples aplicação do art. 46º, nº 3, *b) ii)*.

Se bem compreendo o seu pensamento, para este autor, a 'ordem pública internacional' que para este efeito invoca, equivale à *exceção de ordem pública*, que é igualmente a noção referida no art. 56º, nº 1, *b), ii)* da Lei. Mas é aqui que, a meu ver, reside o equívoco em que, a meu ver, ele incorre. Como se realçou acima, não é essa a noção de 'ordem pública internacional' que releva para a decisão a proferir pelo tribunal competente sobre a impugnação da sentença arbitral, com fundamento em ofensa à ordem pública[403].

Este reparo conduz à principal crítica que me suscita a proposta interpretativa em apreço, que reside no facto de se basear numa noção de 'ordem pública internacional' que é inapropriada para efeito de controlo de anulação de sentenças arbitrais, por corresponder à *excepção de ordem pública* específica do direito internacional privado. É que, como atrás vinquei, se tal noção é relevante para efeito de reconhecimento de sentenças estrangeiras, ela é estranha à problemática do controlo de anulação de sentenças arbitrais proferidas em território nacional.

[402] Sobre o conteúdo deste princípio, *vide*, entre muitos outros, João Baptista Machado – *Introdução ao Direito e ao Discurso Legitimador*, 1991, Almedina, Coimbra, 1991, p. 188-190, e José de Oliveira Ascensão – *O Direito. Introdução Teoria Geral*, 13ª ed., Almedina Coimbra, 2005, pp. 395-398.

[403] Cf. o que expus nos parágrafos 39., 40. e 41.

A principal vulnerabilidade que apresenta tanto a redação que Dário Moura Vicente deu ao art. 54º do último projeto apresentado pela A.P.A., donde passou para a atual LAV[404], quanto a interpretação por ele proposta para o art. 54º da LAV, reside na falta de clara distinção entre as noções de *ordem pública material* e de *ordem pública de direito internacional privado*, isto é, entre a função da ação de anulação de sentenças arbitrais pelos tribunais do Estado da sede e a função do processo de reconhecimento de sentenças proferidas em território estrangeiro.

Devido a esse cruzamento de ângulos de análise revelado pelo pensamento do autor sobre este tema, não surpreende que tenha invocado, em apoio da interpretação que defende para os artigos 46º, nº 3, *b), ii)*, e 54º da LAV, alguns argumentos que, tendo inegável relevância no âmbito do reconhecimento de sentenças (judiciais ou arbitrais) estrangeiras, não têm idêntica operatividade em sede de impugnação de sentenças arbitrais perante os tribunais do Estado da sede da arbitragem.

O primeiro desses argumentos é o de que só se justificaria que a 'ordem pública internacional' do Estado a que pertence o tribunal perante o qual a sentença arbitral é impugnada, fosse chamada a intervir (e fosse anulada a sentença, com fundamento na violação daquela), quando *(i)* tivesse sido estrangeira a lei segundo a qual foi decidido o fundo da causa e *(ii)* tal sentença se destinasse a ser executada ou produzir efeitos no Estado de que esse tribunal é órgão. Ao invés, para o mesmo autor, não se justificaria que pudessem ser impugnadas, com este fundamento, sentenças proferidas em arbitragens internacionais, em que o fundo da causa tivesse decidido segundo o direito português.

404 No artigo *A sentença arbitral contrária à ordem pública perante a nova LAV*, 'Direito Arbitragem – Ensaios' *cit.*, pp. 30, nota 51 e 32, tive ocasião de realçar que a redação do art. 54º do Projeto da A.P.A. e, portanto, também a do art. 54º da LAV mostrava, claramente, ter sido "contaminada" pelo conceito de ordem pública internacional próprio do direito de conflitos, ou seja, pela chamada *exceção de ordem pública internacional* que nenhum préstimo tem no âmbito da impugnação de sentenças arbitrais perante os tribunais dos Estados em que as arbitragens tiveram sede.

Em primeiro lugar, esta posição expõe-se à crítica (feita atrás) de que, por tais sentenças poderem, igualmente, violar princípios ou regras integrantes da 'ordem pública internacional do Estado português', não existe nenhuma razão válida para as isentar de controlo judicial, sob o ponto de vista da sua conformidade com esses princípios e regras[405].

Em segundo lugar, é indiferente, neste contexto, que a 'sentença arbitral se destine a produzir efeitos em Portugal' ou apenas noutros Estados. Na base deste argumento está, mais uma vez, uma confusão entre a aferição da legitimidade das sentenças arbitrais pelos tribunais do Estado em que foram sediadas (e em cuja ordem jurídica têm âncora) e o reconhecimento de sentenças proferidas em território estrangeiro, de que enferma a proposta interpretativa avançada por este autor. A justificação para esta restrição adiantada pelo mesmo autor, de que ela teria sido importada da Lei Francesa resulta de outro equívoco que pus em evidência e critiquei em artigo anterior[406], retomando adiante, em forma resumida, a crítica que ali fiz.

Em terceiro lugar, ao contrário que o autor parece supor, é frequentemente difícil, ou mesmo impossível, determinar qual o lugar em que ela virá a ser executada, tanto na altura em que a sentença arbitral é elaborada (e em que os árbitros precisam de saber qual é a bitola de aferição da validade da sentença que vão proferir), como no curto período em que a sentença arbitral pode ser impugnada. Na verdade, a prática da arbitragem internacional mostra que, muitas vezes, nem os árbitros nem as partes sabem, de antemão, em que país irá a execução da sentença ser requerida, por isso depender bastante de se poder encontrar bens executáveis em diversas jurisdições. Por isso, muitas vezes, não é possível aplicar uma das condições inscritas no art. 54º, a saber, a de que "... *[a sentença] deva ser executada ou produzir efeitos em Portugal...*, porque uma sentença que a parte vencedora não tencionasse porventura executar em Portugal, poderá, mais

[405] *Vide* o excerto da obra de Antonio Menezes Cordeiro, transcrito na nota 396 *supra*, em que se faz crítica idêntica.

[406] *Contributo para uma revisão da LAV* cit., pp. 113-115.

tarde, vir a ser aqui dada à execução, assim como pode acontecer o inverso[407].

Por último, é bastante significativo que Dário Moura Vicente invoque, em apoio da sua proposta interpretativa, os conceitos de *Inlandsbezieung* ou *Binnenbeziehung* elaborados pelos estudiosos alemães do direito internacional privado[408], para justificar a exigência de uma conexão suficiente entre o litígio decidido pela sentença estrangeira a reconhecer e a ordem jurídica do foro, como requisito necessário para que "a ordem pública internacional" deste possa intervir. Mas há que reconhecer que tais conceitos foram elaborados por aquela doutrina, em estreita ligação com o funcionamento da *excepção* ou *reserva de ordem pública*[409], no quadro do reconhecimento de sentenças estrangeiras, não se vendo, na literatura jurídica desse ou de outros países, atribuir-se-lhe, usualmente, idêntica relevância no âmbito da impugnação de sentenças arbitrais perante os tribunais estaduais da sede da arbitragem.

A circunstância de, no pensamento deste autor, faltar uma clara diferenciação entre esses dois institutos levou-o, na mais recente versão da sua anotação ao art. 54º da LAV[410], a procurar distinguir entre a intervenção da ordem pública como *cláusula de salvaguarda* do sistema jurídico português (função que teria no art. 54º), e o de ser um mecanismo destinado a acautelar casos extremos de errado ou mau julgamento do mérito da causa (função que teria no art. 46º, nº 3 *b) ii)*). Relativamente a esta distinção, posso retorquir que à ordem

[407] Uma sentença que a parte vencedora não tencionasse inicialmente executar em Portugal, poderá, mais tarde, vir a ser aqui executada, se no nosso país se descobrirem, entretanto, bens suficientes que possam ser objeto dessa execução.

[408] Assim como pela doutrina suíça sobre direito internacional privado.

[409] *Vide* a monografia de Natalie Joubert – *La notion de liens suffisants avec l'ordre juridique (Inlandsbeziehung) en droit international privé*, LexisNexis Litec, Paris, 2007; *vide* também a referência a esses conceitos, feita por Dário Moura Vicente, na sua tese de doutoramento, *Da Responsabilidade Pré-Contratual em Direito Internacional Privado*, Almedina, Coimbra, 2001, pp. 688-692 (incluindo a literatura aí citada), para a qual o autor remete, no seu ensaio de 2012.

[410] Incluída na obra coletiva por si coordenada – *Lei da Arbitragem Voluntária Anotada*, 3ª ed., 2017, p. 166, e 4ª ed., 2019, p. 188 e 5ª ed. 2021, pp. 207.

pública cabe sempre a função de *cláusula de salvaguarda* do sistema jurídico[411], exercendo-a tanto em sede de aplicação do art. 56º, nº 1, *b) ii)* (e do art. 54º, para quem creia poder dar um sentido útil a esta disposição) quanto em sede de aplicação do art. 46º, nº 3, *b) ii)*. O que difere é o ângulo de intervenção de tal cláusula de salvaguarda em cada um dos mencionados contextos: bitola de aferição da legitimidade da sentença arbitral em face dos pilares fundamentais da ordem jurídica em que ficou ancorada, no contexto do controlo de anulação da sentença, e crivo da reconhecibilidade de eficácia num dado país para uma sentença proferida em território estrangeiro, no contexto da revisão de sentença arbitral estrangeira.

O defeito básico de que enferma esta proposta interpretativa – perdoe-se-me a insistência – reside no facto de o seu autor não fazer a necessária distinção entre, por um lado, *(i)* a ação da anulação de sentença proferida em arbitragem escolheram sediar no nosso país (sobre litígios de caráter doméstico ou sobre litígios que envolvam interesses do comércio internacional), escolha essa que implicou não só que tal arbitragem ficasse enquadrada pelo direito português (constituindo a sua *lex arbitri*[412]) mas também que aos tribunais portugueses passasse a caber verificar (como "jurisdição primária" de controlo) se tal arbitragem decorreu com a exigível *integridade* (no triplo aspeto da integridade do tribunal, integridade do processo e integridade da sentença)[413] – e, por outro lado, *(ii)* a ação de reconhecimento de sentença arbitral proferida no estrangeiro, em que aos tribunais portugueses cabe apenas apreciar (como "jurisdição secun-

[411] Como realçaram autores como Manuel Carneiro da Frada, em *A Ordem Pública no Domínio dos Contratos* cit., p. 258.

[412] Sobre o específico papel que cabe à *lex arbitri, vide,* entre outros, Redfern & Hunter – *ob cit.,* pp.173-193, Poudret & Besson – *ob. cit.,* pp. 83-90, e Gary Born – *ob. cit.,* pp. 1237-1243.

[413] Que, como referi no parágrafo 4. *supra,* constitui pressuposto implícito da qualificação pela CRP dos tribunais arbitrais como 'tribunais', bem como do reconhecimento, pela jurisprudência do Tribunal Constitucional, da arbitragem como meio de exercício da 'função jurisdicional'.

dária" de controlo[414]) se tal sentença proferida sob a égide de uma *lex arbitri* estrangeira e sob a supervisão primária de outra jurisdição, reúne as condições mínimas para ser admitida a produzir efeitos no nosso país[415].

55. Antes de concluir a minha análise da interpretação que Dário Moura Vicente defende para o art. 54º, devo comentar a sua afirmação de que "a disposição tem paralelo no art. 1520, nº 5, da Lei Francesa, na redação que lhe foi dada em 2011"[416].

Anoto, desde logo, que esta afirmação só é verdadeira em relação à parte do art. 54º que erigiu em fundamento de anulação das sentenças arbitrais nele contempladas a circunstância de a sua "execução" ser contrária à ordem pública internacional. Tudo o mais que consta deste artigo não tem paralelo nem no art. 1520, nº 5, daquela lei nem noutra disposição do *Cpc* francês nem, tanto quanto conheço, em qualquer outra lei de arbitragem. E quanto à pequena parte do art. 54º que terá sido inspirada por aquele preceito da Lei Francesa, julgo que essa inspiração foi nefasta, porque, neste particular, tal lei foi muito deficientemente desenhada.

O art. 1520, nº 5, do atual *Cpc* francês é praticamente igual ao art. 1502, nº 5, do anterior *Cpc*. Ora, neste diploma regulava-se, de

[414] Sobre a conceção da arquitetura da arbitragem comercial internacional estabelecida pela Convenção de Nova Iorque de 1958, que distingue entre os papéis da 'jurisdição primária" (a do lugar da arbitragem) e da "jurisdição secundária" (a do território em que se pretenda fazer executar a sentença arbitral), *vide*, entre outros, o ensaio de Michael Reisman (escrito em coautoria com Brian Richardson) – *The Present Commercial Arbitration as a Transnational System of Justice: Tribunals and Courts: An Interpretation of the Architecture of International Commercial Arbitration* (citado na nota de rodapé 12, *supra*) e a minha obra *O Reconhecimento e Execução de Sentenças Arbitrais Estrangeiras* cit., pp. 69-79.

[415] A distinção entre as funções específicas de cada um destes institutos acha-se claramente feita nas 'obras clássicas' da doutrina da arbitragem internacional, tais como, por exemplo, Redfern & Hunter – *ob. cit.*, pp. 626-627 e 632; Poudret & Besson – *ob. cit.*, pp. 700-713 e 810-874; cf. também a minha monografia *O Reconhecimento e Execução de Sentenças Arbitrais Estrangeiras*, Almedina, Coimbra, 2016, p. 97.

[416] Na sua anotação ao art. 54º, em *Lei da Arbitragem Voluntária Anotada* cit., p. 206.

maneira uniformizada, a via de recurso aberta contra as sentenças arbitrais proferidas no estrangeiro e a facultada contra as sentenças proferidas em arbitragens internacionais sediadas em França.

Era muito defeituoso este modo de legislar, porque a primeira dessas vias de recurso diz respeito ao reconhecimento de sentenças arbitrais proferidas no estrangeiro, enquanto a segunda se refere ao controlo de anulação de sentenças arbitrais proferidas em litígios de caráter internacional, no território do Estado a que pertence o tribunal de supervisão, institutos que a generalidade da doutrina distinguia e distingue, com grande clareza. Não obstante essa diferenciação, a Lei Francesa de 1981 enunciava, num único artigo, os fundamentos de recurso (*appel*) da decisão do juiz de execução que, sem contraditório, conferia ou recusava executoriedade à sentença estrangeira revidenda, mandando aplicar, noutro artigo à frente, tais fundamentos ao recurso de anulação interposto de sentença arbitral proferida em França sobre um litígio de caráter internacional. Foi esta defeituosa maneira de regular o controlo de anulação de sentenças arbitrais proferidas em França sobre litígios de caráter internacional – que a reforma do Livro IV do *Cpc* francês de 2011 não corrigiu completamente – que deu azo à incongruência de se prever (tanto no *Cpc* de 1981 como no no *Cpc* de 2011) que, quando efetue esse controlo, o tribunal estadual competente verifique se o "reconhecimento ou execução da sentença é contrário a ordem pública internacional" – o que não faz nenhum sentido e por isso tem sido criticado por autores que têm particular autoridade nesta matéria[417].

Do que fica exposto pode, pois, concluir-se que a inspiração que se buscou na Lei Francesa (de 1981 ou de 2011) não tinha préstimo para a configuração do regime português de controlo de anulação das sentenças proferidas em arbitragens internacionais[418].

[417] Por exemplo, por Jean-Baptiste Racine – *Note de Jurisprudence française*, Revue de l'Arbitrage, Nº 3, 2021, C.F.A., Paris, pp. 837-838.

[418] Esta crítica acha-se mais desenvolvidamente exposta no meu artigo *Contributo para uma revisão da LAV* cit., pp. 113-115.

56. Importa analisar também a proposta avançada por José Robin de Andrade, relativamente ao modo como deve interpretar-se o art. 54º da LAV[419].

Para este autor, o entendimento correto é o que confere a este artigo o "efeito útil de permitir, neste caso (isto é, tratando-se dc arbitragem internacional em que haja sido aplicado direito não português ao fundo da causa e em que a decisão nela proferida se destine a ser executada em Portugal) que a decisão arbitral, mesmo que já não possa ser anulada, por ter expirado o prazo para se propor a respetiva ação, possa ser impedida de ser executada em Portugal com fundamento na violação da ordem pública internacional".

Esta proposta interpretativa também não merece acolhimento. Em primeiro lugar, porque não é compatível com a letra dessa disposição legal: trata-se aí, como nesta se lê, da "anulação" de sentenças arbitrais (ou de uma categoria destas) e não da "oposição à sua execução".

Em segundo lugar, porque esta proposta enferma de patente confusão entre a anulação de sentenças arbitrais (proferidas em Portugal), a oposição ao reconhecimento de sentenças arbitrais (proferidas no estrangeiro) e a oposição à execução (em Portugal) de sentenças arbitrais (onde quer que hajam sido proferidas), que são, todas, vias distintas para se impedir que uma sentença arbitral ganhe efetividade, correspondendo a institutos bem diferenciados nos planos substantivo e processual. As duas primeiras vias não podem ser utilizadas, no âmbito da ordem jurídica portuguesa, em relação à mesma categoria de sentenças arbitrais[420] e a terceira via (oposição à execução) é aplicável tanto às sentenças arbitrais proferidas em Portugal (tenham elas ou não sido objeto de uma ação de anulação) como às proferidas no estrangeiro e subsequentemente reconhecidas em Por-

[419] José Robin de Andrade – *Balanço de Um Ano de Vigência da Nova Lei da Arbitragem Voluntária*, Intervenções-VII Congresso de Arbitragem Comercial, Centro de Arbitragem Comercial da CCIP, Almedina, Coimbra, 2014, p.157.

[420] Só em relação a sentenças arbitrais proferidas em Portugal pode ser pedida a sua anulação pelos tribunais portugueses e só relativamente a sentenças arbitrais proferidas no estrangeiro pode alguém opor-se ao seu reconhecimento em Portugal.

tugal, mas com objeto e tramitações diferentes das que são próprias da ação de anulação ou da oposição ao reconhecimento.

Atendendo a que a redação da LAV de 2011 revela, em regra, como tem sido referido[421], um elevado nível técnico, não é razoável supor que o legislador, com a referência feita no art. 54º à possibilidade de 'anulação' de uma categoria de sentenças arbitrais, tenha afinal tido em vista oposição à sua execução.

Acresce que a "oposição à execução" da sentença arbitral (proferida quer em arbitragem doméstica quer internacional) é tratada noutra parte da LAV (o Capítulo VIII), claramente separada daquela em que se regula a ação de anulação que pode ser movida contra tal sentença, o que também demonstra que é aqui (e nunca num artigo incluído no Capítulo IX da Lei) que se definem as condições em que se pode deduzir oposição à execução da mesma.

Por último, há que referir que a situação que José Robin de Andrade teve em mente[422] está expressamente contemplada no nº 3 do art. 48º, em que se prevê que, não obstante haver já decorrido o prazo para se propor a ação de anulação, o juiz pode conhecer oficiosamente das causas de anulação da sentença que, nos termos a alínea *b)* do nº 3 do art. 46º, são de conhecimento oficioso, a saber, a inarbitrabilidade e a contrariedade à ordem pública.

Não se alcança assim, através da via sugerida por este autor, o "efeito útil" por ele sugerido para o art. 54º, dado que tal efeito ou sentido já está contemplado no nº 3 do art. 48º da Lei.

§ 9º Intensidade do controlo do juiz sobre a sentença impugnada

57. Ao iniciar este parágrafo, há que enfatizar dois pontos. O primeiro consiste na ideia, acima realçada (em 4. *supra*), de a existência de um controlo efetivo dos tribunais arbitrais sobre a composição do tribunal, a sua competência, conferida pelas partes, o processo que

[421] Segundo o juízo de António Menezes Cordeiro, em *Tratado da Arbitragem* cit., p. 72.

[422] Isto é, da sentença arbitral que já não pode ser objeto de uma ação de anulação (por já ter expirado o prazo para a propor), com fundamento em violação de ordem pública internacional.

antecedeu a sentença e, por fim, a forma e conteúdo desta, ser indispensável para preservar a *integridade* da arbitragem e para se poder caraterizar como meio jurisdicional de resolução de litígios, equiparado pela Constituição da República à justiça estadual.

O segundo ponto a enfatizar diz respeito ao rematado absurdo que constitui um *slogan* amiúde como um mantra, segundo o qual "ao juiz competente para anular a sentença arbitral é vedado o reexame do mérito da sentença"[423]. Rejeito, por inteiro, esta máxima[424], porque, além de outros defeitos que mostra, encerra o contrassenso que passo a evidenciar.

58. É por demais evidente que, para poder decidir se a sentença arbitral impugnada deve ser anulada, o tribunal estadual competente tem de *reexaminar o mérito* do caso decidido por tal sentença.

Como tenho salientado em escritos anteriores[425], a parte dispositiva da sentença arbitral (tal como a parte dispositiva da sentença dum tribunal estadual) é, na maioria das vezes, neutra relativamente à substância da decisão[426]. Por isso, só um atento exame das circunstâncias do caso e de toda a fundamentação apresentada pelo tribunal arbitral para a decisão proferida, permite ao tribunal estadual supervisor determinar o real significado e alcance dessa decisão.

[423] Em particular, por José Robin de Andrade, nas suas anotações ao art. 46º da LAV, incluídas nas sucessivas edições da obra coletiva Dário Moura Vicente – *Lei da Arbitragem Voluntária Anotada* cit., nomeadamente, na sua 5ª ed., 2021, a pp. 186 e 192-193.

[424] Uma daquelas "lazy maxims" que Jan Paulsson argutamente desmontou em *Metaphors, Maxims and other Mischief*", 'Freshfields Arbitration Lecture' realizada em Londres em 23 de outubro de 2013, cujo texto foi publicado na revista Arbitration International, LCIA, Vol. 30, (2014), No. 4, London.

[425] Nomeadamente, no artigo *Anulação da Sentença Arbitral Contrária à Ordem Pública*, in 'Temas de Direito da Arbitragem', Coimbra Editora, Coimbra, 2103, p. 328, no artigo publicado, em 2019, no Blog 'Lisbon Arbitration by MLGT', *A chamada proibição de os tribunais estaduais reexaminarem o mérito da sentença arbitral: mito ou realidade?*, bem como em anteriores edições da presente monografia.

[426] Na parte dispositiva da sentença, usualmente, lê-se apenas o seguinte: "O demandado é por esta via condenado a pagar ao demandante o montante de *x*" ou uma frase semelhante.

A referida proposição da "proibição de exame do mérito da decisão dos árbitros" é particularmente absurda no caso de o fundamento com que foi impugnada a sentença arbitral não ter natureza processual, dizendo antes respeito à sua substância: é o que acontece quando a impugnação é baseada em alegada violação da 'ordem pública' do foro (i.e., do Estado a que pertence o tribunal estadual supervisor) pelo resultado da sentença. Em tais casos, a reexame do conteúdo substantivo da decisão dos árbitros é imprescindível, implicando isso a reapreciação do *mérito* dessa decisão. Os especialistas desta matéria, tanto portugueses[427] como estrangeiros[428], na sua grande maioria, não mostram qualquer hesitação em reconhecê-lo.

[427] *Vide,* entre outros, Paula Costa e Silva – *Corrupção, Ordem Pública e Decisão Arbitral: A propósito do caso Alstrom,* 'Arbitragem Comercial – Estudos Comemorativos dos 30 anos do Centro de Arbitragem Comercial da Câmara de Comércio e Indústria Portuguesa', Almedina, Coimbra, 2019, pp. 841 e nota 1, Rui de Moura Ramos – *Anotação ao acórdão do Supremo Tribunal de Justiça de 14 de março de 2017* cit. pp. 267 e segs, Mariana França Gouveia – *Curso de Resolução Alternativa de Litígios* cit., p. 314; António Pedro Pinto Monteiro – *Da Ordem Pública* cit. p. 663, e Armindo Ribeiro Mendes – *A Nova Lei de Arbitragem Voluntária* cit., p. 743. É importante que Dário Moura Vicente, que durante alguns anos pareceu subscrever aquela máxima, tenha a reconhecido, em recente artigo (*A arbitragem em Portugal uma década após a nova LAV: algumas reflexões,* Revista Internacional de Arbitragem e Conciliação, Nº 17 – 2022, Almedina, pp. 11-42, especialmente, pp. 39-41) que a proibição da revisão do mérito da sentenças arbitrais "não impede que o reexame da sentença arbitral que a cláusula de ordem pública internacional permite aos tribunais estaduais corresponda a um *controlo efetivo da sentença,* que abranja, sob o ângulo da sua conformidade com os princípios fundamentais do Direito português, a concreta interpretação e aplicação feita pelo tribunal arbitral das regras jurídicas e das estipulações contratuais relevantes para a decisão da lide", em linha com o que, desde há muito tempo, tem sido defendido por mim e por outros autores nacionais e com o que tem entendido a mais recente jurisprudência dos tribunais superiores portugueses.

[428] *Vide,* entre outros, William Park – *National Law and Commercial Justice: Safeguarding Procedural Integrity in International Arbitration,* Tulane Law Review, Volume 63 (1989), Issue 3, New Orleans pp. 647 e segs.; Chr. Seraglini & J. Ortscheidt – *Droit de l'arbitrage interne et international* cit., pp. 977-1005; J. F. Poudret & S. Besson – *Comparative Law* cit. pp. 757-758 e 761-762; Juan Cadarso Palau – *Motivos de Anulación del Laudo,* in 'Comentarios a la nueva Ley de Arbitraje' *cit.,* p. 584; Gary Born – *International Commercial Arbitration* cit., pp. 3355-3358.

Por outro lado, ao analisar todo o conteúdo da sentença arbitral impugnada, o tribunal estadual pode achar necessário requalificar os atos e contratos praticados pelas partes, se a maneira como o tribunal arbitral os caraterizou não permitir ao tribunal estadual a sua correta apreciação, tendo em vista a eventual violação de princípios e regras inderrogáveis pela decisão arbitral.

A possível requalificação das conclusões do tribunal arbitral, quanto aos factos e ao direito, pode ser particularmente justificada, quando a sentença arbitral haja sido impugnada (ou contra o seu reconhecimento haja sido deduzida oposição) com fundamento em contrariedade à ordem pública do Estado da sede da arbitragem (ou daquele em que se pretenda executar a sentença arbitral)[429]. Mas tal

[429] É muito relevante que os tribunais superiores franceses (nomeadamente, a *Cour d'appel* de Paris e a *Cour de Cassation*) que, durante cerca de dez anos (2004-2014), adotaram uma "abordagem minimalista" muito estrita, relativamente ao controlo de sentenças arbitrais impugnadas com fundamento em contrariedade à ordem pública, tenham vindo, nos últimos cinco anos, a praticar uma apreciação aprofundada das alegações feitas pelo requerente da anulação, pelo menos, quando alegações de corrupção e, mais geralmente, de crimes económicos tinham sido feitas para fundamentar esse requerimento. Exemplos desta nova orientação dos tribunais superiores franceses são as decisões proferidas nos seguintes casos: *Belokon* (fevereiro de 2017), *Republique démocratique du Congo* (maio de 2017) *Indagro* (setembro de 2016 e 2017) e *MK Group v. Onix* (janeiro de 2018). Nestes casos (respeitantes a arbitragens internacionais), os mencionados tribunais afirmaram que, para poderem exercer o controlo que lhes cabe, "os juízes têm de investigar, relativamente aos factos e ao direito, todos os elementos que permitam decidir sobre a alegada ilegalidade dos acordos questionados e determinar se a sentença arbitral infringiu de modo concreto e efetivo ordem pública internacional do Estado francês; e, no âmbito dessa análise, os juízes competentes não estão vinculados nem pelas conclusões do tribunal arbitral nem pela lei aplicável ao fundo da causa." No caso *Alstom v. Alexander Brothers* (abril de 2018) a *Cour d'appel* de Paris reenquadrou o argumento da parte impugnante e chamou a si a verificação sobre se os contratos das partes (que o tribunal arbitral considerara serem acordos de consultoria) eram contratos de corrupção; em vez de decidir a impugnação, a *Cour d'appel* reabriu o processo e ordenou às partes que fornecessem documentação adicional. Esta evolução jurisprudencial ficou consolidada, recentemente, com o acórdão da *Cour de cassation* de 23 de maio de 2022, proferido no caso *M. Belokon c/République du Kirghizistan*, em que se consagrou a ideia de que o controlo da conformidade da sentença arbitral com a ordem pública internacional repousa sobre uma apreciação *de novo* do caso, pelo menos, quando o princípio em causa

requalificação pode justificar-se também relativamente a conclusões de caráter processual alcançadas pelo tribunal arbitral, se o tribunal estadual de controlo a considerar necessária para decidir se a sentença impugnada deve, ou não, ser anulada. Os tribunais das jurisdições mais sofisticadas e favoráveis à arbitragem não hesitam em fazer ambas as modalidades de requalificação das conclusões do tribunal arbitral[430].

e da proibição da corrupção ou do branqueamento de capitais. Segundo este Supremo Tribunal francês, a verificação duma ofensa à ordem pública não é "nem limitada aos elementos de prova produzidos perante os árbitros nem manietada pelas constatações, apreciações e qualificações operadas por eles"; (...) o juiz da anulação pode livremente "fazer livremente um apreciação diferente sobre os factos"; a única limitação, para esse juiz, diz respeito à necessidade de respeitar "o princípio do contraditório o da igualdade de armas", em particular, na hipótese de produção de novas provas. Para a *Cour de cassation*, não se trata, para o juiz de anulação, de "proferir uma nova decisão sobre o fundo da causa": tratar-se unicamente de tomar posição sobre "a compatibilidade do reconhecimento ou da execução da sentença com a ordem pública internacional". Outro acórdão recente da *Cour de cassation* (proferido em 7 de setembro de 2022, no caso *Sorelec c/ État de Libye*) permite concluir que esta jurisprudência de reforço do controlo da conformidade à ordem pública não se limita aos casos de ofensa à ordem pública internacional que constituam infrações penais, pois abrange os demais casos de violação de ordem pública internacional integrante da ordem jurídica francesa. Acerca desta importante evolução da jurisprudência francesa, *vide* Chr. Seraglini & J. Ortscheidt – *Droit de l'arbitrage interne et international* cit., pp. 9992-1005, Chr. Seraglini – *L'intensité du contrôle du respect par l'arbitre de l'ordre public" – Note de Jurisprudence*, Revue de l'Arbitrage, 2001, Nº 4, C.F.A., Paris, pp. 347-376, *Le contrôle de la sentence au regard de l'ordre public international par le juge étatique: mythes et réalités*, Les Cahiers de L'Arbitrage, Vol. V, 2011, Editions A. Pedone, Paris, *Le contrôle par le juge de l'absence de contrariété de la sentence à l'ordre public international: le passé, le présent et le futur*, Revue de l'Arbitrage, 2020, Nº 2, C.F.A., Paris, e Jean-Baptiste Racine – *Le contrôle de la conformité de la sentence à l'ordre public international: un état des lieux*, Revue de l'Arbitrage, 2022, Nº 1, C.F.A., Paris, pp. 179-226, e Sylvain Bollée & Mathias Audit – *Note de Jurisprudence* (Cour de Cassation 23 mai 2022: *M. Belokon c/République du Kirghizistan*), Revue de l'Arbitrage, 2022, Nº 3, C.F.A., Paris, pp. 951-958. Pelo seu lado, os tribunais ingleses têm adotado, desde há muito, uma orientação bastante semelhante à dos tribunais franceses acima resumida, pelo menos, quando alegações plausíveis de corrupção ou outra séria ilegalidade foram feitas em apoio da impugnação de uma sentença arbitral.

430 *Vide*, por exemplo, a decisão proferida em 10.01.2018 pela *Cour de cassation* (recurso 16-21391), confirmando a decisão da *Cour d'appel* de Versailles, que recaraterizou a deci-

Outra ordem de considerações demonstra, igualmente, que o tribunal estadual supervisor tem de examinar a totalidade da decisão proferida pelo tribunal arbitral sobre o mérito da causa. Segundo o art. 46º, nº 3, *a) v)* da LAV, a sentença arbitral pode ser anulada, se se provar que o tribunal arbitral condenou uma parte no pagamento de montante que excedia o que fora pedido, ou decidiu questões lhe não haviam sido submetidas (decisão *ultra petitum*), ou condenou em algo diferente do que fora pedido (decisão sobre *aliud*), ou omitiu decisão sobre pedidos ou questões importantes apresentados ou suscitados pelas partes (decisão *infra petitum*). Também em relação a estes casos é evidente que o tribunal estadual supervisor não poderá verificar se aquelas alegações são bem fundadas, se não puder examinar a totalidade da sentença arbitral e se não puder comparar o âmbito da decisão dos tribunais arbitral com o conteúdo das peças escritas apresentadas pelas partes.

Tendo em conta o que acima ficou exposto, há que concluir que a mencionada proposição (de que "ao tribunal estadual supervisor é vedado proceder ao exame do mérito do caso decidido pela sentença arbitral") é tal modo absurda, que mal se compreende que alguém a possa subscrever. No entanto, vista mais de perto, essa proposição não revela só desconsideração de noções básicas de direito processual civil – que constitui a matriz da grande maioria dos conceitos basilares do direito da arbitragem. O que parece estar subjacente a tão irracional ideia é o propósito de se anular, tanto quanto possível, o conteúdo e alcance da disposição da al. *b) ii)* do nº 3 do art. 46º da LAV, buscando-se obter por esta via o que foi rejeitado pelos Minis-

são do tribunal arbitral que havia erradamente qualificado os argumentos aduzidos pelas partes como atinentes ao âmbito da 'jurisdição' do tribunal arbitral (questão que os tribunais estaduais têm competência para controlar, nas ações de anulação de sentenças arbitrais), sendo que, no caso em apreço, a questão controvertida dizia antes respeito à 'admissibilidade' do requerimento apresentado por uma das partes (que, nesse contexto, os tribunais estaduais não podem controlar). Tendo em conta a *ratio decidendi* desta decisão, é de antecipar que a requalificação inversa (recaraterizando a questão controvertida como respeitando a 'jurisdição', em vez de respeitar à 'admissibilidade') seja também feita pelos tribunais franceses, se as particularidades do caso o justificarem.

tros da Justiça dos XVIII e XIX Governo Constitucionais (como referi no parágrafo 51.).

59. Para se transmitir a ideia de que o objetivo de se favorecer a arbitragem como meio jurisdicional de resolução de litígios requer que o controlo judicial da substância das sentenças arbitrais seja limitado, é muito mais correto afirmar que ao tribunal estadual é *vedado proceder à revisão do mérito* decidido pela sentença arbitral. É esta, na verdade, a proposição que mais frequentemente se encontra nas obras da especialidade assim como em documentos internacionais de referência, relacionados com o tópico analisados na presente obra[431].

Quando decide sobre uma apelação, o tribunal de recurso tem o dever (intelectual) de julgar novamente o litígio, em ordem a verificar se chega ao mesmo resultado que foi atingido pela decisão recorrida. Por outras palavras, o tribunal de recurso deve efetuar as mesmas operações intelectuais[432] que deveria ter realizado se houvesse sido o primeiro julgador do litígio submetido ao tribunal inferior – o que constitui objeto da apreciação do tribunal de recurso é o que se

[431] Esta proposição ("proibição de revisão do mérito") e as que lhe correspondem nas línguas dominantes na arbitragem internacional (*no review on the merits/prohibition de révision au fond/no hay revisión sobre el fondo*) são as usadas, invariavelmente, na literatura jurídica e nos guias internacionais sobre a anulação de sentenças arbitrais pelos tribunais estaduais e sobre o reconhecimento e execução de sentenças arbitrais estrangeiras (nomeadamente, os publicados pela ICCA, a UNCITRAL e a IBA). Por exemplo, na pág. 80 do *Guia da ICCA sobre a Interpretação da Convenção de Nova Iorque de 1958*, encontra-se uma boa definição para esta proposição ('não revisão do mérito'): "O tribunal estadual não tem poder para substituir a decisão do tribunal arbitral pela sua decisão sob o mérito, se o árbitro tiver decidido erradamente os factos ou o direito". Esta definição parece-me muito elucidativa, porque identifica a diferença crucial entre a tarefa do tribunal de recurso que decidir uma apelação interposta da decisão de um tribunal inferior e a tarefa do tribunal estadual de controlo que tem de decidir se anula uma sentença arbitral que foi impugnada, nomeadamente, com fundamento em violação da ordem pública do foro.

[432] Isto é, enunciar os factos que são de considerar como provados e aplicar-lhes a regras e princípios jurídicos pertinentes.

pode designar por "litígio primário"[433]. A fazer essa apreciação, o tribunal de recurso substitui, pela sua decisão, a decisão proferida pelo tribunal inferior, que é revogada ou anulada. Deste modo, a resolução do litígio é *reescrita* pelo tribunal de recurso. Pode dizer-se, por isso, que a essência da missão do tribunal de recurso é efetuar a 'revisão do mérito'[434] do litígio decidido pelo tribunal inferior.

Bem diferente é a tarefa a efetuar pelo tribunal que deve decidir se anula ou não a sentença arbitral perante ele impugnada. Quando decide sobre um pedido de anulação, o tribunal estadual de controlo não raciocina sobre o 'litígio primário' (definido como acima se indicou) e não exprime a sua opinião sobre o modo como que esse litígio foi decidido, quanto aos factos ou ao direito, pelo tribunal arbitral. O tribunal de controlo apenas verifica *(i)* se o tribunal arbitral tinha poder jurisdicional para dirimir o litígio, *(ii)* se o processo arbitral conducente à decisão decorreu de acordo com os padrões de correção e justiça processual prescritos pela lei do foro (*i.e.*, a lei da sede da arbitragem ou do lugar de execução da sentença), *(iii)* se a fundamentação da sentença é suficiente para a tornar inteligível, *(iv)* se a(s) decisão(ões) contida(s) na sentença está(ão) em conformidade com as peças escritas apresentadas pelas partes, e *(v)* se o resultado material[435] da decisão proferida pelo tribunal arbitral é contrário às

433 Usando aqui os termos propostos por Louis Christophe Delanoy, em *Le Contrôle de l'Ordre Public par le Juge de l'Annulation: Trois Constats, Trois Propositions,* Revue de l'Arbitrage, 2007, Nº 2, CFA, Paris, especialmente, a pp. 200-204, termos esses que foram acolhidos pela maioria da doutrina francesa, como se constata, nomeadamente, no manual de Chr. Seraglini & J. Ortscheidt – *Droit de l'Arbitrage* cit., pp. 994-995.

434 No texto acima, os termos 'revisão' e 'review' são usados com o significado que lhe atribuem os dicionários mais utilizados (assim, no *Novo Dicionário Compacto da Língua Portuguesa,* 4ª ed, Ed. Confluência, 1988, Volume V, de António de Morais da Silva, 'revisão' significa: *ato ou efeito de rever, de examinar outra vez; vista minuciosa de um escrito ou impresso para o expurgar de erros.* Por seu turno, no *Cambridge Dictionary*, 'review' significa: "*to think or talk about something again, in order to make changes to it or to make a decision about it*") ou que tais termos assumem em vários domínios do pensamento (por ex: *fazer uma revisão da História,* como faz o chamado *revisionismo histórico*).

435 Ou seja, os efeitos jurídicos criados pela decisão dos árbitros nas esferas jurídicas das partes (constituindo aí novos direitos ou obrigações ou extinguindo outros detidos até então).

regras e princípios jurídicos que integram a 'ordem pública'[436] do Estado a que pertence o tribunal supervisor.

Por conseguinte, em vez de verificar se o tribunal arbitral estava certo ou errado relativamente aos factos considerados como provados ou à lei aplicada (pois tal verificação pertence ao 'litigio primário', como acima se referiu), o tribunal estadual de controlo verifica se a sentença arbitral, atendendo à sua forma, ao processo através do qual foi proferida e ao resultado produzido, preenche as condições de regularidade e de validade[437] que justificam que o Estado disponibilize os seus meios coercivos para fazer executar aquilo que os árbitros decidiram. É a verificação da existência destas condições que constitui o que alguns autores designam por 'litígio secundário'[438] e que é o exclusivo objeto da análise do tribunal estadual de controlo[439].

Ainda que o tribunal estadual tenha de examinar todas as questões de facto ou de direito que formam o conteúdo substantivo da sentença arbitral – como tem de fazer, em ordem a poder controlar esta, como acima se explicou – tal exame não pode dar azo a uma revisão do mérito de tal sentença.

Há que concluir, portanto, que, ao decidirem sobre pedidos de anulação de sentenças arbitrais (ou sobre pedidos de reconhecimento e execução de sentenças arbitrais estrangeiras), os tribunais estaduais de controlo *não podem proceder à revisão do mérito* decidido por tais sentenças, mas *têm de examinar o mérito* por elas decidido, na sua totalidade.

Depois de, durante alguns anos de vigência da atual LAV, um número apreciável de decisões dos nossos tribunais superiores terem invocado, de maneira bastante acrítica, a ideia da 'proibição de ree-

[436] No âmbito da LAV, a bitola valorativa aplicável é, como é sabido, a 'ordem pública internacional do Estado português'.

[437] Sendo tal *validade* apreciada à luz das condições elementares de justiço material que qualquer decisão jurisdicional deve preencher.

[438] Louis Christophe Delanoy – *Le Contrôle de l'Ordre Public* cit., p. 201.

[439] Estas considerações são aplicáveis quer no contexto de um pedido de anulação de sentença que no contexto de um pedido de reconhecimento e execução de uma sentença arbitral estrangeira.

xame do mérito' decidido pela sentença arbitral (cujo absurdo deixei evidenciado) tem-se verificado, mais recentemente, o seu abandono por parte desses tribunais que, em vez dela, vêm acolhendo a distinção por mim defendida, usando mesmo as formulações que tenho preconizado, no seguimento da melhor doutrina francesa sobre a matéria. São de referir neste sentido, entre outros, os acórdãos proferidos pelo Tribunal da Relação de Lisboa, em 2.06.2016 (proc. 103/13.1YRLB-2), em 9.09.2019 (proc. 382/19.0YRLSB-1) e em 10.10.2019 (proc. 16167/18.9YRLSB-B-2), bem como os proferidos pelo Supremo Tribunal de Justiça, em 14.03.2017 (proc. 103/13.1YRLB.S1), em 26.09.2017 (proc. 1008/14.4YRLSB.L1S1), em 1.10.2019 (proc. 1254/17.9YRLSB.S1) e em 7.09.2020 (proc. 1714/18.4YRLSB.S1) e ainda o proferido pelo Tribunal Central Administrativo Sul, em 04.03.2021 (processo 50/17.8BCL).

Esclarecido como ficou este tópico de importância capital, vejamos agora qual deve ser a intensidade do controlo exercido pelos tribunais estaduais sobre as sentenças arbitrais submetidas à sua apreciação.

a) Quanto aos fundamentos de anulação da sentença arbitral, em geral

60. Embora a maioria das leis nacionais sobre arbitragem não contenha diretrizes para esse efeito, as jurisprudências formadas na sua aplicação revelam acentuadas diferenças no que concerne à intensidade do controlo exercido pelos tribunais estaduais na verificação da existência dos diversos fundamentos legalmente previstos.

Um traço comum à orientação adotada pela maioria das jurisdições estaduais em relação ao controlo das decisões arbitrais, é o rigor com que verificam se os árbitros tinham a competência que se arrogaram para conhecer do litígio que lhes foi submetido. Para esse efeito, os tribunais competentes apreciam, cuidadosamente, a existência, validade e eficácia da convenção de arbitragem invocada assim como o cabimento no respetivo âmbito objetivo e subjetivo do litígio decidido pela sentença impugnada.

Mesmo algumas jurisdições estaduais que optam por um controlo 'minimalista' relativamente a outros fundamentos – como acontecia, até há pouco, com os tribunais franceses no tocante à ofensa à ordem pública – não abdicam de exercer um controlo pleno sobre a competência do tribunal arbitral e a validade da convenção de arbitragem, examinando todos os elementos de facto e de direito que lhes permitam apreciar a existência, validade e alcance da convenção de arbitragem, com completa independência da apreciação feita pelos árbitros[440]. Rigor semelhante na abordagem a esta questão adotam os tribunais alemães, para quem a decisão do tribunal arbitral sobre a existência de uma convenção de arbitragem não vincula o tribunal estadual em sede de controlo de anulação da sentença arbitral[441]. Maior ainda, se possível, é a exigência revelada pelos tribunais ingleses na apreciação deste fundamento de anulação[442]. E não é significativamente diferente o cuidado posto na apreciação desta questão pelos tribunais doutras jurisdições[443].

Já no que toca à apreciação de alegadas violações pelos árbitros dos princípios fundamentais e demais normas imperativas que

[440] Chr. Seraglini & J. Ortscheidt – *Droit de l'Arbitrage* cit., pp. 498-501 e 977-988. Como observam estes autores, o rigor do exame com que os tribunais estaduais franceses verificam a existência e validade da convenção de arbitragem invocada constitui justa contrapartida do reconhecimento do efeito negativo do princípio da competência do tribunal arbitral: a prioridade dada a este na apreciação desta questão é reconhecida sob condição de que a sua decisão possa depois ser aprofundadamente controlada pelo juiz.

[441] Sobre a jurisprudência dos tribunais alemães neste domínio, *vide* Stefan Kröll & Peter Kraft – *Recourse against the Award* cit., pp. 402-404.

[442] *Vide*, por exemplo, a sentença proferida, em 3.11.2010, pelo UK Supreme Court no caso *Dallah v. Pakistan*, acessível em http://www.supremecourt.gov.uk/docs/UKSC_2009_0165_Judgmentv2. pdf. Embora esta sentença tenha sido proferida no âmbito dum processo de reconhecimento e execução de sentença arbitral estrangeira, visto que a arbitragem em que fora proferida a sentença revidenda tivera lugar em Paris, acham-se nela, muito bem definidos e articulados, os critérios de facto e de direito a que recorrem os tribunais superiores ingleses, ao apreciarem pedidos de anulação (*set aside*) de sentenças arbitrais fundamentadas em incompetência do tribunal arbitral, por alegada inexistência, invalidade ou ineficácia da convenção de arbitragem.

[443] Acerca do modo como esta matéria é tratada na Suíça e noutras ordens jurídicas, *vide* Poudret & Besson – *Comparative Law* cit., pp. 403 e segs, e Gabrielle Kaufmann-Kohler & Antonio Rigozzi – *International Arbitration* cit., pp. 247-252.

regem o processo arbitral, é de referir que, em relação à observância do princípio do contraditório (afirmado pelos direitos português, espanhol, italiano, francês, belga e suíço) ou do 'direito de cada parte a ser ouvida' (o equivalente daquele, no direito alemão), notam-se diferenças relevantes entre várias ordens jurídicas, no que concerne ao rigor com que os tribunais estaduais verificam e sancionam o seu desrespeito. Assim, por exemplo, enquanto em França, na Alemanha e na Inglaterra, os juízes não hesitam em anular sentenças arbitrais fundamentadas em razões de facto (por ex., documentos, prova pericial e informação diretamente obtida pelo tribunal arbitral) ou argumentos de direito sobre os quais as partes não tiveram oportunidade de se pronunciar, o Tribunal Federal Suíço tem mostrado maior relutância em anular a sentença arbitral com este fundamento[444].

Analisarei, em separado, a intensidade do controlo do juiz sobre as sentenças arbitrais impugnadas com fundamento em ofensa à ordem pública.

b) Em relação à contrariedade à ordem pública

61. Como salientei em escrito anterior[445], ao abordar-se esta matéria, convém assentar nas seguintes proposições, tomando-as separadamente, apesar de estarem intimamente ligadas: *(i)* em sede de controlo da sentença arbitral pelo juiz, a 'ordem pública' deve ser

[444] No concerne à situação em França, neste domínio, *vide* Chr. Seraglini & J. Ortscheidt – *Droit de l'Arbitrage* cit., pp. 506-512 e 988-1005; sobre a orientação dos tribunais alemães, *vide* Stefan Kröll & Pete Kraft – *Recourse against the award* cit. pp. 405-406; quanto à orientação dos tribunais ingleses, *vide* Andrew Tweeddale & Karen Tweeddale – *Arbitration* of *Commercial Disputes – International and English Law and Practice*, Oxford University Press, 2005, pp. 768-769, e Redfern & Hunter – *On International Arbitration cit.*, pp. 604-605. No que respeita à orientação do Tribunal Federal Suíço mencionada no texto, *vide* G. Kaufmann-Kohler & A. Rigozzi – *International Arbitration* cit., pp. 486-488, que referem uma decisão em sentido oposto, proferida pelo Tribunal Federal, em 2009, bem como as críticas da doutrina àquela orientação restritiva. Relativamente orientação dos tribunais estaduais doutras ordens jurídicas, neste domínio, *vide* Poudret & Besson – *Comparative Law* cit., pp. 470-480 e 735-741.

[445] *A sentença arbitral contrária à ordem pública perante a Nova LAV*, in 'Direito da Arbitragem-Ensaios' cit., pp. 21-28; *vide* também a doutrina aí citada.

entendida de modo restritivo; *(ii)* o grau de gravidade da ofensa à ordem pública requerido para se anular uma sentença arbitral deve ser relativamente elevado; *(iii)* a intensidade do controlo a efetuar pelo juiz ou, dito de outra maneira, os meios a empregar por ele, para verificar se ocorreu ou não uma ofensa à ordem pública, devem ser adequados ao cabal exercício da função que lhe cabe exercer.

O conteúdo da primeira proposição já foi examinado acima[446]. No que concerne à segunda e terceira proposições acima referidas, há que distinguir, por um lado, a questão do grau de ofensa à ordem pública requerida para conduzir à anulação da sentença e, por outro lado, a questão da intensidade do controlo que deve ser efetuado pelo juiz, para proceder à verificação necessária para tal efeito.

Embora a solução dada à primeira questão condicione, em grande parte, a solução a dar à segunda, é perfeitamente compatível exigir-se que seja elevada a gravidade da ofensa à ordem pública para levar à anulação da sentença arbitral, a fim de se manter equilíbrio entre a defesa da ordem pública e a eficácia da arbitragem, e, por outro lado, conferir-se ao juiz meios eficazes para verificar se se atingiu o requerido grau de gravidade daquela ofensa.

Relativamente à segunda das questões mencionadas, tive já ocasião de explicar, em ensaio sobre este tema e publicado em 2011[447], que esse controlo tem de ser "efetivo"[448] e "concreto" – porque apreciação da violação da ordem pública deve fazer-se *in concreto* –, o que implica o preenchimento de vários requisitos.

Em primeiro lugar, em sede de controlo de anulação da sentença, o juiz não pode limitar-se a um exame da "parte dispositiva" da sentença, que se desinteresse da respetiva fundamentação.

O que importa averiguar é se a solução que os árbitros adotaram quanto ao fundo da questão colide, ou não, com a ordem pública. A 'parte dispositiva' da sentença arbitral raramente consagra uma solução contrária à ordem pública, sendo geralmente 'neutra' em rela-

[446] Especialmente, nos parágrafos 39. e 41.

[447] *Anulação da sentença arbitral* cit., *in* 'Temas de Direito da Arbitragem', pp. 327 e segs. e a doutrina aí citada.

[448] Ou 'material', como alguns autores franceses preferem dizer.

ção a esta. Portanto, só o exame dos motivos da decisão arbitral e dos dados do caso permite concluir se decisão constante da parte dispositiva da sentença ofende ou não a ordem pública. Se assim não fosse, tornar-se-ia ilusória a proteção da ordem pública visada com a consagração deste fundamento de impugnação das sentenças arbitrais.

Em segundo lugar, o controlo da sentença arbitral pelo juiz não pode cingir-se ao exame do direito, devendo também incidir sobre os factos apreciados pelo árbitro. Dado que a regra de direito tem um carácter hipotético, a sua aplicação pressupõe a reunião e caracterização de certos factos. Se não existir um controlo que os abranja, bastará ao árbitro, para escapar à censura do juiz, declarar que não se verificaram os factos que desencadeiam a aplicação da regra de ordem pública.

Mas, para se evitar que este escrutínio da sentença arbitral se converta numa 'revisão do mérito' decidido pelo árbitro, faz sentido defender que o juiz analise a situação a partir dos elementos de facto, tal como foram apresentados ao árbitro (e foram documentados ou relatados no processo), e que desconsidere, em princípio, factos que não foram submetidos a este[449].

Em terceiro lugar, um controlo efetivo da sentença arbitral sob este ângulo impõe que o juiz examine tanto a interpretação como a qualificação do contrato litigioso. Qualificar o contrato é decidir que regras de direito lhe são aplicáveis; qualificar mal o contrato é afastar regras que lhe seriam normalmente destinadas. Se as regras ou princípios não aplicados pelo árbitro integravam a ordem pública, é indubitável que esta foi por ele ofendida.

Por isso, se o juiz não pudesse pôr em causa a interpretação ou qualificação do contrato feita pelo árbitro, ele apenas faria um "controlo da aparência de conformidade da sentença com a ordem pública". Todo o raciocínio seguido pelo árbitro deve, por isso, poder ser objeto de exame do juiz, tanto em matéria de direito quanto em

[449] Com as ressalvas feitas a esta posição de princípio feitas à frente e, mais desenvolvidamente, no parágrafo 61. *infra*.

matéria de facto, desde que isso tenha influência sobre a aplicabilidade de um princípio ou regra de ordem pública[450].

O controlo da sentença arbitral, em matéria de direito, deve abranger não só a aplicabilidade das normas e princípios de ordem pública vocacionados para reger a situação litigiosa, mas também a concreta aplicação pelo árbitro de tais regras e princípios. O juiz não pode contentar-se com a verificação da aplicabilidade dessas regras ou princípios de ordem pública, limitando-se a verificar se eles foram tidos em conta pelo árbitro, sem escrutinar o modo como este realmente os aplicou.

Na doutrina da especialidade, é pacífico o entendimento de que os árbitros têm o poder e o dever de aplicar oficiosamente os princípios e regras que integram a ordem pública, mesmo que as partes não os hajam introduzido no debate realizado na arbitragem, com observância do princípio do contraditório. O respeito por esses princípios e regras não pode ser condicionado pela atitude das partes, visto que estas não têm um poder de disposição sobre os princípios e regras que integram a ordem pública.

Por razão idêntica, a violação da ordem pública deve poder ser invocada pela parte impugnante perante o juiz competente para a anulação da sentença, mesmo quando não tenha sido alegada perante os árbitros. Como tem sido afirmado pelos tribunais de diversos Estados, a salvaguarda da ordem pública implica que esta não dependa do que tenha sido a atitude das partes ou da iniciativa do árbitro, durante o processo arbitral.

Embora o controlo da compatibilidade da sentença arbitral com a ordem pública, a cargo do juiz, tenha de ser efetivo, ele deve ser exercido de modo *comedido*, de modo a não conduzir à revisão do mérito da decisão proferida sobre a causa[451] nem à sistemática anulação da decisão do árbitro que cometeu um erro, ao proferi-la.

[450] Acolheu, *expressis verbis*, esta ideia o acórdão preferido pelo S.T.J, em 1.10.2019, no processo 1254/17.9YRLSB. S1.

[451] Como expliquei atrás, não se trata de o juiz decidir novamente sobre o litígio apreciado pelos árbitros, nem mesmo de verificar se os árbitros o resolveram corretamente,

Não basta que tenha existido uma mera *violação formal* da ordem pública (a mera inobservância das normas de ordem pública aplicáveis ao caso). É necessário que se tenha verificado uma *violação efetiva* ou *concreta* de regras ou princípios de ordem pública (i.e., que os seus objetivos específicos tenham sido afrontados), para que se possa anular a sentença arbitral. Deve, por isso, ser mantida uma sentença arbitral que, embora ignore formalmente uma regra ou princípio de ordem pública, não tenha consagrado uma situação inconciliável com o que resultaria da correta aplicação de tal norma ou princípio.

Mas nem todo o desvio do árbitro em relação à correta aplicação de uma norma ou princípio de ordem pública merece ser sancionado pelo juiz. Não basta a verificação de que o árbitro cometeu um 'error in judicando', para que o juiz anule a sentença por aquele proferida.

O controlo do juiz sobre a sentença do árbitro deve ser efetuado com o preciso fim de apurar se a *situação criada* pela sentença arbitral ofendeu, concreta e gravemente, os objetivos prosseguidos pelas regras e princípios de ordem pública aplicáveis ao caso. É o *resultado concreto* consagrado pela sentença que deve ofender real e materialmente os objetivos prosseguidos pela regra de ordem pública aplicável. Além disso, em homenagem ao 'princípio da atualidade da ordem pública', essa ofensa deve existir no momento em que se exerce o controlo do juiz.

Para esse efeito, o juiz deve, confrontando a solução acolhida pelo árbitro com a que ele teria adotado, examinar os efeitos decorrentes da aplicação das regras ou princípios de ordem pública ao caso em apreço. Só se justifica a anulação da sentença arbitral, se a situação criada por esta colidir com os fins prosseguidos por aquelas regras ou princípios.

Todo o conteúdo da sentença arbitral deve ser examinado, mas *é em função do seu resultado* que ela deverá ser sancionada. Embora todo raciocínio do árbitro deva poder ser examinado pelo juiz, o controlo

mas apenas de se certificar de que a solução inscrita na sentença impugnada não ofende a 'ordem pública', de que aquele é guardião.

deste deve incidir, não sobre esse raciocínio, mas sobre a solução dada ao litígio[452].

Quando verifique que o árbitro errou, deve o juiz, comparando a situação criada pela sentença arbitral com a que resultaria da correta aplicação da regra ou princípio de ordem pública desaplicada pelo árbitro, verificar se é *grave* a divergência detetada entre essas duas situações, à luz dos objetivos prosseguidos por tal norma ou princípio, pois só uma ofensa concreta e grave aos fins por eles prosseguidos deve ser sancionada.

Não devem, por isso, ser anuladas sentenças arbitrais que, apesar de conterem erros flagrantes, não têm consequências importantes sob o ponto de vista dos objetivos visados pelas disposições de ordem pública em causa.

Ainda no sentido da desejável contenção do controlo judicial sobre sentença arbitral, adiro à orientação defendida por vários autores, de que não se deve anular a sentença arbitral que, apesar de ter desaplicado a norma ou princípio de ordem pública vocacionada para reger a situação em causa, chegou a resultado *equivalente* àquele a que a correta aplicação dessa norma ou princípio levaria, não sendo lesivo dos interesses por eles protegidos. Assim, se uma disposição de ordem pública determinava a anulação do contrato e o árbitro, embora recusando a aplicação daquela disposição, anulou o contrato por outro motivo, a sentença arbitral não deve ser anulada[453].

Mas, se deve entender-se que só uma ofensa aos fins prosseguidos pela norma ou princípio de ordem pública que seja *efetiva*, *concreta* e

[452] Defenderam, de modo bastante persuasivo, este entendimento, entre outros, Pierre Mayer – *L' étendue du contrôle, par le juge étatique* cit., pp. 413-414, e Chr. Seraglini & J. Ortscheidt – *Droit de l'Arbitrage* cit., p. 1001, Christophe Seraglini – *Le contrôle par le juge de l'absence de contrariété de la sentence à l'ordre public international : le passé, le présent et le futur,* Revue de l'Arbitrage, 2020, Nº 2, CFA, Paris, pp. 348 e 360-364 e Jean-Baptiste Racine – *Le contrôle de la conformité de la sentence à l'ordre public international : un état des lieux* cit., pp. 212-225.

[453] Acolheram, explicitamente, as formulações que tenho defendido nas sucessivas edições desta obra, entre outros, os acórdãos do Supremo Tribunal de Justiça proferidos em 14.03.2017 (proc. 103/13.1YRLB.S1), em 26.09.2017 (proc. 1008/14.4YRLSB.L1S1), em 1.10.2019 (proc. 1254/17.9YRLSB.S1) e em 7.09.2020 (proc. 1714/18.4YRLSB.

grave justifica a anulação da sentença arbitral, deve, por outro lado, rejeitar-se que tal ofensa tenha de ser 'flagrante' ou aparente[454].

Com efeito, exigir-se que seja "flagrante" tal ofensa, para poder ser fundamento de anulação da sentença arbitral, equivale a limitar a aplicação desta sanção aos casos em que essa desconformidade apareça na própria sentença, expressa na violação manifesta de tais normas, sem se questionar a interpretação e qualificação feitas pelos árbitros. Ora, um controlo em que o juiz se limite a verificar se existe ostensiva contrariedade da sentença à ordem pública é meramente ilusório, não passando de uma 'aparência de controlo'[455].

[454] Tem de rejeitar-se, por isso (e também pelo que ficou dito no parágrafo 58. *supra*), a afirmação de José Robin de Andrade (nas suas anotações ao art. 46º da LAV, incluídas na obra coletiva coordenada por Dário Moura Vicente – *Lei da Arbitragem Voluntária Anotada* cit., 5ª ed., 2021, pp. 186) de que "a apreciação da sentença arbitral [pelo tribunal estadual de controlo] terá de se resumir a uma avaliação *prima facie* da sentença e do processo, e de se limitar a casos de aparente ou manifesta contradição com os princípios da ordem pública internacional do Estado português". Convém referir que o requisito de que a ofensa à ordem pública pela sentença arbitral deveria ser 'flagrante' para esta poder ser anulada, que foi, durante muitos anos, exigido pelos tribunais superiores franceses, veio a ser por estes abandonado, a partir de 2012, com o aplauso da larga maioria da doutrina deste país; *vide*, sobre este ponto, as contribuições de Jean-Baptiste Racine, Charles Jarrosson, Louis-Christophe Delanoy, Catherine Kessedjian, François-Xavier Train e Eric Loquin, incluídas na obra coletiva *L'Ordre Public et l'Arbitrage* – Actes du Colloque des 15 et 16 Mars 2013-Dijon *cit.*, pp. 33, 166-176, 226-231, 234-235, 237-239, 249-251; *vide* também Chr. Seraglini *Le contrôle par le juge de l'absence de contrariété de la sentence à l'ordre public international: le passé, le présent et le futur*, Revue de l'Arbitrage, 2020, Nº 2, CFA, Paris, pp. 353-356.

[455] Um tratamento mais desenvolvido dos temas versados no parágrafo 61, desta obra encontra-se no meu artigo *Anulação da Sentença Arbitral* cit., 'Temas de Direito da Arbitragem', pp. 327-334, e na doutrina aí citada; *vide* também o manual de Christophe Seraglini & Jerôme Ortscheidt – *Droit de l'Arbitrage* cit., pp. 1001-1002, e os artigos de Christophe Seraglini – *Le contrôle par le juge de l'absence de contrariété de la sentence à l'ordre public international* cit., pp. 346-376, e de Jean-Baptiste Racine – *Le contrôle de la conformité de la sentence à l'ordre public international: un état des lieux* cit., pp. 212-225.

62. Relativamente à terceira das questões suprarreferidas, já atrás ficou realçado[456] que a exigência de que a ofensa à ordem pública perpetrada pela sentença impugnada seja 'efetiva, concreta e grave' evita o sancionamento de erros do árbitro que não tenham realmente consequências nocivas, do ponto de vista dos objetivos prosseguidos pelas regras ou princípios de ordem pública em causa, assim como evita que o juiz leve a cabo um controlo aprofundado da sentença arbitral, quando se afigure que ele é, em qualquer caso, inútil.

Para se assegurar da ausência de ofensa grave, efetiva e concreta da ordem pública, o juiz deve poder efetuar um exame relativamente aprofundado da sentença e dos elementos de facto submetidos aos árbitros. No entanto, este exame aprofundado só tem razão de ser se for útil para aquela verificação ou, por outras palavras, se se mostrar, *prima facie,* que existe um risco de ofensa material e séria à ordem pública. Nestas condições, se o juiz puder constatar *prima facie* que a invocada desaplicação das regras de ordem pública, ainda que existisse, não era suscetível de constituir uma tal ofensa àqueles, não terá de levar o seu controlo mais longe[457]. Pelo contrário, face a uma sentença que parece *prima facie* suscetível de violar a ordem publica internacional, o juiz deverá prosseguir o exercício do seu controlo.

Numa segunda etapa, o juiz deve poder questionar as apreciações de facto, as qualificações jurídicas e a aplicação das regras de ordem

[456] Acompanhando, de perto, as reflexões de Christophe Seraglini expostas no artigo *Le contrôle de la sentence au regard de l'ordre public international par le juge étatique: mythes et réalités*, Les Cahiers de L'Arbitrage, Vol. V, 2011, Editions A. Pedone, Paris, e, depois, no manual (escrito em coautoria com Jerôme Ortscheidt) *Droit de l'arbitrage* cit., pp. 1001-1005, assim como as de Pierre Mayer no artigo *L' étendue du contrôle* cit. pp. 413-416, e de Jean-Baptiste Racine –*Le contrôle de la conformité de la sentence à l'ordre public international: un état des lieux* cit., pp. 212-225. É útil comparar a orientação defendida no texto com a preconizada por Luca Radicati di Brozolo relativamente ao escrutínio a efetuar sobre sentenças arbitrais que apliquem normas de direito da concorrência, em *Arbitration and Competition Law: The Position of the Courts and Arbitrators*, Arbitration International, LCIA, vol. 27, No.1, 2011, London, pp. 1-25.

[457] Cf. Chr. Seraglini & J. Ortscheidt – *Droit de l'Arbitrage* cit., p.1002; *vide* também, neste sentido, o citado acórdão do S.T.J, proferido em 1.10.2019 (no proc. 1254/17.9YRLSB. S1).

pública efetuadas pelo tribunal arbitral. Se não o fizesse, as soluções acolhidas pelos árbitros que violassem concreta e efetivamente regras de ordem pública, ficariam isentas de sanção, por resultarem duma qualificação (supostamente soberana) errónea e excludente da aplicação de tais regras[458].

Dito isto, o exercício de tal controlo não deve levar o juiz a sistematicamente refazer o processo que teve lugar perante o tribunal arbitral. Neste ponto, quando se vise determinar até onde deve o juiz conduzir as suas investigações, é preciso distinguir consoante a questão da aplicação duma regulamentação de ordem pública ao litígio tenha sido ou não abordada pelo tribunal arbitral[459]. No primeiro caso, por respeito pelo trabalho realizado pelo árbitro que já examinou a questão e em atenção à confiança que nele se deve *a priori* depositar, a primeira hipótese justifica, em princípio, menos investigações suplementares do que a segunda.

Assim, quando a questão da aplicação duma regulamentação de ordem pública ao litígio foi tratada pelo tribunal arbitral, o juiz deverá partir dos enunciados da sentença e dos documentos submetidos aos árbitros e fazer o seu exame, confiando *a priori* no trabalho já efetuado, devendo por isso considerar como verdadeiros os factos enunciados na sentença, até que se prove a sua falsidade. Mas o juiz não deve considerar-se vinculado às apreciações e qualificações jurídicas que o tribunal arbitral efetuou sobre esses factos, sob o ponto de vista das regras ou princípios de ordem pública em causa[460].

Por outro lado, o exame do juiz deverá poder recair sobre o conjunto das peças do processo submetidas ao tribunal arbitral, mas apenas se, após a leitura da sentença, o juiz ficar com dúvidas sérias quanto à conformidade dessa sentença com a ordem pública inter-

[458] Como notou Louis Christophe Delanoy – *Le Contrôle de l'Ordre Public* cit., p. 190.

[459] Christophe Seraglini – *Le contrôle de la sentence au regard de l'ordre public international par le juge étatique: mythes et réalités*, Les Cahiers de L'Arbitrage, Vol. V, 2011, Ed. Pedone, Paris, pp. 198-220, especialmente, a pp. 218 e segs; Chr. Seraglini & J. Ortscheidt – *Droit de l'Arbitrage* cit., pp. 1002-1003; Pierre Mayer – *L'étendue du contrôle, par le juge étatique* cit. pp. 415-416.

[460] Chr. Seraglini & J. Ortscheidt – *Droit de l'Arbitrage* cit., p. 1003.

nacional. Por outras palavras, o juiz deverá poder analisar a situação a partir dos elementos de facto que foram submetidos ao tribunal arbitral, podendo, ao fazer isso, apreciar livremente o seu valor e alcance, sob o ângulo tanto da aplicabilidade como da aplicação das regras ou princípios de ordem pública em causa. Muitas vezes, isso será suficiente para constatar quer a contrariedade quer a não contrariedade da sentença à ordem pública.

Se uma parte argumentar que essa contrariedade só pode ser determinada mediante o exame de novos factos ou de novas peças, não submetidas ao tribunal arbitral, só em casos muito precisos deverá admitir-se a reabertura da instrução, nomeadamente[461], quando os novos elementos de facto invocados pela parte impugnante são essenciais para a demonstração e não estiveram disponíveis durante a instância arbitral[462].

[461] Coincide subtancialmente com o que exponho no texto, a seguinte passagem de Pierre Mayer : "le travail accompli pendant l'arbitrage, relaté dans la sentence et éventuellement dans les pièces da la procédure (attestations, procès-verbaux d'auditions de témoins, constatations personnels des arbitres...) suffira donc le plus souvent au juge. Toutefois, il appartient à celui-ci d'apprécier librement la valeur probante de ces éléments. Et s'il acquiert la conviction que l'instruction n'a pas été poussée assez loin il doit lui être possible d'aller au-delà du dossier constitué dans la procédure arbitrale" (*L'étendue du contrôle, par le juge étatique* cit., p. 415).

[462] O requisito referido no texto corresponde à exigência posta pela jurisprudência dos tribunais ingleses (para revisitarem os factos discutidos na arbitragem e, com base nisso, anularem a sentença arbitral), de que perante eles sejam produzidos elementos probatórios que constituam não apenas "new evidence" (prova não produzida perante o tribunal arbitral), mas antes "fresh evidence" (prova que não estava disponível ou não podia razoavelmente obter-se durante a arbitragem). Sobre esta jurisprudência e, em geral, sobre o âmbito do controlo das sentenças arbitrais pelos tribunais estaduais, *vide* o ensaio de Michael Huang & Kevin Lee, *Corruption in Arbitration – Law and Reality*, pp. 54-55, acessível no website da ICCA (http://www.arbitration-icca.org/media/0/13261720320840/corruption_in_arbitration_ paper_draft_248). Aplicando estas noções, o High Court inglês, no caso National Iranian Oil Company (NIOC) v Crescent Petroleum Company International Ltd (CP) & Crescent Gas Corporation Ltd (CG), rejeitou o pedido de impugnação da sentença arbitral, apresentado com fundamento na alegação de que o contrato que esteve na origem da arbitragem foi obtido mediante corrupção, relativamente à qual, embora o tribunal arbitral houvesse entendido não se ter provado, o tribunal inglês, segundo o impugnante, poderia fazer uma

Mas tudo depende do tipo de interesses em jogo. Se a regulamentação de ordem pública visava a proteção dos interesses duma parte, enquanto consumidor, não se deve admitir a produção de elementos probatórios novos, a não ser em casos muito excecionais. Essa parte teve oportunidade de defender a sua causa perante o tribunal arbitral, invocando aí os factos necessários ao sucesso da sua pretensão; se ela decaiu na arbitragem, por não ter fornecido ao tribunal arbitral os elementos pertinentes para esse fim, a preocupação de a proteger tem limites, não se devendo, nesse caso, autorizar a produção novas peças perante o juiz. Se, pelo contrário, as regras de ordem pública protegiam um interesse mais geral, como a luta conta a corrupção ou branqueamento de capitais, já a solução não é tão líquida.

A questão dos meios de investigação do juiz apresenta-se, porém, de modo algo diferente quando a aplicação ao litígio dos princípios ou regras de ordem pública pertinentes não fora abordada no quadro da instância arbitral. Se estes princípios ou regras visavam proteger uma das partes, o juiz do controlo, poderá, na maior das vezes, concluir que essa parte renunciou validamente, na instância arbitral, à aplicação de tal regulamentação protetora dos seus interesses e, portanto, decidir que ela não pode agora aproveitar-se dela.

Diferentemente, se se tratar de regras ou princípios de ordem pública que defendem interesses mais gerais, é inegável que, muitas vezes, uma violação grave, efetiva e concreta da ordem publica internacional não poderá ser identificada mediante a simples leitura da sentença que, na hipótese agora considerada, não abordou essa questão. Mas nem por isso os factos enunciados na sentença se tornam inúteis, porque eles podem, nomeadamente, permitir verificar, *prima facie*, se o problema se coloca realmente e se existe uma suspeita real de ofensa grave, efetiva e concreta à ordem pública. Esta primeira

apreciação diferente. Justificando a rejeição deste pedido, o tribunal inglês considerou que *"(i) the arbitrators had made* "a very careful analysis" *of the issue in question* "after full consideration and evidence"; *(ii) NIOC had provided no* "fresh evidence" *and (iii) this was not a case of* "very exceptional circumstances" *that would justify the Court intervening with the arbitrators' decision."* (cf. o resumo desta decisão, na edição de 29.03.2016 da newsletter "Herbert Smith Freehills – Arbitration notes").

apreciação poderá levar o juiz, em caso de resposta negativa, a não aprofundar a sua investigação.

Pelo contrário, se o juiz considerar que tal suspeita existe, deverá ir além da sentença e consultar os elementos do processo submetido ao tribunal arbitral e deverá também admitir a apresentação de novos argumentos jurídicos pelas partes[463].

Mais duvidosa é a resposta à questão de saber se, neste caso, o juiz deve ir um pouco mais longe e reabrir, se for necessário, a instrução, admitindo a produção de novos elementos de facto e a realização de novas diligências probatórias. Pode, de todo modo, assentar-se em que uns e outros só devem ser admitidos pelo juiz em casos bem determinados, devendo, contudo, este mostrar maior abertura se, por hipótese, os argumentos relativos à da ordem pública não foram apresentados e pleiteados perante o tribunal arbitral.

Para concluir, parece que o modo de proceder que ficou exposto, relativamente à intensidade do controlo judicial das sentenças arbitrais, a fim de se verificar se não contrariam a ordem pública, constitui uma solução razoável e equilibrada[464], porque permite que esse

[463] Chr. Seraglini & J. Ortscheidt – *Droit de l'Arbitrage* cit., pp. 1004-1005, e Pierre Mayer – *L'étendue du contrôle, par le juge étatique* cit. pp. 415-416.

[464] A orientação que neste domínio me parece acertada coincide, em grande medida, com o entendimento que, particularmente em matéria de direito da concorrência, é prevalecente na doutrina e na jurisprudência alemãs (cf. Klaus Sachs & Katharina Hilbig – *La Portée du Contrôle Exercé par les Tribunaux Étatiques Allemands sur les Sentences Arbitrales Relatives au Droit Communautaire de la Concurrence* – Les Cahiers de L'Arbitrage, Vol. V, 2011, Ed. Pedone, Paris, pp. 229-247).
Relativamente a esta matéria, merece destaque especial o noticiado na newsletter 'Global Arbitration News' de 16.01.2023: "In a recently published judgment, the German Federal Court of Justice found that a misapplication of German competition law by an arbitral tribunal would be a violation of public policy and therefore justified a full merits review of their findings. ... In its September ruling which was published last month, the Federal Court of Justice largely overturned the lower court's decision and held that arbitral awards are subject to unlimited factual and legal review by German courts with regard to the application of German competition law. The court said it had in the 1960s held that European competition law formed part of German public policy and conducted a full review of their application in the arbitral awards – and that this earlier ruling still applied under the current German arbitration law. Competi-

controlo seja efetivo (e não meramente formal ou aparente), sem perder de vista o seu preciso objetivo que é o de averiguar se a situação criada pela sentença ofende efetiva e gravemente os objetivos prosseguidos pela regras ou princípios de ordem pública 'internacional'[465] em causa.

§ 10º Perda do direito de impugnar

63. O nº 4 do art. 46º da LAV contém uma norma que a generalidade das legislações consagra. De acordo com ela, a parte que, tendo tido conhecimento, durante a arbitragem, de ter sido desrespeitada uma norma desta Lei ou uma condição estipulada na convenção em que aquela se fundou, não deduziu imediatamente (ou no prazo fixado para o efeito, se houver) oposição relativamente a essa ocorrência, será considerada como tendo renunciado ao direito de impugnar, com esse fundamento, a sentença que vier a ser proferida.

Esta disposição corresponde à do art. 4 da Lei Modelo da UNCITRAL, que, sob a epígrafe *Waiver of right to object*, foi incluído entre as *General Provisions* deste instrumento normativo[466]. Como referem

tion law serves to protect the public interest by ensuring markets function properly, instead of merely serving the interests of the parties to the arbitration agreement. As fair competition rules were such a fundamental pillar of the German economic and social order, the court said it could not therefore accept any misapplication of these rules by an arbitral tribunal. Upon a full review of the facts of the case and the applicable antitrust laws, the Federal Court of Justice found the arbitral tribunal had misapplied German competition law as the termination of the lease agreement did violate the German Competition Act. It therefore set aside the tribunal's finding on this issue". *(sublinhados acrescentados)*

[465] Que, não obstante as críticas que suscita e que acima expus, é a bitola normativa que se reporta a disposição do art. 46º, nº 3, *b) ii)* da nossa LAV.

[466] O mesmo aconteceu na Lei Alemã, em que a disposição correspondente (§ 1027 do *ZPO*) foi incluída epígrafe 'Verlust des Rügerechts' (*Perda do direito de objetar*), entre as 'Disposições Gerais', tal como na Lei Espanhola (art. 6, com epígrafe 'Renuncia tácita a las facultades de impugnación'). Tem interesse referir que a regra que veio a constar do artigo 4 da LM, começou por ser sugerida pelo Secretariado da UNCITRAL como forma de limitar a anulação de sentenças arbitrais com base naquele fundamento, incluída no artigo 34 (2), a), iv) daquele instrumento normativo (correspondente ao art. 46º, nº 3 *a) iv)* da LAV). Por outras palavras, a localização inicialmente prevista

Howard Holtzmann & Joseph Neuhaus, a norma contida naquele artigo, que se considerou como baseada num princípio geral conhecido em diversos sistemas jurídicos sob diversos nomes (*waiver, estoppel, venire contra factum proprium*), poderia talvez considerar-se como implícita na Lei Modelo, mesmo que faltasse a sua enunciação expressa. A sua explicitação neste instrumento visou não só dar a conhecer este princípio aos árbitros leigos[467] mas também ajudar ao funcionamento eficiente do processo arbitral e à uniformização, neste domínio, das leis de arbitragem[468].

Para Gerhard Wagner, no seu comentário ao §1027 da Lei Alemã[469], a função desta norma é acelerar o processo, isolando-o dos efeitos do comportamento oportunístico de uma parte que, perante uma infração de alguma regra processual não imperativa, poderia ficar quieta, esperando pela resolução do litígio, isto é, pela sentença: se esta viesse a ser-lhe favorável, a parte aceitá-la-ia; se lhe fosse desfavorável, a parte afetada iria explorar esse erro processual, para impugnar a sentença com vista à anulação[470].

A doutrina francesa vê em disposição semelhante, contida no art. 1466 do *Code de procédure civile* francês (após a reforma de 2011)[471],

para a regra enunciada no artigo 4 da LM era semelhante à que a LAV veio a atribuir à correspondente norma portuguesa.

467 Que não tenham formação jurídica.

468 *Ob. cit.*, p. 196.

469 *Loss of the Right to Object*, Arbitration in Germany *cit.*, p. 71.

470 Referiu também Gerhard Wagner que o § 1027 da Lei Alemã não usou o conceito de renúncia implícita, utilizado pelo art. 4 da Lei Modelo (e que daí passou para a LAV portuguesa), mas antes o de 'perda do direito de objetar', para tornar claro que, quando se preenchem os requisitos estabelecidos nessa disposição, produz-se o efeito preclusivo aí estatuído, independentemente de o comportamento em causa, isto é, o silêncio em face do erro processual, poder ser ou não realmente interpretado como uma declaração implícita de renúncia. O autor admite, contudo, que a diferente caracterização dogmática desta figura não tem influência na solução a dar às situações concretas contempladas pelas referidas disposições (*loc. cit.*, p. 71).

471 Que reza assim: *"La partie qui, en connaissance de cause et sans motif légitime, s'abstient d'invoquer en temps utile une irrégularité devant le tribunal arbitral est réputée avoir renoncé à s'en prévaloir"*.

uma projeção do *princípio da boa fé* ou *da lealdade processual*[472], a que faz referência o art. 1464, alínea 3, desse Código.

A par deste princípio, mas distinguindo-se dele, existe no direito francês do processo civil e da arbitragem, outro princípio que também limita a atuação das partes durante o processo arbitral, que consiste na 'proibição de uma parte se contradizer em detrimento da outra', ao invocar perante o tribunal um meio de defesa ou argumento incompatível com uma sua posição anterior. É este segundo princípio, mais do que o primeiro, que corresponde à proibição do *venire contra factum proprium* ou do *estoppel* (num dos significados que este conceito pode ter nos sistemas jurídicos de *common law*[473]).

Eis alguns exemplos desses proibidos comportamentos contraditórios, extraídos da jurisprudência francesa: não deve permitir-se a quem instaurou a arbitragem, que venha sustentar, mais tarde, que o tribunal arbitral decidiu sem ter base em convenção de arbitragem ou com base em convenção nula; não pode invocar a ausência da convenção de arbitragem quem, com base nesta, concluiu pela incompetência do juiz ao qual recorreu a parte contrária; a expiração do prazo

[472] Sobre este princípio, *vide*, entre outros, Chr. Seraglini & J. Ortscheidt – *Droit de l'Arbitrage* cit., pp. 390-392, Eric Loquin – *La Réforme du Droit Français Interne et International de l'Arbitrage*, Revista de Arbitragem e Mediação, Nº 22, 2012, São Paulo, Brasil, pp. 112-113, e Thomas Clay – *Liberté, egalité et eficacité. La devise du nouveau droit français de l'arbitrage. Commentaire article par article (Premiére partie)*, Journal de Droit International, Avril-Mai Juin 2012, Lexis Nexis Jurisclasseur, Paris, pp. 494-495.

[473] Trata-se aqui, mais precisamente, de *"estoppel by conduct"* que é definido assim pelo Blacks' Law Dictionary: *"A defensive doctrine preventing one party from taking unfair advantage of another when, through false language or conduct, the person t be estopped has induce another person to act in a certain way, with the result that the other person has been injured in some way"* (ed. Bryan A. Garner, 9th edition, 2004, West, St Paul MN, USA, pp. 630). Relativamente ao acolhimento da noção de *estoppel* pela jurisprudência francesa, é assaz curioso que, apesar da tradicional aversão existentes na sociedade e cultura francesas relativamente à importação de termos e expressões anglo-americanas, os tribunais superiores franceses tenham, desde 2005, passado a utilizar aquela noção (muitas vezes, sem a traduzir) para designar o *"comportamento processual constitutivo de uma mudança de posição, em direito, de modo a induzir em erro a parte contrária acerca das suas intenções"*, segundo a definição dada por um acórdão da *Cour de cassation* de 3 de fevereiro de 2010 (*ob. cit.*, p. 438).

marcado para a arbitragem não pode ser invocada pela parte que, informada pelo presidente do tribunal arbitral da necessidade de prorrogação, por um mês, do prazo para se poder pronunciar a sentença, não levantou então nenhuma objeção; não pode admitir-se que uma sociedade comercial venha invocar a violação da ordem pública internacional, por não ter intervindo na arbitragem quem rescindiu o contrato em discussão e que, no caso vertente, foi o seu presidente que o assinou, a título pessoal, quando se constate que tal sociedade instaurou a arbitragem por intermédio desse presidente que optou por não intervir no processo, a título pessoal[474].

Dado que a doutrina e jurisprudência francesas entendem que o respetivo direito processual civil consagra tal regra, postulando um "dever de coerência das partes no processo", a aplicação desta no âmbito da arbitragem conduz ao indeferimento, em arbitragens regidas pelo direito francês, dos pedidos de anulação provenientes de um comportamento processual contraditório.

Que dizer relativamente a este tópico no quadro do nosso direito da arbitragem? É de notar que o art. 8º do CPC em vigor consagra o 'princípio da boa fé', distinguindo-o do 'princípio da cooperação' que é enunciado no artigo antecedente. Poderá extrair-se da vertente processual deste princípio um corolário de natureza precetiva aplicável nas arbitragens, nomeadamente em casos como os acima mencionados? Entendo que sim, pelas razões que passo a expor.

A boa fé (objetiva), enquanto expressão de valores fundamentais do ordenamento jurídico, concretiza-se em princípios gerais iluminadores e agregadores[475] de institutos jurídicos que ganharam projeção normativa em, praticamente, todas as áreas desse ordenamento. Entre aqueles princípios avulta o da *proteção da confiança* e de entre

[474] Casos estes decididos pelos tribunais franceses e citados por Chr. Seraglini & J. Ortscheidt – *Droit de l'Arbitrage* cit., pp. 390-392, 486-489, 946 e 967.

[475] Princípios esses (o da *confiança* e da *primazia da materialidade subjacente*) que António Menezes Cordeiro (in *Tratado de Direito Civil, Parte Geral, I, Introdução e Doutrina Geral*, 4ª ed. Almedina, Coimbra, 2012, pp. 966-975, carateriza como 'fatores de mediação' entre a boa fé objetiva e cada um dos referidos institutos que são anteparas do sistema jurídico, prevenindo ou corrigindo as suas disfuncionalidades.

esses institutos (em que se concretiza a boa fé objetiva) interessa, particularmente, à questão em apreço, o do *abuso do direito*, na modalidade de proibição do *venire contra factum propium*.

Como ensina a doutrina civilista[476], a razão de ser da relevância jurídica da contraditoriedade da atuação radica na eficácia geradora de confiança do comportamento do sujeito, entendendo tal doutrina que a justificação da censura que a ordem jurídica dirige a quem se comporta de maneira contraditória, reside no facto de essa contraditoriedade poder frustrar a razoavelmente fundada confiança depositada por quem haja interagido com aquele sujeito, de que ocorresse determinado proceder no futuro por parte dele, tendo em conta a sua conduta precedente, frustrando também a coordenação de condutas ensaiadas por outros.

Ora, se assim é, não há razão válida para não estender a aplicação deste princípio ao direito processual civil e, consequentemente, ao direito da arbitragem voluntária. Por conseguinte, mesmo que não existisse o art. 8º do CPC, ter-se-ia de considerar como aplicável, na nossa ordem jurídica, o supramencionado entendimento da doutrina francesa. A existência deste artigo[477] não pode senão reforçar esta conclusão.

64. Voltando à análise do disposto ao nº 4 do art. 46º, há que começar por notar que a figura aí prevista não constitui, em rigor, uma renúncia (ainda que tácita), mas sim uma *preclusão* que é um instituto diferente daquela.

A 'renúncia' é o negócio ou ato jurídico autónomo pelo qual o autor exprime a vontade de abdicar, de se despojar de um direito de

[476] *Vide* Manuel Carneiro da Frada – *Teoria da Confiança e Responsabilidade Civil*, Almedina, Coimbra, 2004, pp. 411 e segs; *vide* também, no mesmo sentido, João Baptista Machado – *Tutela da confiança e "venire contra factum proprium"*, Obra Dispersa, Scientia Ivridica, Braga, 1991, pp. 396 e segs., e António Menezes Cordeiro – *Tratado de Direito Civil, Parte Geral, V, Legitimidade, Representação, Prescrição, Abuso do Direito, Colisão de Direitos, Tutela Privada e Provas*, Almedina, Coimbra, 2011, pp. 290 e segs.

[477] Que (tal como o art. 266º-A do CPC de 1961) não pode servir apenas para combater os casos de simulação processual.

que é titular[478], produzindo efeitos sobretudo no plano do direito substantivo, embora também possa operar no âmbito do direito processual.

A 'preclusão', por seu turno, é um instituto que, operando no plano do direito processual, significa a perda, a extinção ou a consumação de uma faculdade processual, em consequência do decurso de um prazo perentório fixado pela lei ou pelo juiz para a sua realização, ou em consequência de um comportamento da parte que possa interpretar-se como traduzindo a aceitação, expressa ou tácita, de uma decisão do julgador[479].

Ora, é precisamente na "perda de uma faculdade"[480] que de outro modo a parte teria, por causa de um comportamento adotado por ela no processo, que se traduz a figura regulada no nº 4 do art. 46º. Pelo facto de a parte que porventura pretendesse prevalecer-se da infração a uma disposição estabelecida na lei processual, com caráter não imperativo, ou estipulada na convenção de arbitragem (incluindo um regulamento para que esta remeta), não ter deduzido de imediato oposição a tal infração, ela perdeu a faculdade de impugnar a sentença arbitral, com esse fundamento.

Vejamos que requisitos se exigem, para que se possa produzir esta preclusão. Em primeiro lugar, é necessário que o tribunal arbitral tenha cometido um erro processual, infringindo uma norma relativa ao processo arbitral que as partes pudessem derrogar. Só quanto a este tipo de normas pode ocorrer a preclusão que aquela disposição designou por renúncia (tácita); quando são violadas normas legais de carácter imperativo, o direito de impugnação não pode extinguir-se pelo silêncio da parte, porque a obrigatoriedade destas normas não

[478] . Sobre esta figura, *vide* Francisco M. B. Pereira Coelho – *A Renúncia Abdicativa no Direito Civil*, STVDIA IURIDICA, Coimbra Editora, Coimbra, 1995.

[479] Sobre a figura da 'preclusão', *vide*, entre outros, Miguel Teixeira de Sousa – *Preclusão e Caso Julgado*, 2016, Revista Faculdade de Direito da Universidade de Lisboa, LVIII, 2017/I, Lisboa, pp. 149-151.

[480] E não de uma renúncia, que aqui não tem lugar.

pode ser neutralizada pela conjugação da atuação dos árbitros com a das partes, ambas desrespeitadoras de tais normas[481].

Em segundo lugar, a disposição em exame exige, seguindo o disposto no artigo 4 da Lei Modelo[482], que a parte afetada tenha tido 'conhecimento' da infração a uma norma legal supletiva ou ao estipulado na convenção de arbitragem. Durante a preparação da Lei Modelo e acerca da redação deste artigo, discutiu-se se à expressão "a parte que sabia" deveria aditar-se as palavras "ou devia ter sabido", tendo a Comissão preferido não inscrever essa palavras, por ter considerado que elas criavam mais problemas, devido à sua ambiguidade, do que os que resolviam. Apesar disso, Holtzmann e Neuhaus, no seu comentário à Lei Modelo, defenderam que a eliminação dessas palavras não alterou significativamente o efeito prático deste requisito, uma vez que a existência daquele conhecimento, tal como qualquer outro facto, não tem de ser sempre provado diretamente; pelo contrário, recordam estes autores, o 'conhecimento' pode muitas vezes ser provado através da prova de circunstâncias das quais ele pode ser inferido[483].

Em terceiro lugar, para que se verifique a referida perda do direito de impugnar, é preciso que a parte afetada prossiga a arbitragem, sem deduzir oposição de imediato ou no prazo fixado na lei, no regulamento para que a convenção de arbitragem haja remetido ou em decisão ordenadora do processo que o tribunal arbitral haja proferido ao abrigo do art. 30º, nº 3, da LAV[484]. O legislador português preferiu determinar que a oposição se fizesse 'de imediato', em vez do "*without undue delay*" da Lei Modelo, por esta expressão ter parecido mais vaga e, por isso, mais suscetível de aplicação abusiva. Mas

[481] Gerhard Wagner – *Loss of the Right to Object* cit., p. 72.

[482] Como fez o art. 6 da Lei Espanhola.

[483] H. Holtzmann & J. Neuhaus – *ob. cit.*, p. 199. Estes autores referiram também, no mesmo sentido, o relatório do Secretariado da Comissão (da UNCITRAL) que preparou a LM, em que se dizia que a expressão em causa devia ser entendida como significando que "*a party could not have been a unware of the defect*".

[484] Em sentido idêntico, relativamente a direito alemão *cf.* Gerhard Wagner – *ob. cit.*, pp. 72-73.

é evidente que a expressão usada no nº 4 do art. 46º não deve ser entendida como exigindo "reação instantânea", antes significando o mesmo que o termo "unverzüglich" (de imediato, sem demora) que figura no § 1027 do ZPO[485] ou a expressão "*tan pronto como lo sea posible*", usada no art. 6 da Lei Espanhola.

Segundo o já referido entendimento da doutrina alemã, com a inserção de uma disposição deste teor na lei da arbitragem, pretendeu-se imunizar o processo relativamente efeitos do comportamento oportunístico de uma parte que, perante uma infração de uma regra processual não imperativa, poderia ficar quieta e esperar pela solução que ao litígio viesse a dar a sentença. Assiste, por isso, razão a quem, entre nós, vê nesta norma legal uma manifestação do princípio da boa fé processual[486].

Ficou acordado no seio da Comissão que preparou a Lei Modelo da UNCITRAL que a preclusão estabelecida no seu artigo 4 deveria estender-se não só às fases subsequentes do processo arbitral, mas também aos processos que viessem a decorrer perante o tribu-

[485] Acerca desta expressão, Gerhard Wagner (*ob. cit.*, p. 88) escreveu o seguinte: "Where a specific time-limit is missing the objection must be lodged without undue delay. This is a term of art in German law which stands between 'immediately' and 'not too late' and roughly equals 'as soon as possible' (§ 121 (1) sentence 1 Civil Code (Bürgerliches Gesetzbuch – 'BGB')). The aggrieved party must take the first reasonable opportunity to bring the error to the attention of the arbitral tribunal. It is doubtful whether the legislative materials are justified in their willingness to allow the party to wait until the beginning of the next oral hearing to raise its objection. In the light of the goal of § 1027 ZPO to speed up proceedings the party should be required to object earlier, either in the same hearing in which the mistake occurred or in a written statement filed subsequently. If a number of weeks lapse before the next oral hearing is scheduled there is no reason to allow the party to wait for such a long time. On the other hand, it goes too far to require the party to write immediately, for the sole reason of bringing the objection to the attention of the tribunal. For the purpose of § 1027 ZPO it is sufficient to require the aggrieved to raise its objection together with the next procedural steps it takes, be it an oral presentation in the course of the ongoing hearing, a written objection together with a statement that is filed after the hearing or orally at the beginning of the next hearing."

[486] Neste sentido, *cf.* Mário Esteves de Oliveira – *Lei da Arbitragem Voluntária Comentada* cit., pp. 572-573.

nal estadual competente, com vista à anulação da sentença ou ao seu reconhecimento e execução. Esse tribunal poderá, contudo, chegar a conclusão diferente da adotada pelo tribunal arbitral, sobre a questão de saber se essa renúncia implícita ou preclusão realmente ocorreu, nomeadamente, por a oposição da parte não ter sido feita 'sem demora indevida'[487].

Não se vê nenhuma razão que obste a que este entendimento valha, igualmente, em sede de interpretação e aplicação do art. 46º, nº 4, da LAV.

[487] H. Holtzmann & J. Neuhaus – *ob. cit.*, p. 199; em sentido idêntico, relativamente ao § 1027 da Lei Alemã, *vide* G. Wagner – *ob. cit.*, p. 74.

Capítulo IV
Para lá da Anulação da Sentença

§ 11º Anulação parcial da sentença impugnada

65. O nº 7 do art. 46º preceitua que, se a parte da sentença relativamente à qual se verifique existir algum dos fundamentos de anulação referidos no nº 3 desse artigo, puder ser dissociada do resto da mesma, será unicamente anulada a parte da sentença atingida por esse fundamento de anulação. Esta disposição é uma aplicação do princípio *utile per inutile non vitiatur*, salvando-se assim a parte da sentença que não esteja contaminada com a causa da invalidade, desde que esta possa ser dissociada da parte viciada.

Este princípio foi consagrado na LAV com alcance maior do que tivera na Lei Modelo, que o acolheu só em relação ao disposto na subalínea a) iii) do seu artigo 34 (2), ou seja, apenas no que concerne à anulação da sentença arbitral por haver excedido o âmbito da convenção de arbitragem ou dos pedidos submetidos pelas partes[488].

[488] O mesmo fizeram, na sua maioria, as leis nacionais plasmadas na Lei Modelo, como, por exemplo a Lei Alemã, no seu §1059 (2) 1. c); no entanto, os comentadores desta lei não hesitam em considerar que a solução estabelecida nesta lei para a invalidade resultante do facto de a sentença arbitral haver excedido o âmbito da convenção da arbitragem, é também aplicável às sentenças anuláveis com base noutros fundamentos, salvo se o fundamento justificativo da anulação da sentença for de tal natureza que destrói, globalmente, a confiança no tribunal arbitral, caso em que as outras partes da sentença serão também anuláveis; *vide*, subscrevendo este entendimento, Stefan Kröll & Peter Kraft – *Recourse against the Award cit.*, p. 418. A Lei Espanhola, no seu art. 41 (3), previu

Tendo considerado que este princípio é igualmente aplicável, em princípio – desde que a parte viciada da sentença proferida seja dissociável da parte restante[489] –, aos fundamentos referidos nas diversas subalíneas do nº 3 do art. 46º, os redatores da LAV optaram por consagrá-lo, em termos genéricos, para que opere sempre que possa aplicar-se.

§ 12º Reenvio da sentença ao tribunal arbitral

66. A Comissão da UNCITRAL que elaborou a Lei Modelo decidiu introduzir no seu art. 34 (4) um instituto bem conhecido nos países de *common law* (com o nome de "remission"), mas desconhecido da generalidade dos sistemas de *civil law*[490]. A inclusão desta figura nesse instrumento normativo teve lugar, não obstante se terem suscitado dúvidas quanto à sua utilidade, vindo a prevalecer a opinião de que poderia constituir um mecanismo útil para remediar deficiências verificadas na arbitragem, sem ter de se anular a sentença que pôs termo a esta.

a possibilidade de anulação parcial apenas das sentenças arbitrais que sejam anuláveis por terem excedido o âmbito da convenção de arbitragem ou dos pedidos submetidos pelas partes ou que se pronunciem sobre questões que não possam ser submetidas a arbitragem, mas parte da doutrina deste país considera que essa solução é extensível às sentenças anuláveis por outras razões, nomeadamente, aquelas que se pronunciem sobre várias questões e apenas a decisão sobre uma delas se mostre contrária à ordem pública; defendendo esta solução, *vide* Juan Cadarzo Palau – *Acción de anulación del laudo* cit., pp. 593-595.

[489] Essa separação pode não constituir tarefa fácil, como nota Juan Cadarzo Palau, porque implica um labor de qualificação e valoração que nem sempre serão simples e nítidas, pois há que ponderar a conexão necessária que pode existir entre as pronúncias contidas na sentença, sob o ponto de vista jurídico ou económico, tendo também em conta a vontade das partes que se pode inferir da convenção de arbitragem – *cf.* deste autor *Acción de anulación del laudo* cit., p. 594. António Menezes Cordeiro chama igualmente atenção para dificuldade de que se pode revestir essa tarefa (*Tratado da Arbitragem* cit., p. 457).

[490] Para uma análise deste instituto no direito comparado, *vide* Pieter Sanders – *UNCITRAL's Remission Reconsidered*, in 'Liber Amicorum Claude Reymond. Autour de l'Arbitrage', LexisNexis Litec, Paris, 2004, pp. 273-281. O nosso comentário a esta disposição da LAV é bastante tributário da análise feita neste estudo.

Se se utilizar esta via, o litígio será resolvido pelo tribunal arbitral através de nova sentença, obtendo assim as partes uma solução para o seu litígio, ao invés do que acontece no caso de anulação pura e simples da sentença, que deixa por resolver o litígio suscitado entre as partes. Durante a preparação da Lei Modelo, a figura sofreu algumas mutações, refletindo isso as diversas configurações que ela tinha nos sistemas que já a contemplavam, até ao formato que veio a assumir no texto final deste instrumento[491].

Como referiu Pieter Sanders, nos países de *common law*, a "remission" é um dos modos de terminar o processo de anulação da sentença arbitral[492]. Diferentemente, de acordo com o art. 34 (4) da Lei Modelo da UNCITRAL, a ação de anulação é apenas suspensa por um período curto, determinado pelo tribunal, dando-se aos árbitros a oportunidade de proferirem uma nova sentença que não contenha as causas de anulabilidade anteriores. Após isso, o processo de anulação será terminado com base na nova sentença arbitral[493].

O nº 8 do art. 46º da LAV seguiu a matriz do art. 34 (4) Lei Modelo, mas, tal como este, não regulou todas as questões que, neste domínio, podem suscitar-se. A meu ver, para suprir essas omissões, é legítimo ter em conta não só as discussões que tiveram lugar no seio da Comissão que elaborou a Lei Modelo, mas também o disposto

[491] H. Holtzmann & J. Neuhaus – *ob. cit.*, p. 920. Se a grande maioria da lei nacionais baseadas na Lei Modelo acolheram o instituto da 'remission', algumas, como a Lei Espanhola, omitiram-na, por completo.

[492] De acordo com o §1059 (4) da Lei Alemã, o tribunal estadual ao qual seja pedida a anulação da sentença, pode ou anular, pura e simplesmente, esta ou anulá-la e remeter o caso para o tribunal arbitral; segundo essa disposição legal, deve escolher a primeira alternativa "*where apropriate*". Interpretando esta expressão, S. Kröll & P. Kraft (*ob. cit.*, p. 418) referem que, na apreciação da 'adequação' de um concreto reenvio, a questão crucial é se uma nova decisão pelo tribunal arbitral preexistente poderá poupar tempo e custos, sendo que, no caso de reenvio, o tribunal arbitral terá de decidir novamente o caso, tendo em conta a decisão do tribunal estadual. Como notou Pieter Sanders (*ob. cit.*, p. 255), a figura da 'remission' regulada pela Lei Alemã é diferente da prevista na Lei Modelo, dado que, naquela lei, o reenvio tem lugar após a anulação da sentença; portanto, no âmbito do *ZPO*, o que se envia aos árbitros é o *caso*, não a sentença arbitral.

[493] Pieter Sanders – *ob. cit.*, p. 273-274.

noutras leis por esta influenciadas que, regulando com maior detalhe esta matéria, pode fornecer contributos que, na medida em que se mostrem conformes à *ratio legis* desta disposição da nossa Lei, são incorporáveis na sua interpretação e integração[494].

67. Segundo a Lei Modelo e a LAV, o reenvio, pelo tribunal estadual, da sentença ao tribunal arbitral é feito '*a pedido de uma das partes*'. Na prática, esse pedido será feito por quem seja réu na ação de anulação e, em regra, tem interesse em salvar a sentença proferida a seu favor. Sobre esse pedido, a outra parte deve ser, de seguida, convidada a pronunciar-se[495].

O tribunal estadual tem ampla margem de discricionariedade para deferir ou indeferir esse pedido, visto que, segundo o art. 46º, nº 8, o reenvio só terá lugar "*se o considerar adequado*"[496]. Decorre também deste número que o mandato do tribunal arbitral – que, normalmente, se tornaria "functus officio" após a pronúncia da sentença – é com isso prorrogado, o que a parte final do nº 3 do art. 44º confirma[497].

A expressão "dar ao tribunal arbitral a possibilidade de retomar o processo arbitral...", usada no nº 8 do art. 46º, corresponde à expressão "*to give the arbitral tribunal an opportunity to resume the arbitral proceedings...*" constante do artigo 34 (2) da Lei Modelo, que foi a fonte

[494] Uma análise, muito cuidada e desenvolvida, de diversos tópicos respeitantes ao instituto previsto no nº 8 do art. 46º da LAV, encontra-se em Sofia Vaz Sampaio – *O Poder Jurisdicional dos Árbitros depois da Sentença Arbitral,* Themis – Revista da Faculdade de Direito da UNL, Ano XVI, Nºs 28/29-2015, Lisboa, pp. 125-173.

[495] O nº 8 do art. 46º não o diz, mas não era necessário que o fizesse (*v.* art. 30º, nº 1, c); neste sentido, Pieter Sanders – *ob. cit.*, p. 279.

[496] Artigo 34 (4) da LM: "*...where [deemed] appropriate by the court*". O Secretariado da UNCITRAL sugeriu esta expressão para definir as circunstâncias em que poderia ter lugar a "remission", explicando que "*nenhuma outra formulação, mais detalhada, se pudera encontrar para abranger a grande variedade de casos em que o reenvio seria apropriado ou inapropriado*"; *vide* H. Holtzmann & J. Neuhaus – *ob. cit.*, p. 920-921.

[497] Pieter Sanders – *ob. cit.*, p. 274.

daquela disposição da nossa lei e que é interpretada, usualmente, da maneira acima referida[498].

É de salientar que a reconsideração da sentença pelos árbitros, na sequência do reenvio feito pelo tribunal estadual, é vinculativa para aqueles. Na verdade, ao prorrogar o encargo que as partes haviam anteriormente conferido aos árbitros, o tribunal estadual prolonga (ao abrigo do nº 8 do art. 46º, conjugado com o nº 3 do art. 44º) tanto a sua competência para decidir o litígio quanto o seu dever de desempenharem diligentemente tal encargo, incorrendo eles, caso não cumpram o encargo que lhes é cometido, em responsabilidade civil para com as partes, *ex vi* do disposto no art. 12º, nºs 1 e 3, da LAV[499].

Contra este modo de entender o funcionamento do remédio previsto no art. 46º, nº 8, não vale argumentar com a autonomia do tribunal arbitral ou com a inexistência de uma relação hierárquica entre este tribunal e o tribunal estadual incumbido do controlo da sentença proferida por aquele. Esta consideração é correta, mas passa, por inteiro, ao lado da questão em exame. Não se contesta que o tribunal arbitral não está sujeita às ordens ou instruções do juiz de controlo, mas isso nada retira ao facto de o reenvio da sentença pelo juiz ao árbitros ter por efeito prorrogar a duração do encargo a estes cometido bem como a sua competência a decidir o litígio[500], por força do disposto no nº 8 do art. 46º e no nº 3 do art. 44º, pelo que os árbi-

[498] Dado que a esta disposição da LAV teve por fonte um artigo da Lei Modelo, há que ter em atenção o artigo 2-A desta Lei, que determina o seguinte: *"In the interpretation of this Law, regard is to be had to its international origin and to the need to promote uniformity in it application and the observance of good faith"*.

[499] É assim que a "remission" é entendida nos países de *common law* em que, de há muito, está prevista; neste sentido, *vide* Andrew Tweeddale & Keren Tweeddale – *ob. cit.*, pp. 788-799, e Fraser Davidson – *Arbitration*, Green-Thomson Reuters, Edinburgh, 2012, pp.776-777. Foi igualmente com esta configuração que esta figura foi consagrada na Lei Modelo da UNCITRAL; cf. Pieter Sanders – *ob. cit.*, p. 274.

[500] São, neste caso, prorrogados os prazos que tenham sido fixados aos árbitros para a prolação da sentença, ao abrigo do art. 43º, nº 1, como corretamente observou António Menezes Cordeiro (*Tratado da Arbitragem* cit., p. 178); a opinião contrária, defendida de Mário Esteves de Oliveira (in *Lei da Arbitragem Voluntária Comentada* cit., p. 578), assenta em leitura incorreta (a nosso ver) das disposições legais aplicáveis.

tros continuarão, nesse caso, obrigados a desempenhar as funções em que foram investidos, incorrendo em responsabilidade civil se incumprirem tal obrigação[501].

É claro que, após ter recebido a sentença que o tribunal estadual lhe enviou para ser "reconsiderada", o tribunal arbitral pode reincidir, deliberadamente ou não, na ilegalidade anteriormente cometida, caso em que a nova sentença que o tribunal arbitral remeta ao tribunal estadual será anulada por este. Mas parece fora de dúvida que àquela reconsideração estará sempre obrigado o tribunal arbitral, com as consequências acima referidas.

Prevê o nº 8 do art. 46º da LAV – tal como o art. 34 (2) da Lei Modelo – que a sentença seja reenviada ao tribunal arbitral para que este a reconsidere, em ordem "a eliminar os fundamentos de anulação", com base nos quais, se esse reenvio não tivesse ocorrido, o tribunal estadual a anularia. A sentença arbitral deverá ser, portanto, acompanhada de uma opinião do tribunal estadual (que, como disse, não é uma ordem, porque entre um e outro não há uma relação hierárquica), indicando as matérias a reconsiderar[502]. Se o pedido no sentido do reenvio for deferido, "o tribunal estadual suspenderá o processo de anulação pelo período de tempo que determinar"[503].

Como salientou Pieter Sanders, nem todos os fundamentos de anulação da sentença se prestam ao reenvio ao tribunal arbitral: nenhum remedeio pode ocorrer quando não existia convenção de arbitragem válida ou quando o tribunal estadual considere que a sentença foi proferida com ofensa de princípios ou regras de ordem pública. A utilização do reenvio, como meio de eliminar fundamen-

[501] Pelas razões expostas no texto, discordo das opiniões expressas por Armindo Ribeiro Mendes (*A Nova Lei de Arbitragem Voluntária e as Formas de Impugnação* cit., p. 748), José Robin de Andrade (*LAV Anotada* cit., p. 191), Manuel Barrocas (*Manual de Arbitragem* cit., p. 518), Mariana França Gouveia (*Curso* cit., p. 314) e Mário Esteves de Oliveira – *Lei da Arbitragem Voluntária Comentada* cit., pp. 581-581, qunado opinaram que o tribunal arbitral "não é obrigado a corresponder ao convite que o tribunal estadual lhe dirija" para reconsiderar a sentença antes proferida. A favor da solução que defendo, *vide* Sofia Vaz Sampaio – *O Poder Jurisdicional dos Árbitros* cit., p. 166.

[502] *Vide* o que, sobre este ponto, se refere no texto, adiante.

[503] Pieter Sanders – *ob. cit.*, p. 274.

tos de anulação da sentença arbitral é, pois, limitada[504]. Aquele autor sugeriu também, apesar de isso não estar expressamente referido nos trabalhos preparatórios da Lei Modelo, que o tribunal estadual, antes de decidir reenviar a sentença ao tribunal arbitral, averigue se este ainda está em condições de funcionar[505], o que faz todo o sentido e cabe na margem de apreciação ("...se o considerar adequado...") que o nº 8 do art. 46º concede àquele[506].

[504] *Ob. cit.*, p. 274; *vide* ainda H. Holtzmann & J. Neuhaus – *ob. cit.*, p. 920-921, nota 57.

[505] Condição que não se preenche se um dos árbitros, entretanto, se incapacitou ou faleceu. Diferentemente do sugerido por António Menezes Cordeiro (*Tratado da Arbitragem* cit., p. 459), não considero a possibilidade de, em caso de incapacitação de um membro do tribunal arbitral, haver lugar à designação de um árbitro substituto. O tempo adicional exigido pela nomeação de um árbitro substituto e pela necessidade de ele se inteirar do processo, implicaria retirar ao reenvio da sentença ao tribunal arbitral as vantagens que ele pode ter (nomeadamente, a fidelidade à escolha feita pelas partes da arbitragem como meio de resolução dos seus litígios e o aproveitamento, ao máximo, do trabalho dos árbitros). Por isso, como refiro no texto, entendo que, numa hipótese com a referida, o tribunal estadual deverá ter como "não adequado" o reenvio da sentença ao tribunal arbitral.

[506] Não são numerosos os casos de utilização pelos tribunais portugueses competentes para a anulação das sentenças arbitrais, do dispositivo contido no nº 8 do art. 46º da LAV. Podem, contudo, referir-se três acórdãos publicados sobre a matéria. Um acórdão do Tribunal da Relação do Porto, proferido em 14.04.2015 (processo 1/15.5YRGMR. P1), entendeu que, relativamente a uma sentença impugnada por (entre outros fundamentos) estar assinada só pelo presidente do tribunal arbitral, sem que nela se mencionasse a razão para a omissão da outras assinatura (como impõe o nº 1 do art. 42º), o tribunal competente para a anulação podia reenviar essa sentença ao tribunal arbitral, para que os árbitros que não a havia assinado, apusessem nela as suas assinaturas. Outro acórdão da mesma Relação, proferido em 23.06.2015 (proc. 9/15.0YRPTR), considerou que a falta de fundamentação da sentença arbitral poderia ser suprida através do reenvio do processo ao tribunal arbitral, para este fundamentar melhor a decisão. Diferentemente, um Acórdão da Relação de Lisboa, proferido em 22.10.2015 (processo 870/15.8YRLSB-6), entendeu que que possibilidade de suspensão do processo de anulação prevista no nº 8 do art 46º não é viável quando se invoca, como fundamento da anulação, a ultrapassagem do prazo fixado para arbitragem (como acontecera nestes autos), porque a verificação do mesmo tem o efeito automático de pôr termo ao processo arbitral e fazer extinguir a competência do árbitro; tal possibilidade de suspensão estará voltada para causas de anulação que permitam ser removidas; (...) "nestas circunstâncias, não pode deixar de se considerar que não é adequada, *in casu*, a suspen-

Dado que o instituto da "remission" é conhecido, de há muito, nos sistemas jurídicos de *common law*, em particular, em Inglaterra, o que explica que o *English Arbitration Act* de 1996 o tenha regulado com maior detalhe do que aconteceu na Lei Modelo, Pieter Sanders, no mencionado estudo, analisou atentamente esse regime, buscando aí indicações utilizáveis em futuras reformas da Lei Modelo ou das leis nacionais que nestas basearam baseadas[507]. Dessa análise e das propostas *de jure constituendo* com base nela adiantadas pelo autor, extraímos dois pontos que entendemos serem utilizáveis na interpretação e integração do nº 8 do art. 46ºda LAV.

O primeiro diz respeito às indicações que o tribunal estadual deve dar ao tribunal arbitral sobre o que, na sentença proferida, deve ser objeto de reconsideração, em ordem a eliminar os pontos que, se não fossem corrigidos, determinariam a anulação da sentença. Como referi acima, o reenvio deve ser acompanhado de uma opinião do tribunal estadual sobre aquilo que os árbitros devem reconsiderar; essa opinião servirá para que o reenvio cumpra cabalmente a sua função, permitindo ao tribunal arbitral reformular satisfatoriamente a sua anterior sentença, a fim de que a nova sentença possa vir a ser confirmada pelo tribunal estadual. Se os árbitros não seguirem essa opinião na nova sentença que proferirem, arriscam-se a vê-la anulada.

O segundo ponto retirado da análise feita por Pieter Sanders, relaciona-se com uma menção omitida pela Lei Modelo (e pela LAV), mas constante na Lei Inglesa. De acordo com esta Lei[508], o reenvio pode versar sobre *a totalidade* ou *parte da* sentença arbitral. Quando

são do processo de anulação, até porque, estando findo o processo arbitral e extinta a competência do árbitro, não é possível ser retomado o processo arbitral nem o tribunal arbitral eliminar o tempo decorrido, que constituía o fundamento de anulação".

507 Como disse atrás, uma importante diferença entre a "remission" regulada pela Lei Modelo da UNCITRAL e a contemplada no *English Arbitration Act* de 1996 é o facto de, na primeira, o processo de anulação perante o tribunal estadual não terminar pelo reenvio da sentença ao tribunal arbitral (o mesmo acontecendo no regime da nossa LAV), ao passo que, na segunda, esse processo termina com o reenvio da sentença ao tribunal arbitral.

508 Cf. a respetiva Section 68 (3) (a): "*If there is shown to be serious irregularity affecting the tribunal, the proceedings or the award, the court may... remit the award to the tribunal, in whole*

o reenvio verse apenas sobre *parte da* sentença – para lá do dever que impende sobre o tribunal arbitral de sobre isso ouvir as partes, dando-lhe oportunidade de apresentarem os seus pontos de vista sobre a reformulação parcial da sentença[509] –, cabe perguntar se a parte da sentença que não foi objeto do reenvio pode ser alterada na nova sentença que o tribunal arbitral deve proferir, ou se, pelo contrário, essa parte deve ser aí incorporada, sem alterações. Em minha opinião, a segunda alternativa de resposta é a correta, tendo em conta que, com pronúncia da sentença, cessa, em princípio, o poder jurisdicional do tribunal arbitral para dirimir o litígio, só não se verificando quanto a ele, por completo, o "functus officio", porque o reenvio determinou o prolongamento das funções desse tribunal (em virtude do disposto no nº 3 do art. 44º, conjugado com o nº 8 do art. 46º), para os *específicos* efeitos inerentes a esse reenvio.

Além deste ponto que dou como adquirido, na nova sentença que proferir, o tribunal arbitral não pode tratar de questões não abordadas anteriormente no processo arbitral, uma vez que o tribunal arbitral fica limitado pelo encargo (ou, se se preferir, pelo 'mandato') que o tribunal estadual lhe conferiu ao reenviar para ele a sentença[510]. Se o tribunal arbitral não observar estes limites, arrisca-se a ver sua nova sentença anulada.

A nova sentença que o tribunal arbitral proferir será por ele enviada não só às partes, mas também ao tribunal estadual, a fim de ser controlada por este, reatando-se então o processo de anulação que ficara suspenso. O tribunal estadual apreciará a nova sentença, para verificar se as apontadas irregularidades foram efetivamente supridas e se não sugiram outras na segunda sentença proferida pelos

or in part, for reconsideration". Esta última especificação aparece também noutros artigos do *English Arbitration Act*.

509 Não é necessário que a lei determine isso, expressamente, tendo em conta os princípios consagrados no art. 30º, n. 1, b) e c) da LAV.

510 *Vide* neste sentido, em face do direito inglês, Andrew Tweeddale & Keren Tweeddale – *ob. cit.*, pp. 788-789.

árbitros; nessa apreciação, o tribunal estadual tem inteira liberdade para confirmar sentença modificada ou para a anular[511].

§ 13º Efeito cassatório da anulação da sentença arbitral

68. De acordo com o disposto no nº 9 do art. 46º, o tribunal estadual que anule a sentença arbitral não pode conhecer do mérito da questão ou questões por aquela decididas, devendo tais questões, se alguma das partes o pretender, ser submetidas a outro tribunal arbitral para serem por este decididas.

Como expliquei em anterior estudo[512], o objetivo desta disposição é tornar claro que a decisão do Tribunal da Relação que anule a sentença arbitral impugnada (art. 59º, nº 1, *g*)) tem um *efeito meramente cassatório*, isto é, não tem aqui lugar o sistema de substituição que carateriza o recurso de apelação, quando interposto de decisão final (o art. 665º, nº 2, do CPC)[513].

Foi para evitar que da remissão que se fazia para a tramitação do recurso de apelação, nas disposições que regulavam a impugnação da sentença arbitral nos Projetos de nova LAV apresentados pela Direção da A.P.A, em 2009, 2010 e 2011, (de onde passaram para o art. 46º, nº 2, da atual LAV), se pudesse inferir que o Tribunal da Relação, quando decidisse anular a sentença, poderia substituir-se ao tri-

[511] Com escreveu Pieter Sanders (*ob. cit.*, p. 275), "under UNCITRAL Model Law the remission is only an intermezzo in the setting aside proceedings. They are not terminated by the remission. It is the court that will finally, on the basis of the new award, terminate the proceedings".

[512] *Vide* o meu artigo *A Sentença Arbitral Contrária à Ordem Pública Perante a Nova LAV*, in 'Direito da Arbitragem – Ensaios' *cit.* pp. 24-25, nota 40.

[513] Sobre estes dois modelos de atuação do tribunal de recurso, vide José Lebre Freitas, Armindo Ribeiro Mendes, Isabel Alexandre – *Código do Processo Civil Anotado*, Volume 3º, 3ª edição, Almedina, Coimbra, 2022, p. 184, e demais doutrina aí citada. É de referir que tem natureza 'substitutiva', no âmbito do direito francês, a decisão da *Cour d'appel* que anule a sentença arbitral proferida em arbitragem interna e impugnada perante aquele tribunal; *vide* o art. 1495 do *NCPC* de 1981, correspondente ao art. 1493 do *CPC* francês, após a reforma de 13 de Janeiro de 2011 (que dispõe o seguinte:*"Lorsque la juridiction annule la sentence arbitrale, elle statue sur le fond dans les limites de la mission de l'arbitre, sauf volonté contraire des parties."*).

bunal arbitral, decidindo sobre o mérito da causa, que redigi este preceito que se manteve inalterado naqueles Projetos.

O nº 9 do art. 46º tem, portanto, o preciso (e único) significado de afirmar o *efeito meramente cassatório* da decisão do Tribunal da Relação que anule a sentença arbitral impugnada[514]. Isto significa que, uma vez anulada a sentença, as partes que queiram ver resolvido o litígio que as opõe, devem submetê-lo a outro tribunal arbitral.

É de notar que já tinha natureza puramente cassatória, no âmbito da LAV de 1986 (embora isso não fosse aí referido explicitamente), a decisão de anulação proferida pelos tribunais judiciais, na ação proposta com esse objeto na vigência dessa Lei.

No entanto, muito surpreendentemente, alguns comentadores da atual LAV vieram invocar a letra desta disposição, para dela extraírem uma pretensa interdição dirigida ao tribunal estadual de controlo, de 'reexaminar o mérito' da decisão arbitral impugnada[515]. É bem patente o erro em que aqui se incorre, ao interpretar-se esta disposição legal de maneira completamente desconforme com os cânones atendíveis neste domínio.

[514] Neste sentido, Armindo Ribeiro Mendes – *A Nova Lei de Arbitragem Voluntária e as Formas de Impugnação de Decisões Arbitrais* cit., p. 747.

[515] Na sua anotação ao nº 9 do art. 46º da LAV, escreveu José Robin de Andrade (*in* Dário Moura Vicente (coord.) – *LAV Anotada* cit., p. 175): "Consagra-se aqui a proibição de o tribunal estadual proceder ao reexame do mérito da sentença arbitral. Conferir ao tribunal estadual o poder de reexaminar o mérito de uma decisão arbitral equivaleria a negar a definitividade da própria decisão arbitral. O tribunal estadual deve analisar os fundamentos dos diversos tipos de anulação tendo presente essa proibição genérica". Salta à vista a total improcedência deste modo de discorrer. Como frisei na nota de rodapé 3, a 'definitividade' da sentença arbitral significa apenas que ela não é passível de recurso ordinário, o que nada tem que ver com a possibilidade (e indispensabilidade) de aquela ser objeto de um efetivo (e não apenas formal e aparente) controlo por parte dos tribunais estaduais, em ordem verificar a sua *integridade* (a par da *integridade do processo* através do qual foi proferida), assegurando-se que preenche as condições elementares de justiça material que justificam que o Estado disponibilize o seu aparelho coercitivo para impor o que na sentença se determina. Ao raciocinar como fez no citado excerto, este autor não teve em consideração a grande diferença que existe entre o conteúdo dum recurso ordinário e o conteúdo do controlo de anulação da sentença arbitral pelo juiz, que enfatizei no parágrafo 59. *supra*.

Em primeiro lugar, esse modo de interpretar essa disposição da LAV infringe o princípio estabelecido na segunda parte nº 3 do art. 9º do Código Civil, que determina que o "intérprete [presuma] que o legislador soube exprimir o seu pensamento em termos adequados". Ora, se a disposição em apreço tivesse em vista a 'fase que antecede a anulação' – única em que faria sentido restringir o objeto ou intensidade do controlo a efetuar pelo tribunal estadual sobre a sentença impugnada – seria ilógico que ela se referisse ao "*...tribunal estadual que anule a sentença...*", visto ser antes da tomada de decisão por esse tribunal que se poderia restringir o âmbito da apreciação a ela conducente; nenhum sentido faria que, nesse suposto cenário, a lei se reportasse ao período que começa após a tomada da decisão anulatória (como claramente se verifica nessa disposição). Logo daí resulta que a letra do preceito não se refere ao que o tribunal pode ou não fazer antes da anulação da sentença; o que essa letra claramente determina é, isso sim, o que acontecerá *após essa anulação.*

Em segundo lugar, ainda no tocante à compatibilidade do dito entendimento com o teor literal do nº 9 do art. 46º da LAV (tendo em conta o disposto no art. 9º, nºs 2 e 3, do CC), se porventura esta disposição tivesse em vista a fase que antecede a anulação – única em que faria sentido interditar que o tribunal estadual competente para decidir o pedido de anulação da sentença arbitral, reexaminasse o mérito decidido por esta – seria desprovida de sentido a referência aí feita à 'anulação da sentença', porque a impugnação tanto pode levar à anulação como à manutenção da sentença arbitral. Note-se que a primeira parte do preceito se refere ao *'tribunal estadual que anule a sentença*" e não ao 'tribunal estadual a que seja pedida a anulação da sentença'. Uma vez mais se comprova a inaptidão desta disposição para significar o conteúdo que lhe atribui os autores que aqui critico.

Em terceiro lugar, a segunda parte da letra do preceito também contraria o significado que os referidos autores lhe atribuem. Com efeito, ao remeter a decisão do litígio *para outro tribunal arbitral*, esse preceito reforça a conclusão de que o que ali se pretendeu regular foi 'a situação subsequente à anulação'. Ora, como acima disse, a fase que antecede a anulação é a única em que faria algum sentido colocar a questão da 'revisão do mérito' decidido pela sentença.

Em quarto lugar, o modo como os referidos autores interpretam o preceito em análise infringe o princípio que impõe que o *intérprete [presuma] que o legislador consagrou as soluções mais acertadas* (art. 9º, nº 3, do Código Civil).

Como expliquei no parágrafo 59., a proposição de que "é proibido ao tribunal estadual proceder o reexame do mérito da sentença arbitral", não é mais do que um *slogan*, desprovido de conteúdo explicativo e de operatividade normativa, que é, além disso, erróneo. Para utilizar um qualificativo que Jan Paulsson usou noutro contexto, essa proposição não passa de uma 'lazy maxim'[516] que se repete mecanicamente, como se a sua simples invocação dispensasse quem a utiliza de se explicar o que quer significar. Mal andaria o legislador que enunciasse em letra de lei uma máxima tão irracional; não se pode presumir (infringindo o preceituado no art. 9º, nº 3, do C.C.) que o legislador da LAV tenha consagrado uma solução tão desacertada.

Em suma, o disposto no nº 9 do art. 46º nada tem que ver com o conteúdo ou intensidade do controlo das sentenças arbitrais pelos tribunais estaduais. O que aí se estabelece é apenas o efeito meramente cassatório (*i.e.*, não substitutivo) da decisão de anulação da sentença arbitral[517].

§ 14º Manutenção da eficácia da convenção de arbitragem

69. Na vigência da LAV 1986, a doutrina divergia sobre se, anulada a sentença arbitral que houvesse decidido o fundo da causa, a convenção de arbitragem devia considerar-se como tendo caducado. Paula Costa e Silva entendia que caducava, pelo menos, no caso de a sentença anulada ter decidido sobre o mérito da causa[518]. Luís de

[516] *Vide* a referência a este deste tipo de máximas no parágrafo 58. *supra*.

[517] É de notar que os comentadores que, com maior reflexão e profundidade, analisaram as disposições que integram o Capítulo VII da LAV, atribuem ao nº 9 do art. 46º o significado que defendo no texto e não o que lhe atribuem os autores que aqui critico: no sentido por mim defendido, *vide* Armindo Ribeiro Mendes – *A Nova Lei de Arbitragem Voluntária* cit., p. 747, Mariana França Gouveia – *Curso* cit., p. 314, Mário Esteves Oliveira – *Lei da Arbitragem Voluntária Comentada* cit., p. 584, António Menezes Cordeiro – *Tratado da Arbitragem* cit., p. 460.22

[518] *Anulação e Recursos* cit., pp. 963-965.

Lima Pinheiro defendia que, anulada a sentença, a convenção de arbitragem não caducava, continuando em vigor não só em relação a outras controvérsias que fossem por ela abrangidas, mas também em relação àquela que foi objeto da decisão anulada[519].

Para ultrapassar essa divergência, o nº 10 do art. 46º da atual LAV[520] veio tornar claro que, neste caso, a eficácia da convenção de arbitragem se mantém, podendo servir de suporte a nova arbitragem sobre o mesmo objeto. Com base nesta convenção, as partes podem fazer constituir um novo tribunal arbitral[521] para decidir o litígio que as opõe, continuando, portanto, os tribunais estaduais a ser incompetentes para julgar esse litígio, a menos que as partes acordem em que, com a anulação da sentença, caduca a convenção de arbitragem, restituindo-se então aos tribunais estaduais a competência para julgar esse litígio assim como outros antes abrangidos por aquela convenção[522].

[519] Salvo, evidentemente, se a anulação se tivesse fundado na invalidade da convenção de arbitragem; *vide* Luís de Lima Pinheiro – *Arbitragem Transnacional* cit., pp. 172-173, e *Recurso e Anulação da Decisão Arbitral: Admissibilidade, Fundamentos e Consequências* cit., p. 190. Mariana França Gouveia, na 2ª edição do seu *Curso*, pp. 261-262, mencionava as divergentes opiniões destes autores sobre o tema, sem tomar posição, mas tal menção desapareceu na 3ª edição da mesma obra. Acerca deste tópico no direito alemão, *vide* Stefan Kröll & e Peter Kraft – *Recourse against the Award* cit., p. 418.

[520] Não é muito feliz a redação deste artigo (como observou, com razão, António Menezes Cordeiro – *Tratado da Arbitragem* cit. p. 460), que não tem correspondência na Lei Modelo e que foi influenciado não só pela discussão que existia na doutrina portuguesa na vigência da LAV de 1986, mas também pelo § 1059 (5) da Lei Alemã que dispõe que "a anulação da sentença, na ausência de indicação em contrário, resultará em a convenção de arbitragem se tornar outra vez operativa em relação ao objeto do litígio".

[521] Cf. Mariana França Gouveia – *Curso* cit., 3ª ed, p. 314, e António Menezes Cordeiro – *Tratado da Arbitragem* cit. p. 460.

[522] Em regra, proceder-se-á à constituição de um novo tribunal arbitral. Na sua anotação a esta disposição, José Robin de Andrade referiu que "nada impede que no novo processo arbitral todos ou alguns dos árbitros voltem a dirimir o litígio" (*ob. cit.*, p. 194) e António Menezes Cordeiro (*ob. cit.*, p. 461) admitiu também a possibilidade de um acordo das partes nesse sentido. Em face da lei, existe essa possibilidade, mas, na prática, parece pouco provável que as partes voltem a nomear todos os árbitros que proferiram uma sentença que foi anulada por terem existido na arbitragem irregularidades tão graves, que o tribunal estadual nem sequer considerou adequado reenviar-lhes a sentença, ao abrigo do nº 8 do art. 46º.

Anexo A

Lei da Arbitragem Voluntária
(Lei nº 63/2011, de 14 de dezembro)

Artigo 30º – Princípios e regras do processo arbitral

1. O processo arbitral deve sempre respeitar os seguintes princípios fundamentais:

a) O demandado é citado para se defender;

b) As partes são tratadas com igualdade e deve ser-lhes dada uma oportunidade razoável de fazerem valer os seus direitos, por escrito ou oralmente, antes de ser proferida a sentença final;

c) Em todas as fases do processo é garantida a observância do princípio do contraditório, salvas as excepções previstas na presente lei.

Artigo 46º – Pedido de anulação

1. Salvo se as partes tiverem acordado em sentido diferente, ao abrigo do nº 4 do artigo 39º, a impugnação de uma sentença arbitral perante um tribunal estadual só pode revestir a forma de pedido de anulação, nos termos do disposto no presente artigo.

2. O pedido de anulação da sentença arbitral, que deve ser acompanhado de uma cópia certificada da mesma e, se estiver redigida em língua estrangeira, de uma tradução para português, é apresentado no tribunal estadual competente, observando-se as seguintes regras, sem prejuízo do disposto nos demais números do presente artigo:

a) A prova é oferecida com o requerimento;

b) É citada a parte requerida para se opor ao pedido e oferecer prova;

c) É admitido um articulado de resposta do requerente às eventuais excepções;

d) É em seguida produzida a prova a que houver lugar;

e) Segue-se a tramitação do recurso de apelação, com as necessárias adaptações;

f) A acção de anulação entra, para efeitos de distribuição, na 5ª espécie.

3. A sentença arbitral só pode ser anulada pelo tribunal estadual competente se:

a) A parte que faz o pedido demonstrar que:

i) Uma das partes da convenção de arbitragem estava afectada por uma incapacidade; ou que essa convenção não é válida nos termos da lei a que as partes a sujeitaram ou, na falta de qualquer indicação a este respeito, nos termos da presente lei; ou

ii) Houve no processo violação de alguns dos princípios fundamentais referidos no nº 1 do artigo 30º com influência decisiva na resolução do litígio; ou

iii) A sentença se pronunciou sobre um litígio não abrangido pela convenção de arbitragem ou contém decisões que ultrapassam o âmbito desta; ou

iv) A composição do tribunal arbitral ou o processo arbitral não foram conformes com a convenção das partes, a menos que esta convenção contrarie uma disposição da presente lei que as partes não possam derrogar ou, na falta de uma tal convenção, que não foram conformes com a presente lei e, em qualquer dos casos, que essa desconformidade teve influência decisiva na resolução do litígio; ou

v) O tribunal arbitral condenou em quantidade superior ou em objecto diverso do pedido, conheceu de questões de que não podia tomar conhecimento ou deixou de pronunciar-se sobre questões que devia apreciar; ou

vi) A sentença foi proferida com violação dos requisitos estabelecidos nos nºs 1 e 3 do artigo 42º; ou

vii) A sentença foi notificada às partes depois de decorrido o prazo máximo para o efeito fixado de acordo com o artigo 43º ; ou

b) O tribunal verificar que:

i) O objecto do litígio não é susceptível de ser decidido por arbitragem nos termos do direito português;

ii) O conteúdo da sentença ofende os princípios da ordem pública internacional do Estado português.

4. Se uma parte, sabendo que não foi respeitada uma das disposições da presente lei que as partes podem derrogar ou uma qualquer condição enunciada na convenção de arbitragem, prosseguir apesar disso a arbitragem sem deduzir oposição de imediato ou, se houver prazo para este efeito, nesse prazo, considera-se que renunciou ao direito de impugnar, com tal fundamento, a sentença arbitral.

5. Sem prejuízo do disposto no número anterior, o direito de requerer a anulação da sentença arbitral é irrenunciável.

6. O pedido de anulação só pode ser apresentado no prazo de 60 dias a contar da data em que a parte que pretenda essa anulação recebeu a notificação da sentença ou, se tiver sido feito um requerimento no termos do artigo 45º, a partir da data em que o tribunal arbitral tomou uma decisão sobre esse requerimento.

7. Se a parte da sentença relativamente à qual se verifique existir qualquer dos fundamentos de anulação referidos no nº 3 do presente artigo puder ser dissociada do resto da mesma, é unicamente anulada a parte da sentença atingida por esse fundamento de anulação.

8. Quando lhe for pedido que anule uma sentença arbitral, o tribunal estadual competente pode, se o considerar adequado e a pedido de uma das partes, suspender o processo de anulação durante o período de tempo que determinar, em ordem a dar ao tribunal arbitral a possibilidade de retomar o processo arbitral ou de tomar qualquer outra medida que o tribunal arbitral julgue susceptível de eliminar os fundamentos da anulação.

9. O tribunal estadual que anule a sentença arbitral não pode conhecer do mérito da questão ou questões por aquela decididas, devendo tais questões, se alguma das partes o pretender, ser submetidas a outro tribunal arbitral para serem por este decididas.

10. Salvo se as partes tiverem acordado de modo diferente, com a anulação da sentença a convenção de arbitragem volta a produzir efeitos relativamente ao objecto do litígio.

Artigo 49º – Conceito e regime da arbitragem internacional

1. Entende-se por arbitragem internacional a que põe em jogo interesses do comércio internacional.

2. Salvo o disposto no presente capítulo, são aplicáveis à arbitragem internacional, com as devidas adaptações, as disposições da presente lei relativas à arbitragem interna.

Artigo 50º – Inoponibilidade de excepções baseadas no direito interno de uma parte

Quando a arbitragem seja internacional e uma das partes na convenção de arbitragem seja um Estado, uma organização controlada por um Estado ou uma sociedade por este dominada, essa parte não pode invocar o seu direito interno para contestar a arbitrabilidade do litígio ou a sua capacidade para ser parte na arbitragem, nem para de qualquer outro modo se subtrair às suas obrigações decorrentes daquela convenção.

Artigo 51º – Validade substancial da convenção de arbitragem

1. Tratando-se de arbitragem internacional, entende-se que a convenção de arbitragem é válida quanto à substância e que o litígio a que ele respeita é susceptível de ser submetido a arbitragem se se cumprirem os requisitos estabelecidos a tal respeito ou pelo direito escolhido pelas partes para reger a convenção de arbitragem ou pelo direito aplicável ao fundo da causa ou pelo direito português.

2. O tribunal estadual ao qual haja sido pedida a anulação de uma sentença proferida em arbitragem internacional localizada em Portugal, com o fundamento previsto na alínea *b*) do nº 3 do artigo 46º, da presente lei, deve ter em consideração o disposto no número anterior do presente artigo.

Artigo 54º – Ordem pública internacional

A sentença proferida em Portugal, numa arbitragem internacional em que haja sido aplicado direito não português ao fundo da causa pode ser anulada com os fundamentos previstos no artigo 46º e ainda, caso deva ser executada ou produzir outros efeitos em território nacional, se tal conduzir a um resultado manifestamente incompatível com os princípios da ordem pública internacional.

Anexo B

UNCITRAL Model Law on International Commercial Arbitration

Article 18. Equal treatment of parties

The parties shall be treated with equality and each party shall be given a full opportunity of presenting his case.

Article 34. Application for setting aside as exclusive recourse against arbitral award

(1) Recourse to a court against an arbitral award may be made only by an application for setting aside in accordance with paragraphs (2) and (3) of this article.

(2) An arbitral award may be set aside by the court specified in article only if:

(a) the party making the application furnishes proof that:

(i) a party to the arbitration agreement referred to in article 7 was under some incapacity; or the said agreement is not valid under the law to which the parties have subjected it or, failing any indication thereon, under the law of this State; or

(ii) the party making the application was not given proper notice of the appointment of an arbitrator or of the arbitral proceedings or was otherwise unable to present his case; or

(iii) the award deals with a dispute not contemplated by or not falling within the terms of the submission to arbitration, or contains decisions on matters beyond the scope of the submission to arbitration, provided that, if the decisions on matters submitted to arbitration can be separated from those not so submitted, only that part of the award which contains decisions on matters not submitted to arbitration may be set aside; or

(iv) the composition of the arbitral tribunal or the arbitral procedure was not in accordance with the agreement of the parties, unless such agreement was in conflict with a provision of this Law from which the parties cannot derogate, or, failing such agreement, was not in accordance with this Law; or

(b) the court finds that:

(i) the subject-matter of the dispute is not capable of settlement by arbitration under the law of this State; or

(ii) the award is in conflict with the public policy of this State.

(3) An application for setting aside may not be made after three months have elapsed from the date on which the party making that application had received the award or, if a request had been made under article 33, from the date on which that request had been disposed of by the arbitral tribunal.

(4) The court, when asked to set aside an award, may, where appropriate and so requested by a party, suspend the setting aside proceedings for a period of time determined by it in order to give the arbitral tribunal an opportunity to resume the arbitral proceedings or to take such other action as in the arbitral tribunal's opinion will eliminate the grounds for setting aside.

Loi type de la CNUDCI sur l'arbitrage commercial international

Article 18. Égalité de traitement des parties

Les parties doivent être traitées sur un pied d'égalité et chaque partie doit avoir toute possibilité de faire valoir ses droits.

Article 34. La demande d'annulation comme recours exclusive contre la sentence arbitrale

(1) Le recours formé devant un tribunal contre une sentence arbitrale ne peut prendre la forme que d'une demande d'annulation conformément aux paragraphes 2 et 3 du présent article.

(2) La sentence arbitrale ne peut être annulée par le tribunal visé à l'article 6 que si:

a) La partie en faisant la demande apporte la preuve:

i) Qu'une partie à la convention d'arbitrage visée à l'article 7était frappée d'une incapacité; ou que ladite convention n'est pas valable en vertu de la loi à laquelle les parties l'ont subordonnée ou, à défaut d'une indication à cet égard, en vertu de la loi du présent État; ou

ii) Qu'elle n'a pas été dûment informée de la nomination d'un arbitre ou de la procédure arbitrale, ou qu'il lui a été impossible pour une autre raison de faire valoir ses droits; ou

iii) Que la sentence porte sur un différend non visé dans le compromis ou n'entrant pas dans les prévisions de la clause compromissoire, ou qu'elle contient des décisions qui dépassent les termes du compromis ou de la clause compromissoire, étant entendu toutefois que, si les dispositions de la sentence qui ont trait à des questions soumises à l'arbitrage peuvent être dissociées de celles qui ont trait à des questions non soumises à l'arbitrage, seule la partie de la sentence contenant des décisions sur les questions non soumises à l'arbitrage pourra être annulée; ou

iv) Que la constitution du tribunal arbitral, ou la procédure arbitrale, n'a pas été conforme à la convention des parties, à condition que cette convention ne soit pas contraire à une disposition de la présente Loi à laquelle les parties ne peuvent déroger, ou, à défaut d'une telle convention, qu'elle n'a pas été conforme à la présente Loi; ou

b) Le tribunal constate:

i) Que l'objet du différend n'est pas susceptible d'être réglé par arbitrage conformément à la loi du présent État; ou

ii) Que la sentence est contraire à l'ordre public du présent État.

(3) Une demande d'annulation ne peut être présentée après l'expiration d'un délai de trois mois à compter de la date à laquelle la partie présentant cette demande a reçu communication de la sentence ou, si une demande a été faite en vertu de l'article 33, à compter de la date à laquelle le tribunal arbitral a pris une décision sur cette demande.

(4) Lorsqu'il est prié d'annuler une sentence, le tribunal peut, le cas échéant et à la demande d'une partie, suspendre la procédure d'annulation pendant une période dont il fixe la durée afin de donner au tribunal arbitral la possibilité de reprendre la procédure arbitrale ou de prendre toute autre mesure que ce dernier juge susceptible d'éliminer les motifs d'annulation.

Ley Modelo de la CNUDMI sobre Arbitraje Comercial Internacional

Artículo 18. Trato equitativo de las partes

Deberá tratarse a las partes con igualdad y darse a cada una de ellas plena oportunidad de hacer valer sus derechos.

Artículo 34. La petición de nulidad como único recurso contra un laudo arbitral

(1) Contra un laudo arbitral sólo podrá recurrirse ante un tribunal mediante una petición de nulidad conforme a los párrafos 2) y 3) del presente artículo.

(2) El laudo arbitral sólo podrá ser anulado por el tribunal indicado en el artículo 6 cuando:

a) la parte que interpone la petición pruebe:

i) que una de las partes en el acuerdo de arbitraje a que se refiere el artículo 7 estaba afectada por alguna incapacidad, o que dicho acuerdo no es válido en virtud de la ley a que las partes lo han sometido, o si nada se hubiera indicado a este respecto, en virtud de la ley de este Estado; o

ii) que no ha sido debidamente notificada de la designación de un árbitro o de las actuaciones arbitrales o no ha podido, por cualquier otra razón, hacer valer sus derechos; o

iii) que el laudo se refiere a una controversia no prevista en el acuerdo de arbitraje o contiene decisiones que exceden los términos del acuerdo de arbitraje; no obstante, si las disposiciones del laudo que se refieren a las cuestiones sometidas a l' arbitraje pueden separarse de las que no lo están, sólo se podrán anular estas últimas; o

iv) que la composición del tribunal arbitral o el procedimiento arbitral no se han ajustado al acuerdo entre las partes, salvo que dicho acuerdo estuviera en conflicto con una disposición de esta Ley de la que las partes no pudieran apartarse o, a falta de dicho acuerdo, que no se han ajustado a esta Ley; o

b) el tribunal compruebe:

i) que, según la ley de este Estado, el objeto de la controversia no es susceptible de arbitraje; o

ii) que el laudo es contrario al orden público de este Estado.

(3) La petición de nulidad no podrá formularse después de transcurridos tres meses contados desde la fecha de la recepción del laudo o, si la petición se ha hecho con arreglo al artículo 33, desde la fecha en que esa petición haya sido resuelta por el tribunal arbitral.

(4) El tribunal, cuando se le solicite la anulación de un laudo, podrá suspender las actuaciones de nulidad, cuando corresponda y cuando así lo solicite una de las partes, por un plazo que determine a fi n de dar al tribunal arbitral la oportunidad de reanudar las actuaciones arbitrales o de adoptar cualquier otra medida que a juicio del tribunal arbitral elimine los motivos para la petición de nulidad.

ÍNDICE BIBLIOGRÁFICO

ALMEIDA, Carlos Ferreira de – *Contratos*, 4ª edição, Almedina, Coimbra, 2016.

– *Convenção de arbitragem: conteúdo e efeitos*, I Congresso do Centro de Arbitragem da Câmara de Comércio e Indústria Portuguesa – Intervenções, ACL/Almedina, Lisboa, 2008.

ANDRADE, José Robin de – *Anotações aos artigos 39º, 40ª, 41º, 42º, 43º, 44º, 45º e 46º da LAV*, in Dário Moura Vicente (coordenador) – *Lei da Arbitragem Voluntária Anotada*, 5ª edição, Almedina, Coimbra, 2021.

– *Balanço de Um Ano de Vigência da Nova Lei da Arbitragem Voluntária*, Intervenções – VII Congresso do Centro de Arbitragem Comercial da Câmara de Comércio e Indústria Portuguesa, ACL/Almedina, Coimbra, 2014.

ASCENSÃO, José de Oliveira –*O Direito Introdução e Teoria Geral*, 13ª edição, Almedina, Coimbra, 2005.

BARBIERI, Giorgio & BELLA, Enrico – *Il Nuovo Dirito dell' Arbitrato*, Cedan, Padova, 2007.

BARROCAS, Manuel Pereira – *Lei de Arbitragem Comentada*, 2ª edição, Almedina, Coimbra, 2018.

– *Acordão* Unamar *do Tribunal de Justiça da União Europeia*, Revista da Ordem do Advogados, Ano 77, III/IV, (Jul./Dez. 2017), Lisboa.

– *Estudos de Direito e Prática Arbitral*, Almedina, Coimbra, 2017.

– *Manual de Arbitragem*, 2ª edição, Almedina, Coimbra, 2013.

BENEDETTELLI, Mario & CONSOLO, Claudio/BROZZOLO, Luca Radicati di – *Commentario Breve al Diritto dell'Arbitrato Nazionale ed Internazionale*, Cedan, Padova, 2010.

BERMAN, Gorge & MISTELIS, Loukas – *Mandatory Rules in International Arbitration*, JURIS, JurisNet LLC, New York, 2011.

BERG, Albert van den – *Should the setting aside of the arbitral award be abolished?* ICSID Review – Foreign Investment Law Journal, Vol. 29, No. 2(2014), Oxford University Press.

– *An Overview of The New York Convention of 1958*, Brussels, Belgium,

2008, *at* http://www.arbitrationicca.org/media/4/69405158666624/media012125884227980new_york_convention_of_1958_overview.pdf

– *Failure by Arbitrators to Apply Contract Terms from the Perspective of the New York Convention?* Liber Amicorum in honour of Robert Briner. Global Reflections on International Law, Commerce and Dispute Resolution', ICC Publishing, 2005, Paris.

– *The New York Convention of 1958*, Kluwer Law, Deventer, The Netherlands, 1981.

BINDER, Peter – *International Commercial Arbitration and Conciliation in UNCITRAL Model Law Jurisdictions in UNCITRAL Model Law Jurisdictions*, 3rd edition, Sweet & Maxwell, London, 2010.

BOLLÉE, Sylvain & AUDIT, Mathias – *Note de Jurisprudence* (Cour de Cassation 23 mai 2022: *M. Belokon c/ République du Kirghizistan*), Revue de l'Arbitrage, 2022, Nº 3, C.F.A., Paris.

BORN, Gary – *International Commercial Arbitration*, Vol. I, II and III, Second edition, Wolters Kluwer, Alphen aan den Rijn, The Netherlands, 2014.

BRITO, Maria Helena – *Arbitragem internacional. A propósito da nova lei da arbitragem voluntária*, Themis, Revista da Faculdade de Direito da UNL, Ano XII (2012), Nºs 22/23, Almedina, Coimbra.

BROZZOLO, Luca Radicati di – *Arbitration and Competition Law: The Position of the Courts and Arbitrators*, Arbitration International, LCIA, vol. 27 (2011), No.1, London.

CANOTILHO, Joaquim Gomes – *Direito Constitucional e Teoria da Constituição*, 7ª edição, Almedina, Coimbra, 2003.

CANOTILHO, Joaquim Gomes & MOREIRA, Vital – *Constituição da República Portuguesa Anotada*, Volume I, 4ª edição, 2007, e Volume II, 4ª edição, 2010, Coimbra Editora, Coimbra.

CARAMELO, António Sampaio – *Contributo para uma revisão da LAV (devidamente preparada)*, Revista Internacional de Arbitragem e Conciliação, Nº 17-2022, Almedina.

– *Ainda sobre o dever de fundamentar as sentenças arbitrais*, Revista de Direito Civil, Ano VI (2021), Nº 3/4, Almedina, Coimbra.

– *Challenge of Arbitral Awards*, in International Arbitration in Portugal, Wolters Kluwer, Alphen aan den Rijn, The Netherlands, 2020.

– *Quando é que uma arbitragem é internacional?* Revista de Direito Civil, Ano IV (2019), Nº 3, Almedina.

– *A Sentença Arbitral Contrária à Ordem Pública Perante a Nova LAV/A Competência da Competência e a Autonomia do Tribunal Arbitral/O Estatuto dos Árbitros e a Constituição do Tribunal Arbitral na LAV/Da Condução do Processo Arbitral/Obrigatoriedade da Convenção de

Arbitragem e Direito de Acesso à Justiça, estudos incluídos em 'Direito da Arbitragem – Ensaios', Almedina, Coimbra, 2017.

– *O Reconhecimento e Execução de Sentenças Arbitrais Estrangeiras perante a Convenção de Nova Iorque e a Lei da Arbitragem Voluntária*, Almedina, Coimbra, 2016.

– *A disponibilidade do Direito como Critério de Arbitrabilidade do Litígio. Reflexões* de jure condendo/*A "Autonomia" da Cláusula Compromissória e a Competência da Competência do Tribunal Arbitral/Arbitration in Equity and* Amiable Composition *under Portuguese Law/Decisões Interlocutórias e Parciais no Processo Arbitral. Seu Objecto e Regime/A Reforma da Lei da Arbitragem Voluntária/Critérios de Arbitrabilidade dos litígios. Revisitando o Tema/Anulação da Sentença Arbitral Contrária à Ordem Pública/Arbitragem de Litígios Societários*, estudos incluídos em 'Temas de Direito da Arbitragem', Coimbra Editora, Coimbra, 2013.

Carbonnier, Jean – *Droit Civil, Tome 4, Les Obligations*, P.U.F., Paris, 1992.

Carmona, Carlos Alberto – *Arbitragem e Processo*, 3ª ed., Editora Atlas, São Paulo, 2009.

Cheshire, North & Fawcett – *Private International Law*, 14th ed., Oxford University Press, Oxford, 2008.

Clay, Thomas – *Liberté, égalité et efficacité. La devise du nouveau droit français de l'arbitrage. Commentaire article par article (Première partie)*, Journal de Droit International, Avril-Mai Juin 2012, LexisNexis Jurisclasseur, Paris.

Coelho, Carla Góis – *A falsa especificidade do caso julgado da sentença arbitral. Comentário ao acórdão do Supremo Tribunal de Justiça de 8 de setembro de 2016*, Revista PLMJ Arbitragem, nº 1, novembro 2017, PLMJ, Lisboa.

Coelho, Francisco Manuel Brito Pereira – *A Renúncia Abdicativa no Direito Civil*, Studia Iurica, Coimbra Editora, Coimbra, 1995.

Cordeiro, António Menezes – *Tratado da Arbitragem, Comentário à Lei 63/2011, de 14 de dezembro*, Almedina, Coimbra, 2015.

– *Tratado de Direito Civil, Parte Geral, I, Introdução e Doutrina Geral*, 4ª ed. Almedina, Coimbra, 2012.

– *A equidade com fonte de Direito*, O Direito, Ano 144º, I, 2012, Almedina, Coimbra.

– *A Ordem Pública nas Arbitragens: As Últimas Tendências*, VII Congresso do Centro de Arbitragem Comercial da Câmara de Comércio e Indústria Portuguesa – Intervenções, ACL/Almedina, 2014.

– *Decisões Arbitrais Internacionais e sua Revisão*, IV Congresso do Centro de Arbitragem Comercial da Câmara de Comércio e Indústria Portuguesa – Intervenções, ACL/Almedina, 2011.

Cordeiro, António Menezes (coordenad.) – *Arbitragem Comercial –*

Estudos Comemorativos dos 30 anos do Centro de Arbitragem Comercial da Câmara de Comércio e Indústria Portuguesa, Almedina, Coimbra, 2019.

CORREIA, José M. Sérvulo – *A Arbitragem Internacional com Estados na Nova Lei da Arbitragem Voluntária*, Revista Internacional de Arbitragem e Conciliação, Nº 5, 2012, Almedina, Coimbra.

CORREIA, José M. Sérvulo & COIMBRA, José Duarte – *O Dever de Fundamentar e a Anulação das Sentenças Arbitrais*, Revista Internacional de Arbitragem e Conciliação, Nº 13, 2020, Almedina, Coimbra.

CRAIG, W. Lawrence, PARK, William W., PAULSSON, Jan – *International Chamber of Commerce Arbitration*, 3rd edition, Oceana Publications Inc./ICC Publishing, New York, 2000.

CREMADES, Bernardo – *Del Convenio Arbitral e sus Efectos*, Comentario a la Ley de Arbitraje (*Coordinadores*: Alberto de Martín Muñoz y Santiago Hierro Anibarro), Marcial Pons, Madrid, 2006.

DAVIDSON, Fraser – *Arbitration*, 2nd ed., Green-Thomson Reuters, Edinburgh, 2012.

DELANOY, Louis Christophe – *Note de Jurisprudence*, Revue de l'Arbitrage, 20014, Nº 4, Comité Français de l'Arbitrage, Paris (pp. 959-975).

– *Le contrôle de l'ordre public au fond par le juge de l'annulation : trois constats, trois propositions*, Revue de l'Arbitrage, 2007, Nº 2, Comité Français de L'Arbitrage, Paris.

FERNÁNDEZ-BALLESTEROS, Miguel Ángel/PALAU, Juan Cadarzo – *Acción de anulación del laudo/Motivos Procedimiento*, Comentarios a la nueva Ley de Arbitraje (*coordinador:* Julio González Soria), Segunda edición, Aranzadi/Thomson Reuters, Pamplona, 2011.

FOUCHARD, GAILLARD, GOLDMAN – *On International Commercial Arbitration*, (edited by Emmanuel Gaillard & John Savage), Kluwer Law International, The Hague, 1999.

FRADA, Manuel Carneiro – *A Equidade (ou a 'Justiça com Coração'). A propósito da decisão arbitral segundo a Equidade,* Revista da Ordem dos Advogados, ano 72, I, (Janeiro Março 2012).

– *A Ordem Pública no Domínio dos Contratos*, Estudos em Homenagem ao Professor Doutor António Castanheira Neves, Volume II, Coimbra Editora, Coimbra, 2008.

– *Teoria da Confiança e Responsabilidade Civil,* Almedina, Coimbra, 2004.

FREITAS, José Lebre de – *Introdução ao Processo Civil. Conceito e princípios gerais à luz do novo código*, 3ª ed., Coimbra Editora, Coimbra, 2013.

– *Ação Executiva,* 6ª ed., Coimbra Editora, Coimbra, 2014.

FREITAS, José Lebre, MENDES Armindo Ribeiro, ALEXANDRE, Isabel – *Código do Processo Civil Anotado*, Volume 3º, 3ª edição, Almedina, Coimbra, 2022.

GAILLARD, Emmanuel (General editor) – *The Emergence of Transnational Responses to corruption in international arbitration,* Arbitration International, 2019, No. 35. Oxford University Press, Oxford.

– *The Review of International Arbitral Awards,* IAI Forum, Dijon – 12-14 September 2008, Juris Net, LLC, New York, 2008.

GARAUD, Jean-Yves – *L'office de l'arbitre en arbitage commercial: caractérisation de l'illicité et mise en oeuvre des sanctions,* Revue de l'Arbitrage, 2019, Nº 3, Comité Français de l'Arbitrage, Paris.

GERALDES, António Santos Abrantes – *Em torno da aferição da competência do tribunal arbitral e da ação da anulação da sentença arbitral,* Revista Internacional de Arbitragem e Conciliação, Nº 17-2022, Almedina, Coimbra.

– *Assistência e cooperação dos tribunais judiciais aos tribunais arbitrais, em especial na produção de provas,* Intervenções – VIII Congresso do Centro de Arbitragem Comercial da Câmara de Comércio e Indústria Portuguesa, ACL/Almedina, Coimbra, 2015.

GOUVEIA, Mariana França – *Curso de Resolução Alternativa de Litígios,* 3ª ed., Almedina, Coimbra, 2014.

HANOTIAU, Bernard – *L'arbitrabilité, Recueil des Cours de l'Académie de Droit International,* T. 296 (2002), Martinus Nijhoff Publisher, The Hague, 2003.

HANOTIAU, Bernard & CAPRASSE, Olivier – *Arbitrability, Due Process and Public Policy under Article V of the New York Convention,* Journal of International Arbitration, Vol. 25, No. 6, December 2008, Kluwer Law International, Alphen aan den Rijn, The Netherlands.

HASCHER, Dominique – *L'autorité de chose jugée des sentences arbitrales, Travaux du Comité Français Droit International Privé* (2000-2002), Editions A. Pedone, Paris, 2004.

HOLTZMANN, Howard M. & NEUHAUS, Joseph E. – *A Guide to the UNCITRAL Model Law, Kluwer Law,* T.M.C. Asser Instituut, Deventer-The Hague, [1989] 1994.

HOPE, James – *Awards: Form, Content, Effect,* 'The Guide to Challenging and Enforcing Arbitration Awards' (Editors: W. Rowley, E. Gaillard, G. Kaiser and B. Siino), Global Arbitration Review, 2nd edition, Law Business Research Ltd London, 2021.

HUANG, Michael & LEE, Kevin – *Corruption in Arbitration – Law and Reality (expanded version of Herbert Smith-SMU Asian Arbitration Lecture, delivered on 4 August 2011, in Singapore)* at http://www.arbitration. icca.org/media/0/13261720320840/corruption_in_arbitration_paper_draft_248

IDOT, *Laurence – Note de Jurisprudence,* Revue de l'Arbitrage, 2007, Nº 1, Comité Français de l'Arbitrage, Paris.

INTERNATIONAL LAW ASSOCIATION Conference held in New Dehli, 2-6 April de 2002 *[Recommendations, Final Report and Interim Report], on Public Policy as a Bar to Enforcement to International Arbitral Awards*, in Arbitration International, LCIA, Vol. 19 (2003), No. 2, London.

KAUFMANN-KOHLER, Gabrielle – *Commercial Arbitration before International Courts and Tribunals. Reviewing Abusive Conduct of Domestic Courts*, Lecture on International Commercial Arbitration, delivered on 2011, at the American University Washington College of Law, in Arbitration International, LCIA, Vol. 29 (2013), Issue 2.

KAUFMANN-KOHLER, Gabrielle & RIGOZZI, Antonio – *International Arbitration. Law and Practice in Switzerland*, Oxford University Press, Oxford, 2015.

KRÖLL, Stefan & KRAFT, Peter – *Recourse against the award*, Arbitration in Germany. The Model Law in Practice (edited by: Karl-Heinz Böckstiegel, Stefan Kröll and Patricia Nacimiento), 2nd edition, Wolters Kluwer, Alphen aan den Rijn, The Netherlands, 2015.

JARROSSON, Charles – *Le droit français de l'arbitrage après le décret du 13 janvier 2011*, Revue de l'Arbitrage, 2011, Nº 1, CFA, Paris.

– *L'autorité de chose jugée des sentences arbitrales*, Procédures, Revue LexisNexis, Jurisclasseur, août-septembre 2007, Paris.

JOUBERT, Natalie – *La notion de liens suffisants avec l'ordre juridique (Inlandsbeziehung) en droit international privé*, LexisNexis Litec, Paris, 2007.

LALIVE, Pierre – *Absolute Finality of Arbitral Awards*, Revista Internacional de Arbitragem e Conciliação, Ano I (2008), Almedina, Coimbra.

– *Ordre public transnational (ou réellement international) et arbitrage international*, Revue de l'arbitrage, 1986, Nº 3, Comité Français de l'Arbitrage, Paris.

LOQUIN, Eric – *La Réforme du Droit Français Interne et International de l'Arbitrage*, Revista de Arbitragem e Mediação, Nº 22, 2012, São Paulo.

LOQUIN, Eric & MANCIAUX, Sébastien (directeurs) – *L'Ordre Public et L'Arbitrage* (Actes du Colloque des 15 et 16 Mars, Dijon – 2013), LexisNexis, Paris, 2014.

MACHADO, João Baptista – *Tutela da confiança e venire contra factum proprium*, in Obra Dispersa, Scientia Ivridica, Braga, 1991.

– *Introdução ao Discurso Legitimador*, Almedina, Coimbra, 1991.

– *Lições de Direito Internacional Privado*, Atlântida, Coimbra, 1974.

MANTILLA-SERRANO, Fernando – *Towards a Transnational Procedural Public Policy*, Arbitration International, LCIA, Vol. 20 (2004), Issue 2, London.

MARQUES, João Paulo Remédio – *Acção Declarativa à Luz do Código Revisto*, 3ª ed., Coimbra Editora, Coimbra, 2011.

– *A (densidade da) falta de fundamentação da matéria de facto enquanto causa de anulação da decisão arbitral,* 'Arbitragem Comercial – Estudos Comemorativos dos 30 anos do Centro de Arbitragem Comercial da Câmara de Comércio e Indústria Portuguesa', Almedina, Coimbra, 2019.

MAYER, Pierre – *La sentence contraire à l'ordre public au fond,* Revue de l'Arbitrage, 1994, Nº 4, Comité Français de l'Arbitrage, Paris, incluído depois em 'Choix d'articles de Pierre Mayer', LGDJ, 2015.

– *Effect of International Public Policy in International Arbitration,* 'Pervasive Problems in International Arbitration', Kluwer Law International, Alphen aan den Rijn, The Netherlands, 2006.

– *L' étendue du contrôle, par le juge étatique, de la conformité des sentences arbitrales aux lois de police,* incluído depois em 'Choix d'articles de Pierre Mayer', LGDJ, 2015.

MENDES, Armindo Ribeiro – *Anotação aos artigos 30º, 31º, 32º, 33º, 34º, 35º, 36º, 37º e 38º,* em Dário Moura Vicente (coordenador) – *Lei da Arbitragem Voluntária Anotada,* 5ª ed. Almedina, Coimbra, 2021.

– *A Nova Lei de Arbitragem Voluntária e as Formas de Impugnação de Decisões Arbitrais,* Estudos em Homenagem ao Professor Doutor José Lebre de Feitas, Vol. II, Coimbra Editora, Coimbra, 2013.

– *Equidade e composição amigável na nova Lei de Arbitragem Voluntária,* 'Estudos em Homenagem a Miguel Galvão Teles', Vol. II, Almedina, Coimbra, 2012.

– *Recursos em Processo Civil. Reforma de 2007,* Coimbra Editora, Coimbra, 2009.

MENDES, João de Castro – *Os Limites Objetivos do Caso Julgado em Processo Civil,* Ática, Lisboa, 1968.

MIRANDA, Jorge & MEDEIROS, Rui – *Constituição Portuguesa Anotada,* Tomo I, 2ª ed., 2010, Tomo III, 2007, Coimbra Editora, Coimbra.

MONTEIRO, António Pedro Pinto – *O Princípio da Igualdade e a Pluralidade de Partes na Arbitragem,* Almedina, Coimbra, 2017.

– *Da Ordem Pública no Processo Arbitral,* 'Estudos em Homenagem ao Professor Doutor José Lebre de Feitas', Volume II, Coimbra Editora, Coimbra, 2013.

MONTEIRO, António Pedro Pinto/ SILVA, Artur Flamínio da/MIRANTE, Daniela – *Manual de Arbitragem,* Almedina, Coimbra, 2019.

NÁPOLES, Pedro Metello de – *Anotações aos artigos 47º, 48º, 59º, 60º e 61º* em Dário Moura Vicente (coorden.), *Lei da Arbitragem Voluntária Anotada,* 5ª ed., Almedina, Coimbra, 2021.

OLIVEIRA, Ana Perestrelo de Oliveira – *Arbitragem de Litígios com Entes Públicos,* 2ª edição, Almedina, Coimbra, 2015.

OLIVEIRA, Mário Esteves de (coorden.) – *Lei de Arbitragem Voluntá-*

ria Comentada, Vieira de Almeida/ Almedina, Coimbra, 2014.

PARK, William W. – *Duty and Discretion in International Arbitration*, American Journal of International Law, Volume 93 (1999), Issue 4, Boston.

– *National Law and Commercial Justice: Safeguarding Procedural Integrity in International Arbitration*, Tulane Law Review, Volume 63 (1989), Issue 3, New Orleans.

PAULSSON, Jan – *Metaphors, Maxims and other Mischief*, 'Freshfields Arbitration Lecture' delivered in London on 23 October 2013, Arbitration International, LCIA, Vol. 30, (2014), No. 4, London.

– *The Idea of Arbitration*, Oxford University Press, Oxford, 2013.

– *Jurisdiction and Admissibility*, Liber Amicorum in honour of Robert Briner. Global Reflections on International Law, Commerce and Dispute Resolution, ICC Publishing, 2005, Paris.

PETROCHILOS, Georgios – *Procedural Law in International Arbitration*, Oxford University Press, Oxford, 2004.

PINHEIRO, Luís de Lima –*Tendências de desenvolvimento no reconhecimento de decisões arbitrais estrangeiras ao abrigo da Convenção de Nova Iorque*, Revista de Direito Civil, Ano IV (2019), Nº 3, Almedina, Coimbra.

– *Direito Internacional Privado*, Volume I, 3ª ed. (2015), e Volume III, 2ª ed. (2012), Almedina, Coimbra.

– *Ordem pública internacional, ordem pública transnacional e normas imperativas que reclamam aplicação ao mérito da causa*, Revista Internacional de Arbitragem e Conciliação, Ano 5, 2012, Almedina, Coimbra.

– *Recurso e Anulação da Decisão Arbitral: Admissibilidade, Fundamentos e Consequências*, I Congresso do Centro de Arbitragem da Câmara de Comércio e Indústria Portuguesa – Intervenções, ACL/Almedina, Lisboa, 2008.

– *Arbitragem Transnacional. A determinação do estatuto da arbitragem*, Almedina, Coimbra, 2005.

PINTO, Rui – *Ação Executiva*, 2ª Reimpressão, AAFDL, Lisboa, 2020.

– *O Recurso Cível. Uma Teoria Geral*, Reimpressão, AAFDL, Lisboa, 2018.

POUDRET, Jean-François & BESSON, Sébastien – *Comparative Law of International Arbitration*, 2nd edition, Thomson/Sweet & Maxwell, London, 2007.

RACINE, Jean-Baptiste – *Le contrôle de la conformité de la sentence à l'ordre public international: un état des lieux*, Revue de l'Arbitrage, 2022, Nº 1, Comité Français de l'Arbitrage, Paris.

– *L'office du juge du contrôle de la sentence*, Revue de l'arbitrage, 2019, Nº 1, Comité Français de l'Arbitrage, Paris.

– *L'Arbitrage Commercial International et L'Ordre Public*, LGDJ, Paris, 1999.

RAMOS, Rui de Moura – *Anotação ao acórdão do Supremo Tribunal de Justiça de 14 de março de 2017*, Revista de Legislação e Jurisprudência, ano 146º, nº 4003 (março-abril 2017).

REDFERN, Alan & HUNTER, Martin – *Redfern and Hunter on International Arbitration*, 6th edition, Oxford University Press, Oxford, 2015.

REISMAN, Michael & RICHARDSON, Brian – *Tribunals and Courts: An Interpretation of the Architecture of International Commercial Arbitration*, in Albert van den Berg (*General editor*) – *'Arbitration: The Next Fifty Years'*, International Council for Commercial Arbitration (ICCA) Congress Series, No. 17, Kluwer Law International, Alphen aan den Rijn, The Netherlands, 2012.

ROMERO, Eduardo Silva – *Requiem for the Rule of Article 177(2) of the Swiss Private International Law?* Liber Amicorum in Honour of Robert Briner. Global Reflections on International Law, Commerce and Dispute Resolution, ICC Publishing, Paris, 2005.

ROWLEY, William/GAILLARD, Emmanuel, Gordon Kaiser/SIINO, Benjamin – *The Guide to Challenging and Enforcing Arbitration Awards* (Editors:), 2nd edition, Global Arbitration Review, Law Business Research Ltd, London, 2021.

SACHS, Klaus & HILBIG, Katharina – *La Portée du Contrôle Exercé par les Tribunaux Étatiques Allemands sur les Sentences Arbitrales Relatives au Droit Communautaire de la Concurrence* – Les Cahiers de L'Arbitrage, Vol. V, 2011, Editions A. Pedone, Paris.

SAMPAIO, Sofia Vaz – *O Poder Jurisdicional dos Árbitros depois da Sentença Arbitral*, Themis – Revista da Faculdade de Direito da Universidade Nova de Lisboa, Ano XVI (2015), Nºs 28/29, Lisboa.

SANDERS, Pieter – *UNCITRAL's Remission Reconsidered*, 'Liber Amicorum Claude Reymond. Autour de l' Arbitrage', LexisNexis Litec, Paris, 2004.

SCHLABRENDORFF, Fabian von & SESSLER, Anke – *Form and Contents of Award*, in Arbitration in Germany. The Model Law in Practice (edited by: Karl-Heinz Böckstiegel, Stefan Kröll and Patricia Nacimiento), 2nd edition, Wolters Kluwer, Alphen aan den Rijn, The Netherlands, 2015.

SCHMALTZ, Bettina – *Rules Applicable to Substance of Dispute*, Arbitration in Germany. The Model Law in Practice, (edited by: Karl-Heinz Böckstiegel, Stefan Kröll and Patricia Nacimiento), 2nd edition, Wolters Kluwer, Alphen aan den Rijn, The Netherlands, 2015.

SEGOVIA, Rafael Hinojosa – *De la anulación y de la revisión del laudo*, Comentario a la Ley de Arbitraje (*Coordinadores*: Alberto de Martín Muñoz y Santiago Hierro Anibarro), Marcial Pons, Madrid, 2006.

Seraglini, Christophe – *Le contrôle par le juge de l'absence de contrariété de la sentence à l'ordre public international : le passé, le présent et le futur,* Revue de l'Arbitrage, 2020, Nº 2, Comité Français de l'Arbitrage, Paris.
– *Le contrôle de la sentence au regard de l'ordre public international par le juge étatique: mythes et réalités,* Les Cahiers de L'Arbitrage, Vol. V, 2011, Editions A. Pedone, Paris.
– *L'intensité du contrôle du respect par l'arbitre de l'ordre public" – Note de Jurisprudence,* Revue de l'Arbitrage, 2001, Nº 4, Comité Français de l'Arbitrage, Paris.
– *Lois de police et justice arbitrale internationale,* Dalloz, Paris, 2001.

Seraglini, Christophe & Ortscheidt, Jérôme – *Droit de l'arbitrage interne et international,* 1e éd., Montchrestien, 2014, e 2e éd., LGDJ, Paris, 2019.

Silva, Paula Costa e – *Corrupção, Ordem Pública e Decisão Arbitral: A propósito do caso Alstrom* in 'Arbitragem Comercial – Estudos Comemorativos dos 30 anos do Centro de Arbitragem Comercial da Câmara de Comércio e Indústria Portuguesa', Almedina, Coimbra, 2019.
– *A Execução em Portugal de Decisões Arbitrais Nacionais e Estrangeiras,* Revista da Ordem dos Advogados, ano 67, II, Setembro 2007, Lisboa.
– *Os Meios de Impugnação de Decisões Proferidas em Arbitragem Voluntária no Direito Interno Português,* Revista da Ordem dos Advogados, ano 56, I, Janeiro 1996, Lisboa.
– *Anulação e Recursos da Decisão Arbitral,* Revista da Ordem dos Advogados, Ano 52, III, Dezembro 1992, Lisboa.

Sousa, Miguel Teixeira de – *Preclusão e Caso Julgado,* Revista da Faculdade de Direito da Universidade de Lisboa, LVIII, 2017/I, Lisboa, 2016.
– *Estudos Sobre o Novo Processo Civil,* Lex, Lisboa, 1997.
– *Introdução ao Processo Civil,* Lex, Lisboa, 2000.

Tweeddale, Andrew & Tweeddale, Karen – *Arbitration of Commercial Disputes. International and English Law and Practice,* Oxford University Press, Oxford, 2005.

Teles, Miguel Galvão – *Recurso para o Tribunal Constitucional das Decisões dos Tribunais Arbitrais,* em 'Estudos em Homenagem ao Professor Doutor Sérvulo Correia', Coimbra Editora, Coimbra, 2010, posteriormente incluído em 'Escritos Jurídicos', Volume I, Almedina, Coimbra, 2013.
– *A independência e imparcialidade dos árbitros como imposição constitucional,* em 'Estudos em Homenagem ao Professor Doutor Carlos Ferreira de Almeida', Volume III, Almedina, Coimbra, 2011, in 'Escritos Jurídicos', Volume I, Almedina, Coimbra, 2013, posteriormente incluído em 'Escritos Jurídicos',

Volume I, Almedina, Coimbra, 2013.

Ventura, Raúl – *Convenção de Arbitragem*, Revista da Ordem dos Advogados, ano 46, II, Setembro 1986, Lisboa.

Vicente, Dário Moura – – *A arbitragem em Portugal uma década após a nova LAV: algumas reflexões*, Revista Internacional de Arbitragem e Conciliação, Nº 17-2022, Almedina.

– *Anotações aos artigos 1º, 2º, 3º, 4º, 5º, 6º, 7º, 49º, 50º, 51º, 52º, 53º, 54º, 55º. 56º e 57º*, em Dário Moura Vicente (coord.), *Lei da Arbitragem Voluntária Anotada*, 5ª ed., Almedina, Coimbra, 2021.

– *Convenção de arbitragem: problemas atuais*, O Direito, ano 147º, II (2015).

– *Impugnação da Sentença Arbitral e Ordem Pública*, Estudos em Homenagem a Miguel Galvão Teles, Vol. II, Almedina, Coimbra, 2012.

– *Da Responsabilidade Pré-contratual em Direito Internacional Privado*, Almedina, Coimbra, 2001.

Wagner, Gerhard – *Loss of the Right to Object*, 'Arbitration in Germany. The Model Law in Practice' (edited by: Karl-Heinz Böckstiegel, Stefan Kröll and Patricia Nacimiento), 2nd edition, Wolters Kluwer, Alphen aan den Rijn, The Netherlands, 2015.

Wolfson, David & Charlwood, Susanna – *Challenges to Arbitration Awards*, in 'Arbitration in England with chapters on Scotland and Ireland' (edited by: Julian Lew, Harris Bor, et al.), Arbitration in England, Kluwer Law International, Alphen aan den Rijn, The Netherlands, 2013.

Ziegler, Pacôme – *La motivation de la sentence arbitrale internationale: une obligation consacrée mais vidée de contenu*, PLMJ Arbitration Review, nº 3, 2019, Lisboa.

ÍNDICE GERAL